suhrkamp taschenbuch 4147

Argentinien gilt als das europäischste Land Südamerikas. Zu Hunderttausenden strömten die Einwanderer im 19. und 20. Jahrhundert ins Land auf der Suche nach einem glückvolleren Schicksal in der damaligen »Kornkammer der Welt«. Doch die politische Geschichte Argentiniens ist ebenso unbeständig wie seine wirtschaftliche: Populistische Regierungen wechselten sich mit grausamen Diktaturen ab, und die Wirtschaftskrise von 2001 verschlechterte die Lebensbedingungen großer Teile der Bevölkerung. Daneben blüht das kulturelle Leben, vor allem in der Hauptstadt Buenos Aires mit ihrer beachtlichen Zahl von Buchhandlungen, Theatern und Kinos.

Der Band behandelt die politischen, sozialen und kulturellen Entwicklungen in Argentinien, angefangen bei der Kolonialzeit über die Unabhängigkeit bis hin zu den heutigen Herausforderungen, denen das Land sich stellen muss.

Sandra Carreras ist Historikerin und Politologin. Sie arbeitet am Ibero-Amerikanischen Institut in Berlin und als Lehrbeauftragte an der Freien Universität Berlin. Barbara Potthast, Hispanistin und Historikerin, ist Professorin für Iberische und Lateinamerikanische Geschichte an der Philosophischen Fakultät der Universität zu Köln.

Sandra Carreras
Barbara Potthast

# Eine kleine Geschichte Argentiniens

Suhrkamp

Umschlagfoto: © Rudar/StudioX

suhrkamp taschenbuch 4147
Erste Auflage 2010
Originalausgabe

Satz: Hümmer GmbH, Waldbüttelbrunn
Druck: Druckhaus Nomos, Sinzheim
Printed in Germany
Umschlag: Göllner, Michels, Zegarzewski
ISBN 978-3-518-46147-1

1 2 3 4 5 6 – 15 14 13 12 11 10

# Eine kleine Geschichte Argentiniens

# Vorwort

Die Republik Argentinien leitet ihren Namen von dem für ihre Geschichte so bestimmenden Mündungsdelta der Flüsse Paraguay und Paraná ab, das von den Entdeckern als Río de la Plata, Silberfluss, bezeichnet wurde. Der vielversprechende Name, der aufgrund von Aussagen der einheimischen Völker über reiche Edelmetallvorkommen im Norden der Region zustande gekommen war, erwies sich bald insofern als trügerisch, als der legendäre Silberberg in Potosí zwar existierte, jedoch nicht von den Conquistadoren der La-Plata-Region, sondern von denjenigen Perus gefunden und ausgebeutet wurde. Dies bedeutete für die Spanier im Gebiet des heutigen Argentinien, dass sie zunächst in einer ökonomisch wenig attraktiven Region am Rand des Imperiums ein kümmerliches Dasein führten, bis gegen Ende der Kolonialzeit die Viehzucht zum zentralen und profitablen Exportprodukt avancierte und den Aufschwung der Hafenstadt Buenos Aires und der umliegenden Territorien begründete.

Nach spanischem Recht waren Städte keine isolierten Gebilde, sie herrschten jeweils vielmehr über ein ausgedehntes Territorium. Dieser Sachverhalt wurde angesichts des Machtzuwachses von Buenos Aires, aber auch des umliegenden Landes zu einem der zentralen Probleme der neuen argentinischen Republik und hinterließ Spuren sogar im Sprachgebrauch. Zur besseren Unterscheidung der Akteure verwenden wir den Begriff »Bonaerenser«, wenn sowohl die Bewohner der Stadt als auch die der gleichnamigen Provinz gemeint sind, während die Bezeichnung »Porteños« nur für die Einwohner der Hafenstadt gilt.

Dem Aufschwung der Viehzucht folgte die Erzeugung weiterer, zumeist agrarischer Produkte, die Argentinien zu

Beginn des 20. Jahrhunderts zu einem der wohlhabendsten Länder der westlichen Welt machten. »Hacer la América«, sein Glück in der Neuen Welt zu versuchen, hieß für viele Europäer, nach Argentinien auszuwandern, das nach den USA das zweitwichtigste Migrationsziel war. In Paris, der kulturellen Metropole des ausgehenden 19. und beginnenden 20. Jahrhunderts, bürgerte sich der Spruch »reich wie ein Argentinier« ein, bis die große Depression Ende der 20er Jahren dem Traum vom unaufhaltsamen wirtschaftlichen Aufschwung, aber auch dem Demokratisierungsprozess der argentinischen Gesellschaft ein jähes Ende setzte. Es folgten weitere Auf-, aber auch Zusammenbrüche nach dem Zweiten Weltkrieg, die sich vor allem mit den Namen Juan Domingo und Eva Perón verbinden, mit der brutalen Repression der Militärdiktatur und der mutigen Opposition sowie mit politischen Kräften und sozialen Bewegungen, die sich für eine weitreichende Demokratisierung einsetzten.

Instabilität ist in Argentinien zumindest seit Gründung der Republik eine Konstante. Große Hoffnungen und Enttäuschungen, Aufbrüche und Zusammenbrüche scheinen in der Geschichte Argentiniens besonders markant und extrem zu verlaufen. Fortschrittliche soziale und politische Reformen wurden mehrfach von Militärdiktaturen abgebrochen, wirtschaftlichem Aufschwung und einem relativen Wohlstand der Mittelschichten folgten schwere Krisen, wie zuletzt zu Beginn des 21. Jahrhunderts, die das gesellschaftliche Gefüge auf eine harte Zerreißprobe stellten.

Auch die Argentinier haben sich immer wieder die Frage gestellt, was die Ursache für diesen krisenhaften Verlauf ihrer Geschichte ist. Die Antworten darauf sind vielfältig, verweisen aber immer auf Ursachen. In einem so kurzen historischen Abriss wie dem hier vorliegenden ist es nicht möglich, alle Erklärungsfaktoren detailliert zu behandeln, aber einige Hinweise hoffen wir den Lesern geben zu können.

# Kolonialzeit

## *Der La-Plata-Raum zum Zeitpunkt der spanischen Eroberung*

Die Republik Argentinien umfasst ein Territorium von 2,78 Mio qkm mit einer Nord-Süd-Ausdehnung von etwa 3700 km und einem physischen Relief, das von der Mündung des Río de la Plata bzw. dem patagonischen Plateau nach Westen hin bis zu den Anden ansteigt. Es weist alle Klimazonen von subtropisch bis subpolar auf. Entsprechend vielfältig sind die Umweltbedingungen und mit ihnen die landwirtschaftliche Produktion, die wiederum die Lebensweisen der Ureinwohner der Region beeinflussten. Während Fernão de Magalhães bei seiner Weltumsegelung 1520 auf »patagonische Riesen« traf, die er als eine Art friedfertige »edle Wilde« beschrieb, stießen die ersten Eroberer wenig später an der La-Plata-Mündung auf kriegerischen Widerstand von halbnomadisch lebenden Völkern, und diejenigen Spanier, die von Norden her kamen, auf Gesellschaften, die bereits von den Inka erobert und locker in deren Reich eingegliedert worden waren. Dies deutet bereits darauf hin, dass die La-Plata-Region in vorspanischer, aber auch in kolonialer Zeit nicht isoliert von den angrenzenden Regionen betrachtet werden kann. Teile des heutigen Bolivien sowie Uruguay und Paraguay müssen in die Betrachtungen mit einbezogen werden, während spätere Kerngebiete wie die Pampa lange Zeit nur eine periphere Rolle spielten.

Als Einfallstor in die Region diente von Osten her die fruchtbare Flussregion des Río Paraná und des Río Uruguay, deren gemeinsamer Mündungstrichter von den Spaniern Río de la Plata, »Silberfluss«, getauft wurde. Die Argentinier bezeichnen dieses Gebiet auch als »Mesopotamia« (Zweistromland) oder »Litoral« ([Fluss]ufer). Im Westen und Südwesten schließt sich die Pampa an, eine fruchtbare Grassteppe, die an der südlichen Spitze des Landes zum Hochland von Patagonien ansteigt. Die Pampa blieb allerdings bis weit ins 19. Jahrhundert hinein unter der Kontrolle einheimischer Völker. Ähnliches gilt für den nordwestlich des Flusssystems gelegenen Gran Chaco, eine Savannenlandschaft, die in Regenzeiten weitgehend überschwemmt ist. Die Niederschlagsmenge nimmt zum Zentrum hin ab, und die Landschaft wird dort immer stärker zu einer Trocken- und Dornensavanne, die wenig einladend für europäische Besiedlung schien. Begrenzt wird die La-Plata-Region im Westen durch die Anden, wobei der südliche Teil der Kordillere während der Kolonialzeit eher als eine natürliche Barriere zu Chile hin empfunden wurde, der nördliche dagegen die Verbindung zu den andinen Kulturen und ihren Ressourcen öffnete. Die argentinische Andenregion war in vorspanischer Zeit in das Einflussgebiet des Inkareiches einbezogen, nach der spanischen Eroberung stellte sie die Verbindung mit dem »Cerro Rico de Potosí«, dem sagenhaften Silberberg im heutigen Bolivien, dar. Die Legende von der Existenz riesiger Silbervorkommen gab der Region und schließlich dem heutigen Staat Argentinien seinen Namen, und die Minenwirtschaft bestimmte während der Kolonialzeit Politik und Wirtschaft der La-Plata-Region.

Die indigenen Völker in der La-Plata-Region und den angrenzenden andinen Gebieten weisen in vorspanischer Zeit eine sehr große Vielfalt an Lebens- und Produktionsweisen auf, die zumeist eng mit den jeweiligen Umweltbedingungen zusammenhingen. Es gibt verschiedene Versuche, diese in Großregionen zu unterteilen, allgemein kann man von fünf bis sechs Kulturarealen sprechen: der äußerste Süden Feuerlands, die Pampa und Patagonien, die zentrale Bergkette der Sierra und die westliche Andenregion Cuyo, Mesopotamien mit dem Litoral, der Chaco sowie der andine Nordwesten.

In den zentralen und westlichen Bergregionen, die von den heutigen Provinzen Salta und Jujuy über Tucumán bis nach Córdoba und Mendoza im Süden reichen, lebten sesshafte Ackerbauern – allerdings unter sehr unterschiedlichen Bedingungen. Die trockene Kälte der andinen Hochebene Puna erlaubte wenig mehr als den Anbau von Kartoffeln und Quinoa, ermöglichte dafür aber eine gute Vorratshaltung. Lamas, Vicuñas und Guanacos lieferten Fleisch und Wolle, Salz und Gold stellten darüber hinaus wichtige Produkte dar, die man gegen Mais, Kürbisse, Bohnen und andere Erzeugnisse aus den tiefer gelegenen Tälern und den Regionen um Santiago del Estero und Córdoba tauschen konnte. Die Bewohner der Puna, die von einer erblichen Elite regiert wurden, waren locker in das Reich der Inka eingebunden, während die in den Tälern lebenden Calchaquíes oder die Diaguitas den Inkas teils heftigen Widerstand entgegengesetzt hatten. Infolgedessen waren die Inkas nicht weiter nach Süden bis in die Region des heutigen Córdoba vorgedrungen, wo die Comechingones lebten, wohl aber in die südliche Andenregion von Cuyo, die von den Huarpes besiedelt war. Diese Region war zudem eng mit der pazifischen Seite der Anden, dem heutigen Chile, verbunden und spielte von daher sowohl in vorspanischer als auch in kolonialer Zeit eine gewisse Sonderrolle.

Das Verhältnis zum Inkareich sollte für die Haltung der indigenen Völker während der spanischen Eroberung eine wichtige Rolle spielen. Vereinfachend kann man feststellen, dass die bereits von den Inka unterworfenen Gruppen eher zu einer Zusammenarbeit mit den Spaniern bereit waren als diejenigen, die Widerstand gegen die Inkas geleistet hatten. Die Völker des östlichen und südöstlichen Tieflandes, die ebenfalls lange Zeit allen spanischen Eroberungsversuchen trotzten, waren nie mit der Herrschaft der Inka konfrontiert worden.

Die Tieflandvölker lassen sich in folgende Gruppen unterteilen: In der Pampa und dem Chaco lebten halbnomadische, hochmobile Völker wie die Mbayá-Guaycurús (östlicher Chaco) und die Mataco-Mataguayos oder Wichi (westlicher und zentraler Chaco). Sie ernährten sich im Wesentlichen vom Sammeln, Fischen und Jagen, einige Gruppen bauten Mais an. Darüber hinaus fungierten sie als Händler und stellten die Verbindung zu den sesshaften Bauernvölkern des Litoral dar. An den Ufern der Flüsse Paraná, Paraguay und Uruguay siedelten verschiedene Gruppen von Guaraníes, die zur aus dem Amazonasgebiet stammenden Sprachfamilie der Tupí-Guaraní gehörten. Sie bauten vor allem Maniok, Mais, Süßkartoffeln und Gemüse an, ergänzt wurde die Nahrungsproduktion durch Jagd und Fischfang. An den südöstlich gelegenen Ufern des Río Paraná und des Río Uruguay lebten die Chaná-Timbúes, die ebenfalls sesshaft waren, weiter südlich bis zur La-Plata-Mündung wiederum beherrschten nomadische Jäger- und Sammlervölker das Gebiet, namentlich die Charrúas sowie, in der Gegend des heutigen Buenos Aires, die Querandíes als größte Gruppen. Südlich und westlich der La-Plata-Mündung schloss sich das fast baumlose Areal der Pampa an, die vor allem von den Tehuelches besiedelt war, sowie dasjenige der Pehuenches in Neuquén, zwei halbsesshafte Nomadenkulturen, die im Wesentlichen von Jagd und Sammeln lebten. Von den Namen dieser indigenen Völker wurde später das Suffix für Volk, »che«, in die Alltagssprache übernommen. Diese Völker der Pampa und Patagoniens standen in enger Beziehung zu den in Chile ansässigen Mapuches, von den Spaniern auch Araukaner genannt, die im Laufe der Jahrhunderte immer weiter nach Osten vordrangen und die im heutigen Argentinien lebenden Völker kulturell beeinflussten und teilweise verdrängten. Wann genau diese sogenannte »Araukanisierung« der Pampa einsetzte, ist in der neueren Forschung umstritten, inzwischen wird sie zumeist in einen langfristigen kulturellen Wandlungsprozess einbezogen, in dem sowohl indigene Gruppen als auch Europäer eine Rolle spielten. Somit ist die Übernahme araukanischer Kulturelemente durch die Tehuelches oder die Pehuenches nicht nur mit der Einwanderung von Mapuches in ihr Territorium zu erklären, sondern ist Teil eines komplexen internen Wandlungsprozesses, der sich innerhalb der indigenen Gesellschaften vollzog und der unter anderem durch den Kontakt mit den Spaniern und Kreolen bedingt war. Um Missverständnissen vorzubeugen, sei hier angemerkt, dass die Bezeichnung »Kreolen« in Spanisch-Amerika die geborenen Einwohner europäischer Abstammung meint, nicht wie in der englischen und frankophonen Karibik die Bevölkerung afrikanischer Herkunft.

Eine gewisse Sonderrolle spielten die im äußersten Süden Feuerlands siedelnden Yámanas, die vornehmlich von den Ressourcen des Meeres lebten.

Zwischen all diesen Völkern gab es – neben kriegerischen Verwicklungen – regen Austausch, der es ermöglichte, dringend benötigte Produkte aus anderen Klimazonen zu erlangen. So tauschten die sesshaften Völker der Flussregion im Osten über die Nomaden des Chaco und der Waldgebiete Produkte mit den Völkern der Andenregion, diese wiederum waren durch intensive Handelsbeziehungen untereinander verknüpft, vor allem um Hochland- und Tieflandprodukte zu tauschen. Darüber hinaus gab es Verbindungen zur Pazifikküste, von der man Meeresprodukte und Mineralien bezog. Die Verbindungen verliefen vornehmlich in Ost-West-Richtung, entsprechend dem physischen Relief. Diese Orientierung wurde von den Spaniern aufgrund ihres wirtschaftlichen und politischen Systems durch eine Nord-Süd-Orientierung ersetzt und die traditionellen Tauschbeziehungen wurden gekappt. So konnten die

Spanier die Völker des Chaco zwar nie erobern, schädigten diese aber, indem sie die indigenen Handelskontakte, die über die Chaco-Indianer liefen, zerstörten. Auch andere Gesellschaften, die von den Europäern bis ins 19. Jahrhundert hinein nicht erobert wurden, erfuhren eine tiefgreifende Transformation durch die spanische Eroberung, auf die an späterer Stelle noch näher eingegangen werden wird.

## *Die Conquista*

Die Conquista (»Eroberung«) der La-Plata-Region und der angrenzenden andinen Gebiete unterscheidet sich in mehrfacher Hinsicht von den bekannteren Eroberungszügen in Mexiko oder Peru. Zum einen hatten die Spanier hier mit sehr unterschiedlichen indigenen Völkern zu kämpfen, die nicht unter einer zentralen Herrschaft standen, so dass die Eroberer sich nicht einfach an die Stelle der alten Herren setzen konnten. Zum anderen konnten sie nicht auf eine ausgebaute Infrastruktur zurückgreifen. Hinzu kam, dass die Eroberung der Region von drei unterschiedlichen Gruppen und von jeweils unterschiedlichen Ausgangspunkten aus unternommen wurde, was zu zahlreichen Streitigkeiten führte. Die vergleichsweise lange Dauer der Eroberungsphase ist daher sowohl mit den Verhältnissen bei den zu unterwerfenden Indigenen zu erklären als auch mit internen Rivalitäten der Spanier.

Die erste Erkundungs- und Eroberungslinie verläuft von der La-Plata-Mündung flussaufwärts. Sie begann mit der Fahrt von Juan Díaz de Solís (1516) und diente noch vorwiegend der Suche des Wasserweges nach Asien. Ihm folgte Sebastian Caboto, der 1525 von Karl V. ausgesandt worden war, um auf demselben Weg wie Magellan nach »Maluco (Maluku-Inseln, heutiges Indonesien), Catayo (damaliges Reich des Großen Khan) y Cipango (heutiges Japan)« zu fahren. Als dieser jedoch an der Mündung des Río de la Plata auf Überlebende der Expedition von Solís traf, die ihm in Übereinstimmung mit indigenen Quellen von einem Gold- und Silberland im Norden berichteten, entschloss er sich, Erkundungsfahrten flussaufwärts zu unternehmen. Eine erste spanische Niederlassung namens Sancti Spiritus an den Ufern des Río Paraná diente als Stützpunkt für weitere Sondierungen. Obwohl eine weitere spanische Flotte folgte, zwangen Nahrungsmangel und verlustreiche Kämpfe mit den Indigenen die Spanier bald zur Umkehr.

Damit ruhte die Erkundung zunächst einmal, bis die Eroberung Perus ab 1532 das Interesse der kastilischen Krone wieder stärker auf den südlichen Teil des Kontinents lenkte. 1534 schloss sie einen Vertrag mit Pedro de Mendoza, in dem dieser sich verpflichtete, das Land zu erobern und zu besiedeln sowie eine Landverbindung mit Peru herzustellen. Als Gegenleistung wurde ihm eine Reihe von Herrschaftsrechten über das nur ungenau abgegrenzte Territorium am La Plata übertragen. Mendoza erreichte mit seinen elf Schiffen mit etwa 1500 Menschen an Bord im Jahr 1536 die La-Plata-Mündung. Das zunächst angesteuerte Nordostufer musste jedoch wegen der feindlichen Haltung der Charrúa-Indianer aufgegeben werden. Daraufhin gründete Pedro de Mendoza an dem gegenüberliegenden Ufer ein Fort, dem er den Namen *Puerto de Nuestra Señora de Santa María del Buen Aire* gab. Dieser Namen ist jedoch nicht der »guten Luft« an der La-Plata-Mündung zu verdanken, sondern einer bei den Seeleuten beliebten Schutzpatronin, der wegen guter Windverhältnisse bei der Überfahrt gedacht werden sollte. Gute Winde halfen den Spaniern an Land jedoch wenig weiter, denn auch an dem südwestlichen Ufer des La Plata hatten die Spanier mit den Angriffen der Indigenen, in diesem Fall der Querandíes, und der Nahrungsmittelknappheit zu kämpfen. Sie unternahmen weitere Erkundungsfahrten, in deren Verlauf mehrere Forts an den

Ufern des Río Paraná gegründet wurden. Auf der Suche nach der ersehnten Sierra de la Plata wagten sie sich immer weiter nach Norden bis zum Río Paraguay vor, wo sie auf die Ackerbau treibenden Carios, einen Stamm der Guaraní-Indianer, stießen. Nach kurzem Widerstand schlossen diese mit den Ankömmlingen ein Bündnis, von dem sie sich Unterstützung gegen die Chaco-Völker erhofften. Die Guaraníes versorgten die ausgehungerten Spanier mit Lebensmitteln. Während eine Gruppe weiter nach Norden zog, immer auf der Suche nach den sagenumwobenen Silberbergen, folgte eine weitere Expedition aus Buenos Aires. Sie vertieften den freundschaftlichen Kontakt mit den Carios und errichteten auf deren Territorium schließlich eine befestigte Niederlassung, das heutige Asunción del Paraguay. Diese Niederlassung sollte in den kommenden Jahren zum Ausgangspunkt der Eroberung des La-Plata-Raumes werden, zumal das Fort in Buenos Aires 1545 aufgrund von Nahrungsmangel und ständigen Angriffen der Indigenen aufgegeben werden musste. Die Spanier ließen dort nur einige Pferde und Rinder zurück, die auswilderten und später die Grundlage für extensive Rinderzucht und damit den wirtschaftlichen Aufschwung der Region bildeten.

Im 16. Jahrhundert jedoch zählte für die Eroberer nur das Edelmetall. Weitere Versuche, über den Chaco oder die Flüsse zu den sagenhaften Silberbergen zu gelangen, scheiterten am indigenen Widerstand. Schließlich mussten die Konquistadoren des La-Plata-Raumes feststellen, dass es den sagenhaften Silberberg tatsächlich gab – in Potosí, im heutigen bolivianischen Hochland. Ihre Landsleute hatten diesen aber von Peru aus bereits vor ihnen erreicht. Angesichts fehlender Edelmetalle blieb den Spaniern in Asunción und den von ihnen gegründeten weiteren Siedlungen nun nichts anderes übrig, als sich auf die Landwirtschaft und damit auf die Ausbeutung der unterworfenen indigenen Bevölkerung zu konzentrieren. Es kam zu weiteren Erkundungs- und Eroberungszügen im La-Plata-Raum, die die Spanier und ihre zumeist mestizischen Nachkommen von Asunción aus durchführten und die zur Gründung weiterer Städte wie Corrientes oder Concepción del Bermejo und, 1580, zur erneuten Besiedlung von Buenos Aires führten.

Eine weitere wichtige Eroberungslinie kam aus dem Andenraum, von wo aus die Spanier zur Versorgung und Absicherung von Potosí in die heutigen Regionen von Tucumán und Santiago del Estero vordrangen. Peru war das Zentrum des spanischen Imperiums in Südamerika, daher war die Verbindung mit dem Norden lebenswichtig. Einige der in den nördlichen argentinischen Anden errichteten Niederlassungen konnten sich jedoch zunächst aufgrund indigener Feindseligkeiten nicht lange halten und verschwanden oder wurden verlegt. Darüber hinaus kam es zu Rivalitäten mit dem Gouverneur von Chile, der ebenfalls Anspruch auf diese Region erhob, die indigene Arbeitskräfte und den Zugang zum Markt von Potosí bot. Er konnte sein Anliegen jedoch nur im südlicheren Cuyo durchsetzen. Die heutigen Provinzhauptstädte Mendoza, San Juan und San Luis wurden von Chile aus gegründet und blieben bis zur Errichtung des Vizekönigreiches Río de la Plata im Jahr 1776 ein Teil des Verwaltungsbezirks Chiles. Administrativ war Cuyo somit ein Teil Chiles, war von diesem aber aufgrund der Unpassierbarkeit der Andenpässe mehrere Monate im Jahr abgeschnitten.

Alle Gebiete gehörten bis 1776 zum Vizekönigreich Peru, wobei Cuyo nicht, wie die anderen Regionen, der *audiencia* (Appellationsgericht mit Regierungsfunktionen) von Charcas (Hochperu, heutiges Bolivien) unterstellt war, sondern über Chile direkt der Hauptstadt Lima.

Die Städte, die jeweils über ein ausgedehntes Umland verfügten, waren die Zentren der spanischen Eroberung und Besiedlung, sie boten Schutz vor feindlichen indigenen Völkern, ermöglichten eine gewisse Kontrolle seitens der spanischen Krone und strukturierten die Region. Ihre unterschiedliche geographische und siedlungsgeschichtliche Situation legte aber auch die Grundlage für die späteren Auseinandersetzungen zwischen den Provinzen.

Die weitere Untergliederung des Territoriums erfolgte schrittweise. 1563 wurde die *Gobernación de Tucumán* errichtet, die die Andenstädte von Salta bis nach Córdoba umfasste, das restliche Gebiet wurde zunächst von Asunción aus verwaltet, bis 1617 eine Teilung in die Verwaltungsgebiete Paraguay und Río de la Plata erfolgte. Letztere umfasste die heutigen Flussprovinzen, Teile des Chaco, das heutige Uruguay und zumindest theoretisch die Pampa und Patagonien.

## *Potosí und der La-Plata-Raum*

Die Teilung des riesigen, aber nur dünn besiedelten Gebietes von Buenos Aires bis Asunción war das Ergebnis eines Richtungsstreites innerhalb der spanischen Kolonialverwaltung um die Frage, wie das Silber aus Potosí am besten nach Europa transportiert werden könnte. Rein verkehrstechnisch betrachtet, wäre eine Route über das Flusssystem und dann von Buenos Aires aus direkt nach Spanien der einfachste Weg gewesen. Andererseits hatte sich Spanien zur Abwehr der Begehrlichkeiten von Piraten und anderen Nationen gezwungen gesehen, den Schiffsverkehr mit seinen neuen Besitzungen streng zu reglementieren. Nach mehreren, zum Teil spektakulären Überfällen auf die mit amerikanischem Gold und Silber beladenen spanischen Schiffe fuhren diese ab 1543 nur noch zweimal jährlich in bewaffnetem Konvoi von Sevilla aus in die Karibik, um von dort aus entweder nach Mexiko oder Panama zu fahren, wo die Waren über die Landenge zum Pazifik transportiert wurden, um dort wieder auf Schiffen nach Lima zu gelangen. Der Export nahm denselben langen Weg.

Nachdem sich die Spanier im La-Plata-Gebiet einigermaßen fest etabliert hatten und ab 1580 auch der Hafenstützpunkt von Buenos Aires wieder besiedelt war, wollte die *audiencia* von Charcas eine weitere Handelsroute über den La-Plata-Raum einrichten, doch entschied sich die Krone angesichts der Schwierigkeiten der Kontrolle des weiten La-Plata-Gebietes sowie des Drucks einiger Kaufleute, die von der anderen Route profitierten, dagegen und gestattete nur den Transport über die alten Inkastraßen nach Lima und von dort aus über die Landenge von Panama nach Spanien. Buenos Aires bildete damit das Schlusslicht in der langen Administrations- und Handelskette und wurde nur unzureichend mit Waren versorgt. Lediglich einmal jährlich durfte ein Schiff die Hafenstadt direkt anlaufen, ansonsten mussten die Import- und Exportwaren den langen Weg über Panama und Peru nehmen. Die Hafenstadt am Atlantik wurde damit zu einem Außenposten des Imperiums, dessen Daseinsberechtigung vor allem darin lag, die Ansprüche der spanischen Krone auf die Region aufrechtzuerhalten und Eindringlinge abzuwehren.

Neben Piraten fürchtete die spanische Krone vor allem den Expansionsdrang der Portugiesen. Spanien und Portugal hatten nach der Entdeckung bisher unbekannter Gebiete durch die Reise von Christoph Kolumbus ihre Gebiete mit Hilfe päpstlicher Bullen und bilateraler Verträge abgesteckt, doch waren die verhandelten Grenzen denkbar vage. Gemäß dem Vertrag von Tordesillas von 1494 sollte die Region jenseits einer Demarkationslinie, die 370 Seemeilen westlich der Kapverdischen Inseln verlief, zu Kastilien gehören. Wie sich wenig später herausstellte, fiel damit ein Teil des südamerikanischen Kontinentes in den Bereich der Portugiesen und die Linie durchschnitt den Kontinent im Norden etwa an der Mündung des Amazonas und im

Süden auf der Höhe des heutigen brasilianischen Bundesstaates Santa Catarina. Dieser Verlauf war angesichts der ungenügenden Erkundungen und Vermessungen im 16. Jahrhundert allerdings umstritten, und die Portugiesen versuchten immer wieder, ihr Territorium bis zum nordöstlichen Ufer der La-Plata-Mündung vorzuschieben. Um diesem Vordringen Einhalt zu gebieten, wurde 1580 trotz aller Widrigkeiten Buenos Aires ein zweites Mal gegründet.

Damit die Stadt überleben konnte, musste die Krone 1587 die Handelsbeschränkungen aufweichen. Sie erteilte eine Sondergenehmigung zum Handel mit den Portugiesen in Brasilien. Diese Genehmigung gestattete auch den Import von 500 Sklaven pro Jahr, einem begehrten »Gut«, auf das die Portugiesen das Einfuhrmonopol besaßen. Dieser Passus wurde jedoch nach Protesten aus Peru bald schon widerrufen. Eine weitere Bestimmung besagte, dass man nur mit landwirtschaftlichen Produkten handeln dürfe, was aber ebenfalls nicht umgesetzt werden konnte. Bald wurde klar, dass die Portugiesen den Handel und das Wirtschaftsleben in Buenos Aires dominierten und auch versuchten, auf den Stadtrat und die Beamten Einfluss zu nehmen. Immer wieder gab es Versuche, die Portugiesen ganz aus der Stadt zu verbannen, vor allem nachdem 1640 die seit 1580 bestehende Personalunion zwischen Spanien und Portugal endete, die beiden Königreiche also nicht länger durch einen gemeinsamen Regenten geführt wurden. Alle Bemühungen, die wirtschaftliche Präsenz der Portugiesen in Buenos Aires einzudämmen, waren jedoch erfolglos.

Die spanische Krone sah sich gezwungen, die Politik des Handelsverbotes mit anderen Nationen theoretisch aufrechtzuerhalten. Angesichts der Erkenntnis, dass eine rigorose Durchsetzung den Verlust von Buenos Aires bedeutet hätte, tolerierte sie dort jedoch stillschweigend die permanente Durchbrechung des Monopols. Die oben erwähnte Teilung der Verwaltungsbezirke 1617 war vor allem dieser Einsicht geschuldet, denn sie ging damit einher, dass die Zollstation ins Inland nach Córdoba, später sogar in den extremen Norden, nach Jujuy, verlegt wurde, wo alle Waren aus Buenos Aires besteuert wurden. Auf diese Weise sicherte man sich zumindest einige Einnahmen, das Handelsverbot blieb auf dem Papier bestehen, Buenos Aires konnte sich selbst tragen und die Binnenregion war vom illegalen Handel stärker abgeschottet.

Die Portugiesen versahen die Bonaerenser Bevölkerung mit dringend benötigten europäischen Waren und schmuggelten Sklaven ins Land, die von dort aus weiterverkauft wurden. Bezahlt wurde mit ungemünztem Silber, das in Potosí »abgezweigt« worden war, sowie später zunehmend mit Häuten, Wachs und Vieh. Letzteres wurde noch nicht durch systematische Zucht, sondern durch Jagd auf wilde Tiere, sogenannte *vaquerías*, gewonnen, denn Rinder und Pferde fanden in der Pampa und den Flussregionen ideale Bedingungen vor und hatten sich seit der Ankunft der Spanier enorm vermehrt. Schmuggel und Viehhandel boten jedoch nur prekäre Verdienstmöglichkeiten, und Buenos Aires muss in dieser Zeit als ein armseliger Ort bezeichnet werden, in dem die portugiesischen Kaufleute weitgehend den Ton angaben.

Das Inland hingegen prosperierte ab dem letzten Drittel des 16. Jahrhunderts, vor allem aufgrund der Nähe zu Potosí. Die Ausbeutung der reichen Silberminen und die Versorgung der Stadt, die zeitweilig die größte in Amerika war, bestimmten bis ins 18. Jahrhundert hinein die Wirtschaft und Gesellschaft des La-Plata- und des Andenraumes. Um 1580 war Potosí bereits auf mehr als 100 000 Einwohner angewachsen, 1610 zählte man sogar 160 000 Einwohner, zu denen noch mehrere Tausend Zwangsarbeiter, sogenannte *mitayos*, und ihre Angehörigen kamen. Aufgrund der

Lage der Stadt auf mehr als 4000 Metern Höhe mussten Arbeitskräfte, Lebensmittel und alle weiteren Waren aus dem tiefer gelegenen Umland herangeschafft werden. Die Arbeiter und ihre Familien, aber auch die spanischen Beamten, die die Produktion, die Prägung des Silbers und die Einziehung der Steuern überwachten, die Techniker sowie die Priester und Kaufleute mit ihren Bediensteten mussten mit Lebensmitteln und Kleidung sowie Haushaltsgegenständen versorgt werden. Infolgedessen entwickelte sich vor allem in der Provinz Tucumán, zunehmend aber auch in der Flussregion, eine auf den Markt in Potosí ausgerichtete Produktion, die die jeweils spezifischen Vorteile der einzelnen Provinzen nutzte. Tucumán mit seinem subtropischen und regenreichen Klima produzierte Zucker, Obst und Gemüse, Cuyo Wein und Schnaps, Santiago del Estero und Catamarca Baumwolle. In Tucumán und Santiago wie auch in anderen Regionen mit größerem Baumbestand wurde darüber hinaus die Produktion von Möbeln und Ochsenkarren zu einem wichtigen Wirtschaftszweig. Córdoba verlegte sich zunächst auf die Fertigung von Textilien, vor allem Ponchos, bei deren Herstellung man auf traditionelle indianische Produktionsformen zurückgreifen konnte. Später wurde auch hier die Viehzucht, vor allem von Maultieren, wichtiger, da die Tiere in Peru guten Absatz fanden.

Bis Jujuy und Salta war der Transport mit Karren möglich, daher wurden Ochsen in großer Zahl benötigt, sowohl als Zugtiere als auch zum Verzehr. In Salta mussten die für die Gebirgsregionen bestimmten Güter auf Maultiere umgeladen werden, was der dortigen Viehzucht hervorragende Absatzmöglichkeiten sicherte. Die Provinz entwickelte sich zu einem zentralen Umschlagplatz, deren jährlicher Maultiermarkt als der größte der Welt galt. Darüber hinaus bot das fruchtbare Umland genügend Weidemöglichkeiten, um auch die Wintermast zu einem wichtigen und lukrativen Wirtschaftszweig werden zu lassen.

Potosí blieb bis ins 18. Jahrhundert hinein der Fixpunkt der Wirtschaft des La-Plata-Raumes, der umgekehrt von der Versorgung durch die Region abhängig war, denn nur etwas mehr als 10% der Importe dort stammten aus Europa. Im La-Plata-Gebiet bildeten sich drei große Handels- und Transportwege heraus. Einer führte über die Wasserwege von Buenos Aires über Santa Fe nach Asunción, wo der in ganz Südamerika begehrte Mate-Tee produziert wurde, der andere verlief von Santa Fe über Córdoba landeinwärts bis nach Santiago del Estero und Tucumán, von wo aus er über Salta und Jujuy nach Potosí führte.

Eine dritte Linie verlief von Mendoza aus nach Córdoba (eine Nebenlinie führte über San Juan und La Rioja nach Santiago del Estero). Santa Fe, Córdoba und Santiago del Estero bildeten die Knotenpunkte, über die vor allem Vieh, Sklaven, Textilien, Lebensmittel, Schnaps und Silber gehandelt wurden. Als im Laufe des 17. Jahrhunderts die Edelmetallproduktion in Potosí aufgrund der Erschöpfung der Adern abnahm und Spanien wegen der Kriege in Europa und des damit verbunden Machtverlustes in eine Krise geriet, litt der Handel innerhalb des La-Plata-Raumes. Allerdings ging er nicht in dem Maße zurück, wie es die Forschung lange Zeit angenommen hat, denn es kam gleichzeitig zu einem verstärkten Austausch regionaler Produkte, der den Aufschwung der Region im 18. Jahrhundert einleitete.

## *Die unterworfene indigene Bevölkerung*

Die Wirtschaft des La-Plata-Raumes konzentrierte sich vornehmlich auf die Versorgung der Minenregionen und damit auf die landwirtschaftliche und handwerkliche Produktion. Einheimischen Arbeitskräften und afrikanischen Sklaven kam eine große Bedeutung zu, denn die spanischen Konquistadoren waren nicht gekommen, um den Acker zu bestellen. Daher spielte zu Beginn der Kolonialisierung die Zuteilung indianischer Arbeitskraft an einen Eroberer, die sogenannte *encomienda*, vor allem in den andinen Regionen eine wichtige Rolle. Diese Regelung sah vor, dass die indigene Bevölkerung des jeweiligen Ortes dem spanischen *encomendero* den der Krone geschuldeten Tribut in Form von Geld- oder Warenzahlungen leistete. Sollten sie dazu nicht in der Lage sein, war auch Arbeitsleistung zugelassen. Der *encomendero* war im Gegenzug dazu verpflichtet, für die Christianisierung der Indigenen zu sorgen und Verteidigungsaufgaben zu übernehmen. Die Spanier sahen die *encomienda* damit als ein System von Leistungen und Gegenleistungen, innerhalb dessen die Tributzahlungen als Kompensation für die Leistungen des Eroberers verstanden wurden. Die *encomienda* wurde (angesichts der mangelnden Kontrollmöglichkeiten der Krone) zu dem wichtigsten Ausbeutungsinstrument der spanischen Eroberer, die »ihre Indios« eher wie Leibeigene denn wie Schutzbefohlene behandelten. Im La-Plata-Raum hielt sich zudem eine andere Form der *encomienda*: die Indigenen wurden aus ihren Dörfern gerissen und in die Häuser der Spanier gebracht, wo sie diesen schutzlos ausgeliefert waren. Zahlreiche Versuche seitens einiger Priester und Kronbeamter, die schlimmsten Missstände zu beseitigen, zeigten wenig Wirkung, denn beide Berufsgruppen waren wirtschaftlich auf die Eroberer und *encomenderos* angewiesen. Ein Generalinspekteur (*visitador*) erließ im Jahre 1611/12 zwar speziell auf die Region zugeschnittene Schutzgesetze, die nach ihm benannten *Ordenanzas de Alfaro*, die jedoch kaum Beachtung fanden. Rücksichtslose Ausbeutung sowie die Verschleppung in andere Regionen zur Ableistung von Arbeitsdiensten, wie z. B. von Mendoza nach Chile oder aus den andinen Tälern nach Córdoba, sind daher neben den von den Spaniern eingeschleppten Krankheiten, gegen die die Indigenen keine Abwehrkräfte besaßen, der Grund für den enormen Rückgang und die teilweise komplette Ausrottung der indigenen Bevölkerung. Nur schätzungsweise 10% der ursprünglichen Bevölkerung überlebten die ersten Jahrzehnte der Eroberung.

Die Ausbeutung rief aber auch Widerstand hervor, der sich z. B. in den *guerras calchaquíes* manifestierte. Diese lang andauernden, flächendeckenden Aufstände verschiedener indigener Gruppen in den Tälern der Calchaquíes zwischen 1629 und 1660 konnten von den Spaniern nur unter großen Mühen niedergeschlagen werden. Die wenigen Überlebenden wurden in andere Regionen deportiert, wo sie in *encomiendas* verteilt wurden. Während in den zentralen Gebieten des Imperiums die *encomienda* allmählich verschwand, hielt sie sich in den nördlichen Regionen des La-Plata-Raumes noch bis ins 18. Jahrhundert.

## *Die Jesuitenreduktionen*

In der Provinz Paraguay, die damals weit in das Gebiet des heutigen Brasilien, Bolivien und Argentinien reichte, versuchte man dagegen, der Ausbeutung und dem Sterben der Indigenen, an denen weder die Krone noch die Kirche ein Interesse haben konnten, auf andere Weise Herr zu werden. Statt der Zuteilung zu einem *encomendero* fasste man die einheimische Bevölkerung in sogenannten »Reduktionen« zusammen und unterstellte sie einem Missionsorden. Dieser leitete dann die Einrichtung, die jedoch weiterhin Tribut leisten musste. Solche Reduktionen, in denen die Indigenen »zum christlichen Glauben und zivilisierten Leben« angeleitet werden sollten (*ad ecclesiam et vitam civilem reducti essent*), gab es andernorts auch schon, doch entwickelten sie sich unter der Leitung der Jesuiten in der La-Plata-Region zu einer großflächigen und dauerhaften, wenn auch umstrittenen Institution.

In enger Zusammenarbeit mit dem Gouverneur errichteten die Jesuiten ab 1610 eine Reihe von Reduktionen, die sich in einem Punkt deutlich von den bisherigen unterschieden. In den meisten Fällen erreichten sie, dass die zu bekehrenden Indigenen für zunächst zehn Jahre vom Tribut – und damit von der *encomienda* – befreit und anschließend direkt der Krone unterstellt wurden. 1624 existierten bereits 13 Reduktionen mit ca. 100 000 Guaraní-Indianern, von denen die älteste, San Ignacio Guazú, etwa 2000 Familien beherbergte.

Der rasche Erfolg der Reduktionen hatte mehrere Gründe: Die Siedlungen boten Schutz vor der Ausbeutung durch spanische Siedler; Krankheiten, Kriege und Naturkatastrophen hatten die indigenen Gemeinschaften in existentielle Krisen gestürzt, auf die die Patres ein Antwort zu bieten schienen; und gerade in der Region von Guairá und Paraguay drohte mittlerweile neue Gefahr in Form von Sklavenzügen, die die Bewohner der Region von São Paulo, die sogenannten *paulistas* oder *bandeirantes*, durchführten. Die *bandeiras*, privatwirtschaftlich organisierte Raubzüge, waren entstanden, als wegen der europäischen Kriege die Zufuhr afrikanischer Sklaven in die brasilianischen Zuckerrohrplantagen abgenommen hatte und man wieder vermehrt Indigene versklavte. Die Reduktionen hatten den Überfällen der Sklavenhändler zunächst wenig entgegenzusetzen, und so verlegte man die Siedlungen. Gleichzeitig erwirkten die Patres 1628 eine Sondererlaubnis der Krone, die Reduktionsindianer zu bewaffnen, und es entstand unter Anleitung der Patres ein schlagkräftiges Heer, das bald nicht nur die Angriffe der Sklavenhändler abwehren konnte, sondern auch gegen nicht unterworfene indigene Gruppen in Corrientes und Santa Fe eingesetzt wurde. Die Krone hatte durch die Militarisierung der Missionen ein erfolgreiches Instrument der Grenzsicherung geschaffen, das auch gegen unbotmäßige spanische und kreolische Siedler eingesetzt werden konnte, denen die Reduktionen ohnehin ein Dorn im Auge waren, da sie ihnen die Arbeitskräfte entzogen.

Das Reduktionssystem entwickelte sich bis etwa 1680 zu voller Blüte. Um diese Zeit umfasste es etwa 67 500 Personen. Die Missionare und einige Laienbrüder bildeten die *indígenas* zu Handwerkern, Musikern, Landwirten und Soldaten aus. Die Versorgung wurde durch landwirtschaftlichen Anbau und Handel untereinander gesichert, einen gewissen Wohlstand erlangte man durch den Verkauf eines qualitativ hochwertigen Yerba-Mate-Tees, der bis nach Lima und Chile guten Absatz fand. Dies rief aber auch Neid und Misstrauen hervor, was vor allem in Paraguay zu anhaltenden, zum Teil gewaltsam ausgefochtenen Auseinandersetzungen zwischen Siedlern, Jesuiten und anderen Orden führte.

Der erste für die Reduktionen bedrohliche Konflikt entstand, als Spanien und Portugal 1750 in einem Grenzvertrag versuchten, ihre territorialen Streitigkeiten beizulegen. Spanien sicherte sich in diesem Vertrag das östliche Ufer des Mündungsdeltas und Territorium am Río Uruguay, gab dafür aber im Landesinnern Teile an Portugal ab. Davon betroffen waren auch sieben Jesuitenreduktionen, die umgesiedelt werden sollten, wogegen sie sich jedoch mit Waffengewalt wehrten. Nach anfänglichen Erfolgen in diesem sogenannten »Sieben-Dörfer-Krieg« erlitten die Reduktionsheere schließlich eine Niederlage. Zeitgenössische Untersuchungen über die Frage, ob die Jesuiten ihre »Schützlinge« zu dieser Rebellion gegen die Krone aufgefordert und eventuell sogar mitgekämpft hatten, kamen zu gegensätzlichen Ergebnissen, die auch von der Einschätzung der Missionsarbeit der Jesuiten abhängig waren. Während die eine, von der Aufklärung beeinflusste Seite den Patres vorwarf, die indigene Bevölkerung lediglich mechanisch angeleitet, ansonsten aber in Unmündigkeit belassen zu haben, betonte die andere die Identifikation der Missionsindianer mit ihrer Lebensform und ihrem Land. Die neuere Forschung hat inzwischen einige Indizien für die aktive Rolle der Indigenen gefunden, für die Zeitgenossen jedoch war die indigene Bevölkerung als eigenständiger Akteur kaum denkbar. Kulturelle und rassistische Vorurteile vermischten sich mit der Jesuitenfeindlichkeit der europäischen Aufklärer. 1767/68 wurde der Jesuitenorden in Spanien verboten, nachdem Portugal ihn schon 1759 aus seinen Territorien verbannt hatte. Der »Sieben-Dörfer-Krieg« war zwar nicht der Auslöser der Vertreibung, passte jedoch in das Bild der antijesuitischen Polemik.

Die Arbeit der Jesuiten, wie auch immer man sie beurteilen mag, hatte nach ihrer Vertreibung nicht mehr lange Bestand. Dies lag aber nicht primär daran, dass die indigene Bevölkerung ohne die Anleitung oder den Druck der Patres nicht mehr fähig oder willens gewesen wäre, in den Dörfern zu leben, sondern war eher eine Folge der wirtschaftlichen Veränderungen in der Region. Der Aufschwung der Viehwirtschaft besonders in der Region der Missionen und dem Litoral sowie die Tatsache, dass die gut ausgebildeten Handwerker in der prosperierenden Region zahlreiche Beschäftigungsmöglichkeiten fanden, haben mindestens ebenso zum Exodus aus den Reduktionen beigetragen.

### *Der Aufstieg von Buenos Aires und die Errichtung des Vizekönigreiches*

Der Außenposten des spanischen Imperiums in Südamerika, Buenos Aires, hatte sich unterdessen aufgrund der Toleranz der Krone allmählich konsolidiert. Potosí zahlte, wenn auch widerwillig, Subsidien zur Unterstützung der Soldaten und Beamten, um eine gewisse Kontrolle aufrechtzuerhalten und die größten Auswüchse des Schmuggels einzudämmen. Die Garnison und der bescheidene Wohlstand, der sich allmählich zeigte, lockten Spanier und Portugiesen an, die die alte kreolische Oberschicht, häufig Mestizen paraguayischer Abstammung, verdrängten. Das physische wie das gesellschaftliche Stadtbild veränderte sich im Laufe des 17. und vor allem des 18. Jahrhunderts.

Hierzu trugen in ganz erheblichem Maße erneut die Portugiesen bei, wenn auch diesmal in anderer Form. Portugal hatte 1640 seine Unabhängigkeit von Spanien wiedererlangt und die Niederländer aus dem Norden Brasiliens vertrieben. Nun begann man, das Imperium neu zu organisieren, und verfolgte in Südamerika offensiv das alte Ziel, den Zugang zur La-Plata-Mündung zu erlangen. 1680 gründeten Portugiesen an dem Ostufer des Mündungsdeltas, direkt gegenüber von Buenos Aires, eine Niederlassung, die Colônia do Sacramento. Damit wollten sie sich wieder Zugang zum Handel mit Potosí verschaffen und auch selbst an dem Viehhandel teilhaben, der wegen des steigenden Bedarfs an Leder in Europa – vor allem in Kriegszeiten – einen stetigen Aufschwung erlebte und in der La-Plata-Region beste Bedingungen vorfand. Darüber hinaus gewann die Flussverbindung über den Río Paraná und den Río Paraguay zunehmend an Bedeutung, denn die Portugiesen waren inzwischen im Norden weit auf spanisches Gebiet vorgedrungen. Die dortigen Siedlungen waren weitaus besser über den Land- als über den Wasserweg zu erreichen.

Die Gründung der Colônia an dem Ostufer gefährdete sowohl die Integrität des spanischen Kolonialreiches als auch die Jagdgründe der Bewohner von Buenos Aires, so dass diese, unterstützt von 3000 Reduktionsindianern, sofort gegen die Portugiesen vorgingen. Sie eroberten die Stadt, doch mussten sie zwei Jahre später aufgrund der schwachen Position Spaniens in Europa die erneute Ansiedlung der Portugiesen dulden. Die Auseinandersetzungen gerieten schließlich in den Strudel des Spanischen Erbfolgekrieges (1701-1714), in dessen Verlauf Buenos Aires Colônia von den Portugiesen zurückeroberte. Die europäischen Friedensverhandlungen führten jedoch dazu, dass die Colônia erneut zurückgegeben werden musste. Die enge Anlehnung Portugals an Großbritannien, die ebenfalls eine Konsequenz dieses Krieges war, führte in den Folgejahren dazu, dass der Schmuggelhandel, diesmal unter reger Beteiligung britischer Kaufleute, wieder aufflammte. Letztere hatten sich darüber hinaus das Monopol zur Einfuhr von Sklaven nach Hispanoamerika gesichert, das ebenfalls zur illegalen Einfuhr britischer Waren genutzt wurde.

In Spanien lösten die Bourbonen die Habsburger als Herrscherdynastie ab. Die Elemente der französischen Zentralverwaltung und Funktionsteilung führten nun vor allem unter Karl III. (1759-1788), einem Vertreter des aufgeklärten Absolutismus, zu einer Reihe von Reformen. Ziel war eine Stärkung der Macht der Metropole und eine Steigerung ihrer Ressourcen. Das riesige Vizekönigreich Peru wurde aufgeteilt, zunächst entstanden im Norden neue eigenständige Einheiten wie das Vizekönigreich Neu-Granada und das Generalkapitanat Venezuela. Das Flottensystem war aufgelöst und ein regelmäßiger direkter Postverkehr zwischen Buenos Aires und Spanien eingerichtet worden. Die Zeichen der Zeit standen auf Wandel, und die Kaufleute in Buenos Aires wollten sich endlich aus alten Abhängigkeiten befreien. Ihre Bemühungen wurden 1776 mit der Errichtung des Vizekönigreiches Río de la Plata gekrönt, was eine drastische Veränderung der gesamten Raumordnung des spanischen Südamerika bedeutete.

Das neue Vizekönigreich umfasste die Region der alten Gouvernements von La Plata, Paraguay und Tucumán, zusätzlich aber nun auch die Region Cuyo sowie Charcas, das andine Hochland mit Potosí. Die administrative Neuordnung erfolgte vor allem aus militärischen Gründen. Die ständigen Kriege in Europa, der Machtverlust Spaniens und der

Aufstieg des mit Portugal verbündeten England steigerten die strategische Bedeutung des südlichen Atlantik. Neben dem seit langem umkämpften Ostufer des Mündungsdeltas kamen die südlichen Schifffahrtswege um Kap Hoorn in den Blick und mit ihnen das heute als Falklandinseln, *Islas Malvinas*, bekannte Archipel. Die Inselgruppe war seit dem Ende des 16. Jahrhunderts mehrfach von Seefahrern verschiedener Nationen besucht, unterschiedlich benannt, aber nicht besiedelt worden, bis 1764, nach Ende des Siebenjährigen Krieges in Europa, eine französische Flotte auf der östlichen der von ihnen *Iles Malouvines* genannten Inseln eine Niederlassung errichtete. Die Spanier übernahmen diese Bezeichnung als *Islas Malvinas.* Ein Jahr später folgten die Engländer auf der westlichen der von ihnen *Falkland* getauften Inseln, wo sie Port Egmont gründeten. Während sich die Franzosen in den Friedensverhandlungen in Europa gegen eine Entschädigung zur Aufgabe ihrer Siedlung bereitfanden, verliefen die Verhandlungen mit Großbritannien erfolglos, so dass 1770 eine Flotte aus Buenos Aires die Briten vertrieb. Die europäische Politik aber zwang Spanien erneut zum Einlenken, und 1771 kam es in London zu einer Vereinbarung, der zufolge Spanien Port Egmont zurückgeben musste. Angeblich erkannte England aber in einem geheimen Zusatzprotokoll die Souveränität Spaniens über die Inseln an, später bestritt Großbritannien jedoch die Existenz eines solchen Geheimvertrages. 1774 zogen die Briten ab, und die Inseln blieben, mit Ausnahme einer kleinen spanischen Siedlung, unbewohnt. Zu Beginn der Unabhängigkeitsbewegung 1811 wurde auch diese Siedlung aufgelöst.

Wichtiger war den Spaniern Ende des 18. Jahrhunderts die Kontrolle über die La-Plata-Mündung, und daher segelte der designierte Vizekönig Pedro de Cevallos 1776 mit dem Auftrag los, zunächst die Colônia do Sacramento zu erobern und anschließend das Vizekönigreich Río de la

Plata zu errichten. Die militärischen Ziele konnten, so hatte man in Madrid erkannt, nur durch eine Festigung der spanischen Präsenz erreicht werden, und hierzu musste auch die Wirtschaft der Region gefördert werden. Eine der ersten Maßnahmen des neuen Vizekönigs war es daher, den Export von Silber über Buenos Aires zu erlauben und die Besiedlung des Ostufers, der *Banda Oriental*, zu fördern. Die Spanier gründeten dort Montevideo, das mit seinem Hafen und guten Verbindungen zum Litoral bald zu einem scharfen Konkurrenten von Buenos Aires im Exporthandel werden sollte. Diese Entwicklung wurde 1777 durch einen Friedensschluss zwischen Spanien und Portugal gefestigt, der die Streitigkeiten um die Region beendete, bis sie nach der Unabhängigkeit als Konflikt zwischen Brasilien und Argentinien wieder aufflammten.

Ein weiterer wichtiger Schritt war die Einführung des sogenannten Freihandels 1778, der zwar noch immer das Anlegen nicht-spanischer Schiffe verbot und ausländische Waren doppelt besteuerte, aber doch eine wesentliche Liberalisierung des Handels darstellte. Eine Steigerung der Einnahmen des Staates sollte fortan nicht mehr durch Monopolisierung, sondern durch wachsendes Handelsvolumen erreicht werden. Nachdem mit Colônia do Sacramento die ehemalige Basis des Schmuggelhandels wieder in spanischen Händen war, konnte der neue Vizekönig es wagen, auch die Provinzen bis hinauf nach Potosí für den Handel freizugeben. Diese Maßnahme, die gleichzeitig mit der Erlaubnis des freieren Handels mit Spanien erfolgte, hatte eine enorme Intensivierung des Warenaustausches innerhalb des Vizekönigreiches zur Folge. Die Anzahl der Exporte nahm weiter zu, während die Preise für europäische Waren fielen. Geschmuggelt wurde indes weiterhin.

In allen Regionen machte sich ein gewisser wirtschaftlicher Aufschwung bemerkbar, allerdings verlagerte sich der Schwerpunkt immer stärker in Richtung Atlantikküste und Flussprovinzen. Hier wurde die Mehrzahl der Häute, des Salzfleisches und des Wachses, die nun nach Kuba und Spanien, nach 1800 auch nach Großbritannien und Nordamerika ausgeführt wurden, produziert, und hier legten die Schiffe mit europäischen Waren und Sklaven an. Letztere wurde auch nach der Schaffung des Vizekönigreiches weiterhin in großem Stil legal und illegal eingeführt, 1790 erhielt Buenos Aires einen weiteren, den dritten Sklavenmarkt, der den gesamten südamerikanischen Kontinent versorgte. Trotz des Aufschwungs des Viehhandels und des Niedergangs der Silberproduktion in Potosí blieb Charcas zumindest fiskalisch das Zentrum der Region. Das Hochland musste einen großen Teil seiner Einnahmen zu Verteidigungs- und Verwaltungszwecken in die Hafenstadt am Atlantik schicken. Gleichzeitig stellten die Transfergelder aus Potosí gegen Ende des 18. Jahrhunderts noch immer 70 % der Einnahmen von Buenos Aires dar. Dass sich Charcas unter diesen Bedingungen nach 1810 von der kostspieligen Hauptstadt lossagte, hat also auch mit dem lästigen »Finanzausgleich« zu tun.

Parallel zu den wirtschaftlichen Reformen wurde die Verwaltung gestrafft und professionalisiert. Die Gouverneure wurden durch einen neuen, mit mehr Kompetenzen ausgestatteten Intendanten ersetzt und auf der mittleren Ebene wurden die Verwaltungseinheiten neu eingeteilt. Diese Veränderungen, vor allem aber die stärkere Zentralisierung durch das Intendantensystem, rief jedoch den Unmut der lokalen Eliten hervor. Sie wurden nun strenger kontrolliert und ihres Einflusses in den alten Gremien beraubt, zumal die neuen Beamten vorwiegend aus Spanien kamen. Die neuen Verwaltungseinheiten riefen wiederum Rivalitäten zwischen den Städten hervor. Viele Forscher sehen hier einen ersten Riss im sogenannten »kolonialen Pakt« zwischen den einheimischen Eliten und der Metropole.

Andererseits förderte die neue Politik im Geiste des aufgeklärten Absolutismus wissenschaftliche Untersuchungen und statistische Erhebungen zur ökonomischen und finanziellen Lage der Region, und man versuchte, die Bevölkerung für eine aktive Unterstützung dieser Politik zu gewinnen. Die Stadträte bekamen neue Aufgaben, was zu einer stärkeren Einbindung der lokalen Eliten in die Politik, aber auch zu Konflikten zwischen diesen und den Intendanten führte. Buenos Aires erhielt ein *Consulado de Comercio*, das neben der Handelsgerichtsbarkeit auch die Wirtschaftsförderung zum Ziel hatte und in dem bald hitzige Debatten zwischen den Verfechtern des Freihandels, die mehrheitlich aus der Hauptstadt und dem Litoral kamen, und denjenigen des Protektionismus stattfanden. In zahlreichen Städten entstanden darüber hinaus *Sociedades Económicas de Amigos del País*, patriotische Gesellschaften, in denen die Ideen der Aufklärung verbreitet und die sozio-ökonomischen Potentiale der eigenen Region diskutiert wurden. Dies verleitete die Kreolen allerdings auch dazu, in ihrer Heimat eine neue »Utopie« zu sehen, die sich unter freieren Gesetzen und besserer Verwaltung erst wirklich entfalten könnte. Es entstand ein lokaler Patriotismus, der die »Neue Welt« gegenüber der »Alten« aufwertete, gleichzeitig aber auch eine lokal ausgerichtete und somit partikulare Komponente enthielt, die im Verlaufe der Unabhängigkeit und Staatsgründung zu zahlreichen Auseinandersetzungen zwischen Städten und Provinzen führen sollte. Die bourbonischen Reformen stellten damit einen wesentlichen Beitrag zur Verbesserung der Verwaltung und zum ökonomischen Aufschwung dar, legten aber vielleicht gerade deswegen auch den Keim zur Entstehung einer Unabhängigkeitsbewegung.

Pferde, Maultiere und Rinder, heute integrale Bestandteile der argentinischen Kultur und Identität, prägten das Leben und die Wirtschaft seit Ankunft der Spanier. Während im Inland die Viehzucht vorwiegend eine Ergänzung zu Textil- und Lebensmittelindustrie darstellte, die Tiere auf der Weide gehalten und von indianischen oder mestizischen Arbeitern, *peones*, bewacht wurden, bildete in der Pampa und dem Litoral eine riesige Wildherde den Grundpfeiler der Viehwirtschaft. Entlaufene oder zurückgelassene Tiere, die hier ideale Lebensbedingungen vorfanden, vermehrten sich rasch, so dass schon am Ende des 16. Jahrhunderts Tausende Wildpferde und Rinder die Pampa bevölkerten. Diese wurden bis zur Mitte des 18. Jahrhunderts wegen ihrer Häute und des Fettes in sogenannten *vaquerías* gejagt, wohingegen die Fleischverwertung zunächst keine Rolle spielte. Zucht und Einzäunung der Weiden war hier aus Mangel an Arbeitskräften und Kapital nicht möglich, aufgrund der reichen Wildbestände auch nicht notwendig. Allmählich ging man jedoch dazu über, das Vieh auf einem bestimmten, oft durch Flüsse oder Sümpfe abgegrenzten Gebiet zusammenzutreiben. Wasserstellen und Bäume oder Pfeiler, an denen sich das Vieh reiben konnte, bildeten Anziehungspunkte, um die herum in mehrmonatigen Rodeos das wilde Vieh von Gauchos mit *boleadoras*, Wurfsteinen mit Lederriemen, eingekreist wurde. Dann konnte es mit Brandzeichen versehen werden und es entstanden erste Herden. Die Besitzer dieser großen Viehherden mit Brandzeichen erhoben allmählich Anspruch auf das von den Herden benutzte Territorium.

Der durch die bourbonischen Reformen eingeleitete Wirtschaftsaufschwung war vorbereitet und ermöglicht worden durch einen stetigen Aufschwung der Viehwirtschaft, der etwa um 1700 begann und sich mit Unterbrechungen bis ins 20. Jahrhundert fortsetzte. Die ständigen Kriege in Europa ließen die Nachfrage nach Häuten und Leder ansteigen, ein allgemeiner Anstieg des Handelsvolumens, die wirtschaftlichen Reformen und produktionstechnische Neuerungen beschleunigten den Aufschwung weiter. Zu diesen Neuerungen gehörte die Einrichtung von *saladeros*, Pökelfleischfabriken, von denen in den 1780er Jahren die erste im heutigen Uruguay eingerichtet wurden. Nun erst hatte man auch für das Fleisch eine Verwertungs- und Exportmöglichkeit gefunden und konnte das ganze Tier verwenden. Dies machte die Rinder noch wertvoller, trug aber auch zu der immer deutlicher werdenden Verlagerung des wirtschaftlichen Gewichtes an die Küste bei.

Zur Herstellung des Pökelfleisches, Nahrungsmittel vor allem für Sklaven und die Besatzungen von Schiffen, benötigte man allerdings große Mengen Salz, was in der La-Plata-Region Mangelware war. Entweder musste man es teuer aus Spanien importieren, oder aber man erschloss sich eigene Quellen im Lande, die es aber nur im von indigenen Völkern beherrschten Süden gab. Händler und Fabrikbesitzer aus Buenos Aires finanzierten infolgedessen kriegerische Expeditionen, um ihre Einflusssphäre bis in das Gebiet um Bahia Blanca, wo es eine große Salzlagune gab, auszudehnen. Allerdings konnte man sich dort nicht dauerhaft halten. Die »Marschrichtung« war damit jedoch vorgezeichnet und sollte die Politik gegenüber den Indigenen im 19. Jahrhundert bestimmen.

In den endlosen, dünn besiedelten und kaum staatlich durchdrungen Weiten der La-Plata-Region und des südlichen Brasilien bildete sich infolge der wirtschaftlichen und siedlungsgeografischen Gegebenheiten eine spezifische ländliche Kultur heraus, deren Symbolfigur, der Gaucho genannte Viehhirt, ab 1900 zum Inbegriff der argentinischen

Identität werden sollte. Zunächst jedoch galt dieser als sozialer Außenseiter, der physisch und sozial am Rande der Gesellschaft lebte. Zeitgenossen nannten die von der Viehzucht lebenden Landbewohner *vagos* (Herumtreiber, Landstreicher, Faulpelze), *changadores* (Eckensteher, Hilfsarbeiter, von *changa* = Gelegenheitsarbeit) oder *gauderíos*, woraus dann vermutlich das Wort *Gaucho* abgeleitet wurde. Letzteres bezeichnete einerseits einen »kreolischen Faulenzer«, wurde aber auch auf Personen angewandt, die illegal Vieh jagten und ausschlachteten. Die Frauen, die mit den Gauchos und Subsistenzbauern in den isolierten Dörfern und verstreuten Hütten lebten, wurden *c'hinas* genannt. Dieser Begriff leitet sich von dem Quechuawort *ĉina* ab, das soviel wie »Dienstmädchen« bedeutete, in der Kolonialzeit aber auch eine moralisch negative Komponente enthielt (ordinäre Frau). In der La-Plata-Region wurden die *chinas* zumeist als indigen oder mestizisch gedacht, der Gaucho hingegen kreolisch-mestizisch.

Neben der Viehwirtschaft gab es eine Reihe von Kleinbauern, die zumeist ohne rechtliche Absicherung ein Stück Land für ihre Subsistenz und für ein paar Tauschgeschäfte bebauten, was zeitweise Arbeit als Tagelöhner auf größeren Estancias (Viehfarmen) nicht ausschloss. Diese, wie auch Gauchos und Chinas, lebten in denkbar einfachen Verhältnissen in verstreut gelegenen Hütten oder kleinen Dörfern, oft auch in der Nähe von Garnisonen, die die Grenzgebiete zu den indigenen Völkern in der Pampa, Patagonien und dem Chaco kontrollierten. Steinhäuser gab es kaum, eine Familie teilte sich eine spartanisch eingerichtete Hütte, aß aus demselben Topf, oft mit nur einem Löffel, trank aus demselben Mategefäß und ernährte sich vorwiegend von Trockenfleisch (*charqui*), Brot und ein wenig Gemüse. Die Männer kleideten sich mit speziellen Hosen, einem Poncho und Hut, nicht zu vergessen das Messer und als Statussymbol silberne Steigbügel und Sporen. Die Frauen trugen lange Kleider und einen Schleier aus einfachem Stoff, aber nur wenige konnten sich Schuhwerk leisten. Die Textilien, den Mate, Tabak und Schnaps besorgte man sich in der *pulpería*, einem Dorfladen mit Ausschank, der den Mittelpunkt des geselligen Lebens darstellte. Hier wurden Nachrichten, Klatsch und Tratsch ausgetauscht und Balladen zur Gitarre gesungen. Der *pulpero* war eine zentrale Figur, da es in seiner Macht stand, anzuschreiben und Kredite zu gewähren, häufig war er der lese- und schreibkundige *postilion d'amour* und politischer Wortführer. Die *pulperías* waren darüber hinaus Ausgangspunkt für Spiele, die, obwohl mehrfach verboten, erst mit der Veränderung der Lebensweise der Landbevölkerung durch die Einzäunung der Weiden verschwanden. Besonders beliebt waren Hahnenkämpfe, Straußenjagd und Pferderennen sowie das traditionelle *pato*, en Spiel, bei dem Reiter um eine in einen Korb gesteckte Ente rangen. Heute wird dieses Spiel mit einem in Korbstangen umhüllten Lederball ausgeführt, der mit vier Griffen in den gegnerischen Korb am Ende des Spielfeldes geworfen werden muss, eine Art Basketball zu Pferde.

Trotz aller Armut fehlten auch auf dem Lande keine Feste mit Musik und Tanz, die oft die gemeinsame Arbeit abrundeten. Die kleinen und mittleren Landbesitzer nahmen häufig Saisonarbeiter oder Migranten, zumeist junge, alleinstehende Männer, bei sich auf, ärmere Familien schlossen sich zu Zeiten der Ernte oder der Rodeos zusammen und halfen sich gegenseitig aus. Diese mit dem Quechuawort *minga* bezeichnete Gemeinschaftsarbeit wurde mit einem großen Fest beendet, das den sozialen Zusammenhalt stärkte, Ehen oder amouröse Beziehungen stiftete, in dem aber auch wohlhabendere Bauern ihren Status und ihre Großzügigkeit unter Beweis stellen konnten.

Die Lebensweise der Landbevölkerung war den Händlern in Buenos Aires jedoch zunehmend suspekt, nicht nur weil sie häufig Häute von gestohlenem Vieh verkauften, sondern auch weil sie sich trotz aller Bemühungen nicht zu Ackerbauern wandelten, deren Erzeugnisse den immer größer werdenden Bedarf der Hauptstadt an Getreide hätten decken können. Gleichzeitig führte die Ausdehnung der Viehzucht zunehmend zu Konflikten mit den Indianern in der Pampa, auf deren Territorium man vordrang. Die Behörden reagierten darauf ab Mitte des 18. Jahrhunderts mit Vagantengesetzen, die, um das willkürliche Abschlachten des Viehs einzudämmen, das Mitführen von Messern verboten, sowie der Einrichtung einer ständigen berittenen ländlichen Polizeitruppe, den sogenannten *blandengues*, die später eine wichtige Rolle in den Unabhängigkeitskriegen spielen sollten.

Die Polizei war in diesen ländlichen Regionen neben den Soldaten der einzige Vertreter des Staates, obwohl sie mangels Uniformen oft kaum als solche erkennbar war. Auch die Kirche war kaum präsent, auch wenn alle Dörfer über eine kleine Kapelle und jede Hütte über einen Hausaltar mit Marienbild verfügte. Geistliche aber kamen nur gelegentlich zu Besuch. Die Grenzen zwischen staatlich und privat verwischten sich in diesen Anwesen ebenso wie zwischen indigen, mestizisch und kreolisch. Überhaupt war die Gesellschaft bis weit ins 19. Jahrhundert hinein nicht klar in europäisch und indigen getrennt, sondern stellte einen sich ständig verändernden Raum vielfältigen Kulturkontaktes dar. Nicht nur nahmen die europäisch-mestizischen Siedler und Soldaten viele Elemente der indigenen Lebensweise auf, auch die Kultur der indigenen Völker, selbst derjenigen, die nicht direkt mit den Europäern in Kontakt gekommen waren, veränderte sich grundlegend. Waren einerseits die indigenen Austauschnetze durch die Conquista weitgehend zusammengebrochen, so entstanden in den Siedlungsgrenzräumen neue Handelsbeziehungen, über die neue Produkte und Techniken Einzug hielten. Pferde und Vieh veränderten die Lebensweise und Kultur der indigenen ebenso wie Eisenwaren, die über verschiedene indigene Händler bis weit nach Patagonien oder in den Chaco verbreitet wurden. Während die Pferde und metallene Speerspitzen die Kriegstaktik grundlegend veränderten und gefürchtete Reitervölker hervorbrachten, beeinflussten die Äxte und Messer die agrarische Produktion. Einige Indigene lernten das Schmiedehandwerk, und die Kaziken schmückten sich ebenso wie die Kreolen mit silbernen Steigbügeln.

Neben dem Handel gab es für die Indigenen verschiedene andere Formen, an die benötigten europäischen Waren zu gelangen. In den periodisch aufflammenden kriegerischen Auseinandersetzungen wurden Vieh und Werkzeug gestohlen, das manchmal an andere indigene Gruppen oder an anderer Stelle der Grenze wieder an die dortigen kreolischen Bewohner verkauft wurde. Darüber hinaus kam es immer wieder zu Entführungen, sowohl von Soldaten als auch von Frauen, die dann gegen ein erhebliches Lösegeld bzw. Waren wieder ausgelöst wurden. Diese Form des Zusammenlebens erforderte Mittler, die sich in beiden Welten auskannten, die indigene und die europäische Sprache beherrschten und das Verhalten der jeweils anderen Seite richtig deuten konnten. Oft waren dies ehemalige Gefangene oder Renegaten beider Seiten, deren Rolle und Lebensweise jedoch von der kolonialen Verwaltung und der städtischen Bevölkerung weder akzeptiert noch verstanden wurde. Die zeitgenössische Verachtung gegenüber der Landbevölkerung wurde erst aufgegeben, als sich die Gesellschaft durch die europäische Einwanderung so stark verändert hatte, dass man auf der Suche nach einer »argentinischen Identität« diese neu bewertete.

Schneller und deutlicher als auf dem Lande machten sich die wirtschaftlichen Veränderungen in der Hauptstadt des neuen Vizekönigreiches bemerkbar. Die Stationierung von Soldaten und Beamten förderte den Aufschwung von Handwerk und landwirtschaftlicher Produktion, was wiederum neue Einwanderer aus Spanien anzog. Die Einwohnerzahl von Buenos Aires stieg von 12 000 im Jahr 1750 auf 24 000 im Jahr 1778 und schließlich, zur Jahrhundertwende, auf rund 50 000 an. Damit war Buenos Aires die am schnellsten wachsende Stadt in Spanisch-Amerika. Die Provinz Buenos Aires beherbergte einem Zensus von 1778 zufolge insgesamt 37 000 Personen, nur übertroffen von Córdoba mit 40 000. Allerdings lebten dort nur 7200 Menschen in der Stadt, die übrigen 82% lebten auf dem Lande.

Die Einwanderer, die zumeist aus dem Norden und nicht, wie zuvor, aus dem Süden der iberischen Halbinsel stammten, brachten neue Ideen und Formen der Geselligkeit mit. Das kulturelle Leben im zuvor häufig als »großem Dorf« bezeichneten Buenos Aires erfuhr rasche Veränderungen. Der Vizekönigliche Hof und die Einrichtung verschiedener Behörden rief eine rege Bautätigkeit hervor, die nun stärker europäischen Mustern folgte. Die einfachen einstöckigen Kolonialhäuser wichen im Laufe der nächsten Jahrzehnte größeren Stadthäusern, Buenos Aires erhielt ein Beleuchtungssystem, und die Straßen wurden gepflastert.

Das öffentliche Schulsystem wurde ausgebaut, und die Krone war, gemäß den Prinzipien des aufgeklärten Absolutismus, bestrebt, das Bildungsmonopol der Kirche, vor allem der Jesuiten, zu brechen. Nach deren Vertreibung war hierzu der Weg frei, und Buenos Aires erhielt 1783 eine höhere Bildungsanstalt, das *Real Colegio de San Carlos*, das von Vizekönig und Diözese gemeinsam betrieben wurde. Versuche, die Bildungsinhalte zu modernisieren, scheiterten zunächst noch, allerdings verbreiteten sich trotz aller Zensurbestimmungen die Ideen der europäischen Aufklärung rasch unter den gebildeten Kreolen. Damit lief die Hafenstadt dem traditionellen geistigen und politischen Zentrum des La-Plata-Raumes, Córdoba, den Rang ab. Diese Stadt, die auch Sitz des ersten Bistums der Region war, hatte bereits 1622 eine aus einem Jesuitenkolleg hervorgegangene Universität erhalten und sich zu einem Hort der traditionellen Scholastik entwickelt, wo säkulare und aufgeklärte Vorstellungen nur schwer Fuß fassen sollten.

Insgesamt spielte die Kirche in der La-Plata-Region außerhalb der Missionsgebiete eine geringere Rolle als in den übrigen Regionen Hispanoamerikas, was sowohl mit der Armut und dünnen Besiedlung zusammenhing als auch mit der vergleichsweise geringen indigenen Bevölkerung und der Jahrhunderte langen Randlage. Lediglich in Córdoba und den andinen Regionen übte sie einen stärkeren Einfluss aus. Daran änderte sich auch mit der Gründung des Vizekönigreiches nichts, da zu diesem Zeitpunkt bereits aufgeklärtes und teilweise antiklerikales Gedankengut bestimmend wurde. So erhielt die Region auch nie ein eigenes Inquisitionstribunal, und die wenigen Fälle, in denen es zu einem Inquisitionsprozess kam, wurden in Lima verhandelt. Diese institutionelle Schwäche der katholischen Kirche, die nicht mit Religionsferne verwechselt werden darf, ersparte der späteren Republik Argentinien allzu scharfe Auseinandersetzungen um die Trennung von Staat und Kirche.

In Buenos Aires veränderte sich nach der Gründung des Vizekönigreiches das politische und kulturelle Leben rasch. 1801 erschien die erste rioplatensische Zeitung, der *Telégrafo Mercantil, Rural, Político e Historiográfico del Río de la Plata*, der bald weitere folgten. Von besonderer Bedeutung sollte der 1810 gegründete *Correo de Comercio* werden, der unter dem Sekretär des *Consulado de Comercio*, Manuel Belgrano, zum Sprachrohr liberal gesinnter Hauptstadtbewohner und Verfechtern der staatlichen Unabhängigkeit werden sollte. In Buenos Aires bildete sich somit eine, wenn auch begrenzte bürgerliche Öffentlichkeit heraus, in der wirtschaftliche, politische und kulturelle Themen angesprochen wurden und die bald zum Träger der Unabhängigkeitsbewegung werden sollte. Diese Öffentlichkeit wurde weiter befördert durch private Salons, aber auch durch die mit Errichtung des Vizekönigreiches aufwendiger und häufiger gewordenen Feste.

Auf diesen Festen mischten sich die nun stärker akzentuierten sozialen Schichten, sie boten aber auch Schauplatz für Rivalitäten um Rang und Privilegien. Um diese stritten die alteingesessenen kreolischen Eliten und die neu hinzugekommenen, häufig im Handel rasch reich gewordenen spanischen Einwanderer, auch wenn die Trennung zwischen Spaniern und Kreolen, Händlern und Landbesitzern oder Beamten nicht so strikt war, wie es häufig dargestellt wird, da alle über zahlreiche familiäre Verbindungen miteinander verwoben waren. Im Gegenteil, erst die durch Heirat hergestellten Allianzen zwischen alteingesessenen und neuen Händlern mit entsprechenden Kontakten, zwischen Händlerfamilien und Kronbeamten oder hohem Klerus ermöglichten einen sozioökonomischen Aufstieg.

Doch auch die städtischen Unterschichten veränderten sich durch den Zuzug spanischer Handwerker und Seeleute sowie die verstärkte Präsenz gut ausgebildeter Sklaven und freier Schwarzer. Die Angehörigen bestimmter Berufe und ethnischer Gruppen wie die der Gerber, der Silberschmiede, der Schwarzen oder der Basken organisierten sich in Bruderschaften, die neben religiösen Zwecken auch der Unterstützung in Fällen von Krankheit und Tod dienten und deren Feiern Solidarität und kulturelle Gemeinschaft herstellten. Zu Beginn der Unabhängigkeit wurden zudem schwarze ethnische Verbände, die sogenannten *naciones* oder *sociedades africanas* zugelassen, in denen sich Afroargentinier auf der Basis gemeinsamer Herkunft zusammen schlossen und bestimmte kulturelle Traditionen wie z. B. den *candombe*, einen Tanz mit afrikanischen Wurzeln, pflegten, der später auch den Tango beeinflussen sollte.

Zwar spielte die Sklaverei in der La-Plata-Region keine so wichtige Rolle wie in den klassischen Plantagenländern, doch arbeiteten auch auf den großen Viehzuchtbetrieben, vor allem denjenigen der Jesuiten in Córdoba, schwarze Sklaven. Die Klöster verfügten, wie Haushalte der städtischen Oberschicht, über schwarze Diener und Dienerinnen, Kutscher, Köchin oder Ammen. Da Freilassungen und Freikauf in den spanischen Kolonien vergleichsweise oft vorkamen, entstand bald auch in Buenos Aires eine Schicht freier Schwarzer und Mulatten, die vor allem im Handwerk tätig waren. 1778 lag ihr Anteil an der städtischen Bevölkerung bei etwa 30%, zum Ende der Kolonialzeit stieg dieser noch weiter an. Die mestizische Bevölkerung hingegen war von der kreolischen kaum zu unterscheiden, hier waren eher kulturelle Differenzen zwischen städtischer und ländlicher Bevölkerung maßgebend. Ethnische und geschlechtspezifische Hierarchien, verbunden mit kulturellen und wirtschaftlichen Kriterien bestimmten auch im La-Plata-Raum die gesellschaftliche Position, auch wenn diese Stellung in der aufstrebenden Hafenstadt Buenos Aires leichter zu überwinden war als im Landesinnern. Die ethnische Gliederung zeigte sich auch bei den zu Verteidigungszwecken eingerichteten Miliztruppen. Die »farbige« Bevölkerung, die *pardos*, erhielt eigene Einheiten, getrennt von denjenigen der armen kreolisch-mestizischen Unterschicht und der spanischstämmigen Bevölkerung. Die Offiziersränge wurden hingegen in allen Truppen von der kreolischen und spanischen Oberschicht besetzt. Durch die Einbeziehung in die Milizen wurden die unteren Schichten jedoch im Stadtbild sichtbar. Sie bildeten einen Teil der entstehenden Öffentlichkeit und sollten sich in den Zeiten der politischen Wirren der Unabhängigkeitsbewegung als entscheidender militärischer und politischer Akteur erweisen.

# Unabhängigkeit, Staatszerfall und Staatsbildung (1806-1880)

## *Am Vorabend der Unabhängigkeit: Die englischen Invasionen und die Frage des Freihandels*

Zu Beginn des 19. Jahrhunderts waren die La-Plata-Region und vor allem ihre Hauptstadt Buenos Aires nicht nur weiter ins Zentrum des spanischen Imperiums gerückt, sondern sie zogen auch zunehmend die Aufmerksamkeit anderer Nationen, vor allem Englands, auf sich. Einige Engländer hatten sich im Zuge der Handelsentwicklung bereits in der lokalen Kaufmannschaft etabliert, andere warteten auf eine günstige Gelegenheit, an dem »emerging market« zu partizipieren. Der begrenzte Freihandel mit spanischen und hispanoamerikanischen Häfen hatte entgegen den Erwartungen nicht zur Eindämmung des illegalen Handels geführt, und die Handelsbeschränkungen ließen sich, auch angesichts der Entwicklungen in Europa, immer weniger aufrechterhalten. Die Kolonialgebiete gerieten immer stärker in den Strudel der Napoleonischen Kriege, und Buenos Aires sollte deren Auswirkungen als Erstes zu spüren bekommen.

1805 vernichteten die Briten in der Schlacht von Trafalgar die spanische Kriegsflotte weitgehend, wodurch die ohnehin bereits gestörte Verbindung zwischen dem spanischen Mutterland und den Kolonien vollends abbrach. Aufgrund der Versorgungs- und Absatzprobleme war zwar kurz nach dem Ausbruch der Koalitionskriege in Europa das Anlaufen »neutraler« Zielhäfen wie etwa der deutschen Hansestädte oder der USA gestattet, die vollständige Unterbrechung der Verbindung zum Mutterland bot jedoch für diejenigen Kaufleute, die nicht von dem Monopol profitiert hatten, Gelegenheit, nun die Aufhebung aller Handelsbeschränkungen zu fordern. Für die traditionelle Kaufmannschaft, deren Stellung auf dem Handel mit Spanien aufbaute, hätte dies den Ruin bedeutet. Folglich spaltete sich die Gruppe der Händler in zwei Lager: die »Monopolistas«, die eine Rückkehr zu dem alten Handelssystem forderten, und diejenigen, die den direkten Warenverkehr mit ausländischen Mächten auch in Friedenszeiten aufrechterhalten wollten.

Dies war die Lage, als am 26. Juni 1806 britische Kriegsschiffe mit 1600 Soldaten an Bord im Hafen von Buenos Aires einliefen. Sie standen unter der Führung von Sir Home Popham und hätten eigentlich in Südafrika Dienst tun sollen, doch hatte Sir Popham eigenmächtig die Pläne geändert. Da der Vizekönig, Marqués de Sobremonte, zu dem Schluss gekommen war, dass man einem Angriff europäischer Mächte nicht standhalten könnte, ergriff er samt Staatskasse die Flucht nach Córdoba und überließ die Verteidigung den Milizen. Diese wurden organisiert von einem französischen Marineoffizier in spanischen Diensten, Santiago de Liniers, sowie dem Ratsmitglied Martín de Álzaga. Die Stadt mobilisierte alle Kräfte für den Widerstand, dem auch Frauen und Kindern angehörten, und zwang die Briten nach kurzer Zeit zum Rückzug nach Montevideo. Der englischen Regierung blieb angesichts dieser Schmach nichts anderes übrig, als Unterstützung zu schicken, doch auch der nächste Angriff wurde abgewehrt. In Abwesenheit des Vizekönigs trat daraufhin ein erweiterter Stadtrat, ein sogenannter *cabildo abierto*, zusammen und beschloss, das militärische Kommando bei Liniers zu belassen und die Regierungsgeschäfte der königlichen *audiencia* zu übergeben. Einer Konfrontation mit dem Stadtrat entzog sich Sobremonte dadurch, dass er nicht nach Buenos Aires, sondern nach Montevideo zurückkehrte. Daraufhin forderte eine erneute Bürgerversammlung die Amtsenthebung des Vizekönigs, und Santiago de Liniers übernahm als ranghöchster Beamter vorübergehend dessen Amt.

Die etwa ein Jahr dauernde Episode hinterließ im Vizekönigreich tiefe Spuren. Die machtpolitische Schwäche des Mutterlandes, das zu einem Schutz seiner Kolonien nicht mehr in der Lage war, hatte sich mit aller Deutlichkeit gezeigt. Stattdessen hatten die Milizen und die Bevölkerung der Großmacht England die Stirn geboten! Dies, wie auch die Absetzung eines rechtmäßigen Vertreters des Monarchen durch die einheimische Elite, vertreten durch die Milizoffiziere, sollte die politische Position und die Vorstellungen der Kreolen in der Folgezeit nachhaltig beeinflussen.

Die Invasion und deren Scheitern wirkten sich aber auch auf die Stellung der Hauptstadt innerhalb des Vizekönigreichs aus. Die Städte des Landesinnern hatten bereitwillig Truppen und Waffen zur Verfügung gestellt, mussten dann jedoch mit Befremden zur Kenntnis nehmen, dass Buenos Aires allen Ruhm für sich beanspruchte. Ebenso wenig hielten es die führenden Kreise in den Provinzen für gerechtfertigt, dass eine das gesamte Land betreffende Entscheidung wie die Absetzung des Vizekönigs von einer einzigen Stadt ohne Befragung der anderen durchgesetzt worden war. Zu diesen Rivalitäten um Ansehen und politische Macht kamen die wirtschaftlichen Probleme, die sich im Landesinnern durch das Eindringen billiger britischer Textilien, die »im Schlepptau« der Kriegsschiffe ins Land gekommen waren, ergeben hatten. So intensivierten die britischen Invasionen die Diskussion um die Auswirkungen der teilweisen oder völligen Freigabe des Handels. Die zeitgenössischen Befürworter der Freihandelspolitik betonten, dass auch das Inland von den niedrigen Preisen für importierte Ware profitierte, verschwiegen oder übersahen allerdings, dass es sich in der Hauptsache um Textilien oder Agrarprodukte handelte, den wichtigsten Produkten des Binnenlandes. Fraglich erscheint jedoch, inwieweit zwischen den immer noch teuren, qualitativ hochwertigen europäischen und den groben einheimischen Stoffen eine echte Konkurrenz bestand. Zudem verhinderten Zölle und Transportkosten bis in die zweite Hälfte des 19. Jahrhunderts hinein ein stärkeres Eindringen der englischen Textilien ins Inland. Die neuere Forschung betont dagegen die Entstehung eines für die Binnenprovinzen lohnenden Absatzmarktes in Buenos Aires und den Flussprovinzen durch den Aufschwung von Handel und Viehzucht, der durch europäische Importe jedoch in Gefahr geriet. Der grundsätzliche Interessengegensatz wird dadurch nicht aufgehoben: Die import- und exportorientierte Hafenstadt versuchte möglichst viele Güter im Hinterland abzusetzen, während die einheimischen Produzenten bemüht waren, den aufblühenden Markt der Hauptstadt für sich zu erschließen oder zu bewahren. Dies gelang ihnen allerdings nur in Krisenzeiten, wenn die Versorgung aus Europa stagnierte, während im Allgemeinen in den Flussprovinzen die britischen Waren vorgezogen wurden.

Als ein Beispiel für die Schwierigkeiten, mit denen die Wirtschaft der Provinzen seit der Einführung des Freihandels konfrontiert wurde, sei Cuyo angeführt, dessen Weine und Spirituosen bereits im 17. Jahrhundert im gesamten La-Plata-Raum erfolgreich gehandelt wurden. Mit der Aufhebung der Handelsrestriktionen drängten verstärkt europäische Alkoholika auf diesen Markt, die nicht den hohen Durchgangszöllen und Transportkosten unterlagen. Aus Brasilien oder Europa importierter Branntwein kostete in Buenos Aires zwischen 10 und 12 Pesos pro Fass, derjenige aus San Juan jedoch 16. Hinzu kam der lange Weg, der mit Ochsenkarren zurückgelegt wurde und der Qualität der Getränke nicht zuträglich war.

Selbst die Viehzucht Córdobas erlebte nicht den gleichen Aufschwung wie die der Flussregionen, die durch die Nähe zum Überseehafen Buenos Aires über wesentlich günstigere Voraussetzungen verfügten. Der einseitige Anstieg eines einzelnen Wirtschaftszweiges, der sich noch dazu auf ein Gebiet konzentrierte, hatte die bis dahin bestehende Gewichtsverteilung zwischen den Regionen gestört.

Die Folge war eine latente Unzufriedenheit in den anderen Gouvernements. Montevideo und das Litoral protestierten gegen die Monopolisierung des Überseehandels in Buenos Aires, Paraguay störte sich an dessen Kontrolle über seinen Yerba- und Tabakhandel und Cuyo an der Konkurrenz der billigen spanischen Weine, die den Markt in Buenos Aires einbrechen ließen, während man aufgrund der neuen administrativen Zugehörigkeit nun nicht mehr nach Chile exportieren durfte. Hochperu dagegen war immer weniger gewillt, Subsidien zu zahlen, mit denen der Verteidigungshaushalt der Hafenstadt zum größten Teil bestritten wurde.

## *Die »Mairevolution«*

Die fragile Ruhe, die nach den britischen Invasionen eingekehrt war, wurde zu Beginn des Jahres 1810 durch die Ereignisse in Europa gestört. Die iberische Halbinsel war fast vollständig von französischen Truppen besetzt. Bereits 1808 hatte Napoleon den Rücktritt des spanischen Königs Ferdinands VII. erzwungen und seinen Bruder Joseph Bonaparte zum neuen König von Spanien erhoben. Daraufhin formierte sich militärischer und politischer Widerstand. Die Regierungsgeschäfte wurden in den verschiedenen Regionen Spaniens von temporären kollegialen Regierungsgremien, sogenannten Juntas, übernommen, die im Namen Ferdinands die Herrschaft ausübten. Kurz darauf bildete sich auch eine zentrale Junta für ganz Spanien.

Im Laufe des Jahres 1809 nahmen die Franzosen immer mehr Territorien ein, die Zentraljunta in Sevilla löste sich auf und wurde durch einen Regentschaftsrat ersetzt, der auf einer Insel vor Cádiz Zuflucht suchte. Dieser berief eine Versammlung ein, zu dem auch Vertreter der amerikanischen Territorien geladen wurden, und verabschiedete 1812 eine Verfassung, die Spanien in eine konstitutionelle Monarchie mit starken liberalen Elementen verwandelt hätte. In den Augen vieler Bewohner der Kolonien gab es jedoch durch die Auflösung der Zentraljunta keine legitime Regierung in Spanien mehr und Forderungen nach der Einsetzung eigener Juntas wurden laut, so auch in der La-Plata-Region.

In Buenos Aires versuchte Vizekönig Liniers zunächst die weitere Entwicklung abzuwarten, aufgrund seiner französischen Herkunft geriet er jedoch in den Verdacht, mit Napoleon zu sympathisieren. Seine vorwiegend aus Spanien stammenden Gegner formierten sich unter der Führung des Martín de Álzaga, eines Basken, der mit Liniers den Widerstand gegen die Briten getragen hatte, als einer der spanischen Monopolkaufleute jedoch an dem alten kolonialen System festhalten wollte. Sein Versuch, in einer offenen Ratsversammlung (*cabildo abierto*) den Vizekönig abzusetzen, scheiterte jedoch. Einen daraufhin geplanten militärischen Umsturz verhinderten die kreolischen Milizen unter der Führung von Cornelio Saavedra, und nach diesem gescheiterten Coup verloren die nun generell als »unpatriotisch« verdächtigten Spanier ihren politischen und militärischen Einfluss in Buenos Aires. Ihre Milizregimenter wurden aufgelöst und die an der Verschwörung beteiligten Männer in entlegene Provinzen verbannt. Die – damals noch existierende – Junta in Sevilla bemühte sich, die Lage zu entspannen, indem sie 1809 einen neuen Vizekönig, Baltasar de Cisneros, sandte, der auch den Gouverneur von Montevideo ablöste. Doch angesichts der Versorgungsengpässe und der fehlenden Einnahmen durch den Rückgang der Exporte nach Europa sah auch dieser sich gezwungen, die Öffnung des Handels ins Auge zu fassen. Bei der Abstimmung im Stadtrat setzten sich schließlich die Befürworter der Freigabe des Handels mit sieben zu sechs Stimmen durch, und in der Folge legten immer mehr britische und nordamerikanische Schiffe in der Hafenstadt an. Gleichzeitig erhöhten sich dadurch die Zolleinnahmen erheblich und avancierten in der Folgezeit zu der Haupteinnahmequelle des Fiskus in Buenos Aires.

Die inzwischen auch politisch wichtig gewordenen kreolischen Milizen hatten sich in dieser auch in den Zeitungen heftig ausgefochtenen Debatte eindeutig auf die Seite der »Freihandelspatrioten« gestellt. Als Cisneros diese Milizen nach Charcas (heute Sucre in Bolivien) schicken wollte, wo sich Teile der Bevölkerung bereits 1809 gegen die spanische Herrschaft erhoben hatten, mutmaßten viele, er wolle sich auf diese Weise der Freihandelsbefürworter entledigen. Einige einflussreiche Kreolen, unter ihnen der Publizist Manuel Belgrano und der Jurist und Verfasser einer einflussreichen Schrift der Handelskammer zur Verteidigung des Freihandels, Manuel Moreno, begannen Umsturzpläne zu schmieden. Die Revolte in Hochperu wurde derweil vom Vizekönig in Peru niedergeschlagen, obwohl die Region nicht mehr zu seinem Amtsbereich gehörte. Die Entsendung von Truppen aus Lima dorthin sollte den weiteren Verlauf der Unabhängigkeitsbewegung später entscheidend mit beeinflussen.

In diese Situation hinein trafen die Meldungen über die Flucht der Sevillaner Zentraljunta vor den französischen Truppen auf eine Insel vor der Hafenstadt Cádiz. Der Vizekönig, nunmehr »Vertreter einer Macht, die nicht mehr existierte«, bestätigte die Gerüchte am 18. Mai 1810 und kündigte an, zusammen mit Repräsentanten der Hauptstadt, der *intendencias* und der übrigen Vizekönigreiche einen Weg zu suchen, die Souveränität des spanischen Monarchen über sein amerikanisches Vizekönigreich zu wahren. Mit dieser vagen Ankündigung gaben sich einige Vertreter der städtischen Eliten und die Milizen jedoch nicht zufrieden. Sie nötigten Cisneros, für den 22. Mai einen *cabildo abierto* einzuberufen. Etwa die Hälfte der geladenen 450 *vecinos* (Bürger) nahm an der Sitzung teil und übertrug dem Stadtrat die Aufgabe, eine neue Regierung einzusetzen. Der Stadtrat legte die Regierungsgeschäfte in die Hände einer Junta unter dem Vorsitz des Vizekönigs. Die Milizkommandeure, die eine Absetzung des spanischen Amtsträgers erwartet hatten, erzwangen daraufhin mit Hilfe einer vor dem Rathaus zusammengezogenen Menschenmenge erneut eine Bürgerversammlung. Diese verfügte am 25. Mai die Absetzung des Vizekönigs und bildete eine Junta unter der Leitung des Milizkommandeurs Cornelio Saavedra, die sogleich die Städte des Landesinnern informierte und sie aufforderte, die neue Regierung anzuerkennen. Auch wenn die Junta im Namen Ferdinands VII. regierte und die Reaktion in den anderen Städten des Vizekönigreiches nicht so einhellig positiv ausfiel wie erhofft, gelten diese in der offiziellen Geschichtsschreibung als »Mairevolution« bezeichneten Ereignisse heute als der Beginn der Republik Argentinien, die ihren Nationalfeiertag an eben diesem 25. Mai begeht. Eine Revolution im Sinne einer Veränderung der sozioökonomischen Bedingungen war die »Mairevolution« allerdings nicht, und selbst die Frage, ob die Milizionäre weitergehende politische Vorstellungen verfolgten, ist nicht eindeutig zu beantworten. Zunächst einmal ging es den »Patrioten«, wie sie sich jetzt nannten, um den Erhalt ihrer Macht und die Durchsetzung ihrer Positionen, und diese bezogen sich eher auf wirtschaftliche als auf politische Freiheiten.

Zunächst musste die Junta in Buenos Aires versuchen, ihre Rolle als zentrales Regierungsorgan des gesamten Vizekönigreiches und der Hauptstadt als einzigem Exporthafen zu festigen. Es folgten jahrzehntelange Auseinandersetzungen um die Rolle von Buenos Aires und das Verhältnis der einzelnen Regionen zueinander. Neben der Frage der politischen Repräsentation und der Befugnisse der einzelnen Landesteile wurde vor allem darum gestritten, ob der Hafen von Buenos Aires seine Monopolstellung behalten und wie die dort erhobenen Zölle verteilt werden sollten. Angesichts der unterschiedlichen wirtschaftlichen Interessen der verschiedenen Regionen und der noch relativ jungen Dominanz der Hafenstadt waren Machtkämpfe vorprogrammiert, zumal es weder Institutionen, die in diesem Konflikt hätten vermitteln können, noch eine klar definiertes Zusammengehörigkeitsgefühl gab.

## *Vom Vizekönigreich zu den »Vereinigten Provinzen von Südamerika«*

Die neue Regierung in Buenos Aires versuchte ihre Position zu legitimieren, indem sie an die Hauptstädte der *intendencias* eine Einladung aussprach, einen Vertreter nach Buenos Aires zu entsenden. Die Krise und deren eventuelle militärische, wirtschaftliche und politische Folgen waren nicht allein zu bewältigen. Das Hinterland bot materielle Reserven und ein Bevölkerungspotential, auf das die Hauptstadt nicht verzichten konnte – auch das hatten die englischen Invasionen gelehrt. Um der Einladung zur Zusammenarbeit Nachdruck zu verleihen, rüstete die Junta eine Truppe aus, die in den Schreiben an die Provinzen als »Befreiungs-« oder »Hilfsexpedition«, in der Hauptstadt hingegen als »Einigungsexpedition« bezeichnet wurde. Eine Truppe sollte über Córdoba in Richtung Hochperu ziehen, eine andere nach Paraguay.

In Córdoba, wo sich auch der noch immer geachtete ehemalige Vizekönig und Held der Kämpfe gegen die Briten, Santiago de Liniers, aufhielt, regte sich zunächst Widerstand gegen die Eigenmächtigkeiten des Stadtrates in Buenos Aires, der aber mit dem Herannahen des Heeres schnell erlahmte. Liniers, der als der Anführer des Widerstandes galt, wurde zusammen mit anderen spanischen Beamten gefangen genommen und auf Befehl der Junta erschossen. Man fürchtete offenbar, dass die Opposition dieses geachteten ehemaligen Beamten die eigene Position gefährden könnte. Das gewaltsame Vorgehen rief zwar selbst in Buenos Aires Entrüstung hervor, verfehlte seine abschreckende Wirkung aber nicht. Es zeigte auch, dass sich die Haltung der Junta allmählich radikalisierte und immer stärker gegen Spanien wandte.

In Salta, dem als Tor nach Charcas eine besondere Bedeutung zukam, unterstellte man sich nach einigem Hin und Her, das wesentlich mit internen Rivalitäten zusammenhing, der Hafenstadt, ebenso in den meisten anderen *intendencias*. Problematisch wurde die Lage erst in Charcas. In Chuquisaca (dem heutigen Sucre) sowie in La Paz war es über die Frage der Anerkennung der spanischen Junta 1809 zu Auseinandersetzungen gekommen, in deren Verlauf der Präsident der *audiencia* in Chuquisaca und der Bischof fliehen mussten, während in La Paz ein *cabildo abierto* den Gouverneur und den dortigen Bischof ihres Amtes enthoben. Daraufhin entsandte der eigentlich gar nicht mehr zuständige Vizekönig von Peru Truppen nach Charcas, die die Ruhe wiederherstellten. Diese spanientreuen Truppen befanden sich noch dort und fügten denjenigen aus Buenos Aires bald eine schwere Niederlage zu. Die Auseinandersetzungen mit wechselndem Ausgang setzten sich noch einige Jahre fort, praktisch bildeten Salta und Jujuy ab 1811 Grenzprovinzen, die die La-Plata-Region vor spanischen Rückeroberungsversuchen aus dem Andenraum schützen mussten. Dieser jahrelange Grenzkrieg, der weitgehend von der dort lebenden Bevölkerung bestritten wurde, zog die Region sozial und wirtschaftlich schwer in Mitleidenschaft.

Doch nicht nur an der Nordfront gab es Probleme. Gleich nach Bekanntwerden der »Maiereignisse« spaltete sich Montevideo unter dem inzwischen zum neuen Vizekönig ernannten ehemaligen Gouverneur Javier Francisco de Elío ab. Als dieser zur Unterstützung gegen Buenos Aires die Hilfe portugiesischer Truppen in Anspruch nehmen wollte, rebellierten die Bewohner des Hinterlandes, die den portugiesisch-brasilianischen Expansionsdrang fürchteten. Sie wurden angeführt von dem Milizoffizier José Gervasio Artigas, einem ehemaligen Kommandanten der berittenen Landpolizei und Schmuggelhändler, der bei der ländlichen Bevölkerung der Grenzregion große Akzeptanz fand. Artigas konnte die Portugiesen, die daraufhin in die Banda Oriental einmarschierten, mit Hilfe der Bonaerenser vertreiben, doch wurde die Allianz gegen Montevideo bald brüchig. Artigas vertrat, im Gegensatz zu der Junta in Buenos Aires, egalitäre und föderale Ideen und stellte sich gegen die Vorherrschaftsansprüche der Junta. Als die militärische Situation aufgrund der doppelten Bedrohung durch die spanientreuen Truppen in Montevideo einerseits und diejenigen aus Buenos Aires andererseits schließlich unhaltbar wurde, zog Artigas mitsamt großen Teilen der Bevölkerung des Hinterlandes in die ihn unterstützenden Flussprovinzen. Zusammen mit den Provinzen Entre Ríos, Corrientes und Santa Fe gründete er die »Liga der freien Völker« und fungierte als deren »Protektor«. Schließlich konnte er Montevideo einnehmen, rief einen unabhängigen Staat aus und begann seine Vorstellungen eines neuen Staates durchzusetzen, indem er u. a. die Sklaverei abschaffte und die Ländereien seiner Gegner unter seinen Anhängern aufteilte. Weiter reichende Pläne zu einer umfassenden Agrarreform konnte er jedoch nicht mehr verwirklichen, denn 1816 marschierten portugiesische Truppen in die Banda Oriental ein. Artigas floh erneut in das Litoral, fand dort allerdings keine Unterstützung mehr und musste sich mit dem Rest seiner Truppen 1820 nach Paraguay zurückziehen, wo er unter der Auflage strikter politischer Zurückhaltung Asyl erhielt und 1850 starb. Der alte Streit zwischen Portugal und Spanien um die Beherrschung des Ostufers der La-Plata-Mündung, der Banda Oriental, war damit jedoch nicht beigelegt und führte in den folgenden Jahren zu ständigen Auseinandersetzungen zwischen Buenos Aires und Brasilien, bis 1828 britischer Druck die Errichtung eines eigenständiges Pufferstaates, der *República del Uruguay*, erzwang.

Auch die heutige Republik und damalige *intendencia* Paraguay ging eigene Wege, sowohl die politische als auch die sozioökonomische Entwicklung betreffend. Nach der Nachricht über die Ereignisse in Buenos Aires hatte man sich zunächst abwartend verhalten, dann aber ein Heer aufgestellt, das den Truppen aus Buenos Aires eine empfindliche Niederlage beibrachte. Die paraguayischen Eliten störten sich seit längerem an der durch die wirtschaftliche Entwicklung bedingten Abhängigkeit von Händlern aus der Hauptstadt sowie den von dort ausgehenden Steuer- und Zollbestimmungen, so dass sie nicht gewillt waren, sich diesen Beschränkungen zu unterstellen. Bald setzte sich der Rechtsanwalt José Gaspar Rodríguez de Francia als stärkste politische Führungsfigur durch, der die Wahrung der Unabhängigkeit sowohl von Spanien als auch von Buenos Aires zur obersten Maxime erklärte. Er verteilte das von den Spaniern und seinen Gegnern eingezogene Land jedoch nicht unter seinen Anhängern, sondern beließ es in der Hand des Staates. Um dem Druck von Buenos Aires, das über die Sperrung der Flüsse den paraguayischen Außenhandel zum Erliegen bringen konnte, nicht nachgeben zu müssen, führte er das Land in eine selbst auferlegte politische und ökonomische Isolation. De facto war Paraguay seit 1811, de iure seit 1813 ein von Spanien und Buenos Aires unabhängiger Staat, auch wenn er erst 1852 als solcher anerkannt werden sollte.

1813 war somit bereits ersichtlich, dass auf dem von der Junta in Buenos Aires angekündigten Kongress aller Provinzen der La-Plata-Region weder die Banda Oriental noch Charcas oder Paraguay vertreten sein würden. Doch auch in Buenos Aires selbst war es über die Frage der Befugnisse der Versammlung und die Haltung zum Mutterland zu Zerwürfnissen zwischen den beiden führenden Köpfen, Saavedra und Moreno, gekommen. Mariano Moreno, der »argentinische Jakobiner«, musste sich der konzilianteren Strömung unter Saavedra beugen. Die Militärführer des Inlandes radikalisierten sich jedoch und forderten mehr Einfluss und Rechte, vor allem weil sie einen großen Teil der Truppen stellten. Die schwierige militärische Lage bot ihren Gegnern allerdings auch den Vorwand, die »große Junta« mit Vertretern der Regionen aufzulösen und die Macht in den Händen eines Triumvirates zu konzentrieren.

Schließlich nahm zu Beginn des Jahres 1813 die *Asamblea General Constituyente* (Allgemeine konstituierende Versammlung) in Buenos Aires ihre Beratungen auf. Sie erklärte sich zum Souverän der »Vereinigten Provinzen von Südamerika«, verabschiedete einige grundlegende Gesetze zu den Persönlichkeitsrechten (u. a. die allmähliche Aufhebung der Sklaverei durch das Recht der freien Geburt), ließ neue Münzen prägen, entwarf ein eigenes Wappen, ließ eine Hymne komponieren und führte eine amerikanische Staatsbürgerschaft ein. Die Frage der Unabhängigkeit, bei der Einberufung des Kongresses noch ein zentrales Thema, kam nicht auf die Tagesordnung, und Verfassungsentwürfe wurden nicht mehr diskutiert.

Diese plötzliche Zurückhaltung erklärt sich vor allem aus der politischen Situation Spaniens. Nach dem Rückzug Napoleons aus Madrid im März 1813 zeichnete sich die

Rückkehr des legitimen Monarchen auf den spanischen Thron ab. Tatsächlich nahm Ferdinand VII. im März 1814, nach Napoleons Kapitulation, den spanischen Thron ein, und auf der iberischen Halbinsel wurden Kräfte frei, die sich alsbald gegen die Rebellen in Amerika richten konnten.

Die *Asamblea* zeigte sich dieser schwierigen Lage nicht mehr gewachsen. Sie überantwortete ihre Angelegenheiten einer »Ständigen Kommission«, und im Januar 1814 stimmte sie dem Vorschlag des Triumvirats zu, die Exekutive in den Händen eines »Obersten Direktors« (*Director Supremo del Estado*) zu konzentrieren. Der als solcher ernannte Gervasio Antonio de Posadas hatte allerdings nur noch einen eingeschränkten Wirkungsbereich, da sich Santa Fe, Entre Ríos und Corrientes mit Artigas in der »Liga der freien Völker« zusammengeschlossen und Córdoba in deren Windschatten seine Unabhängigkeit von Buenos Aires proklamiert hatte. Die neue Allianz kam allerdings weniger durch die Attraktivität der Ideen Artigas' zustande, sondern wurde vielmehr von der gemeinsamen Gegnerschaft zur Hauptstadt getragen.

Carlos de Alvear, der zweite *Director Supremo*, konnte seine Autorität außerhalb von Buenos Aires nicht mehr geltend machen, und auch dort formierte sich eine Opposition. Als er ein Regiment nach Santa Fe entsandte, um die Provinz wieder zu unterwerfen, verweigerten sich die Soldaten. In einem Manifest erklärten sie, die Regierung habe die Rechtssicherheit im Lande abgebaut und diene nur noch den Interessen einiger weniger Wohlhabender, während die Mehrzahl der Bevölkerung in immer größere wirtschaftliche Bedrängnis gerate. Die Unterstützung des Aufstandes durch Artigas und weite Kreise der Hauptstadt ließ Alvear keine andere Wahl als abzudanken.

Erstmals seit dem 25. Mai 1810 hatte es im La-Plata-Gebiet eine politische Bewegung gegeben, deren Zentrum nicht allein in der Hauptstadt lag, wenn auch die einzelnen Gruppen kaum miteinander in Kontakt standen. Die ehemals von Buenos Aires zentral verwalteten Landesteile hatten sich durch die Kämpfe nach innen und nach außen zu einer losen Konföderation umgestaltet, die schlecht organisiert, halb verfeindet und teilweise unabhängig war. Nach vier Jahren faktischer Unabhängigkeit, die von ständigen Kriegen an den Grenzen des Territoriums, das heute Argentinien darstellt, begleitet waren, hatten sich die Fronten verkehrt. Während Buenos Aires angesichts der Rückkehr Ferdinands VII. ab 1814 eine konziliantere Linie Spanien gegenüber einschlug, verlagerte sich der Kampf um die Unabhängigkeit weiter in den Norden und an die Grenze zu Chile. Waren es 1810 die wohlhabenden Bonaerenser Exporteure und Viehzüchter, die nach größerer, vielleicht sogar nach völliger Unabhängigkeit von Spanien strebten, so fanden sich nun die Eliten der Grenzregionen und die Soldaten, die die Hauptlast des Krieges trugen, nicht mehr bereit, die Errungenschaften der letzten Jahre kampflos aufzugeben. Nur ein baldiger Kongress, der klare und einhellige Beschlüssen fasste, konnte in dieser Situation helfen, und alle Regionen sahen es als eine unabdingbare Voraussetzung für dessen Gelingen an, dass er außerhalb der Hauptstadt zusammentreten müsse.

Man einigte sich schließlich auf das im Norden gelegene Tucumán, wo der Kongress 1816 in angespannter Atmosphäre begann. Er sollte hauptsächlich die Frage der künftigen Staatsform diskutieren. Mehrere Abgeordnete waren der Überzeugung, die ehemaligen Kolonien sollten sich als konstitutionelle Monarchien etablieren, denn eine Monarchie sei eher geeignet, politische Stabilität zu garantieren als eine Republik und entspräche mehr dem politischen »Entwicklungsstand« der Bevölkerung. Zudem versprach man sich angesichts des auf dem Wiener Kongress proklamierten Legitimitätsprinzips weniger außenpolitische Probleme. Die Suche nach einem geeigneten Monarchen gestaltete sich allerdings schwierig, denn es hatte sich kein europäischer Kandidat gefunden. Die Möglichkeit, einen Abkömmling der Inka-Dynastie einzusetzen, erwies sich als unpraktikabel und politisch problematisch, ebenso eine größere Lösung unter Einbeziehung Brasiliens. Dennoch erklärte der Kongress der La-Plata-Provinzen am 9. Juli 1816 die Unabhängigkeit der »Vereinigten Provinzen von Südamerika« (*Provincias Unidas de Sud-América*), ein Schritt, der letztlich nur mit der verzweifelten Hoffnung erklärt werden kann, vielleicht auf diese Weise das Ende der internen Rivalitäten zu erzwingen. Eine Verfassung wurde nicht verabschiedet, stattdessen sollte ein neuer *Director Supremo* für Stabilität sorgen. Wegen der Nähe des Versammlungsortes zur nördlichen Front verlegte der Kongress seinen Sitz bald wieder nach Buenos Aires.

Derweil sicherten unterschiedliche militärische Einheiten die Grenzen zu den noch immer von Spanien gehaltenen Gebieten. Neben den Truppen unter Martín Güemes, die in Salta die Grenze nach Norden hielten, bereitete der Gouverneur der Andenprovinz Cuyo, José de San Martín, die Sicherung der »Revolution« vor. San Martín, der in der Provinz Corrientes geborene Sohn eines spanischen Beamten, hatte während der Napoleonischen Kriege in Europa gekämpft und baute nun in der westlichen Andenregion ein gut organisiertes Heer auf, das die Unabhängigkeit nach Chile und Peru bringen sollte. Nur wenn die spanische Herrschaft auf dem gesamten Subkontinent beendet sei, so seine Überlegung, könne die Unabhängigkeit von Dauer sein. Seine erfolgreichen militärischen Unternehmungen ließen General San Martín in den folgenden Jahren zu der zentralen Figur der südamerikanischen Unabhängigkeitsbewegungen neben Simón Bolívar werden, für die interne Entwicklung in der La-Plata-Region spielte er aufgrund seiner geringen Präsenz vor Ort aber kaum noch eine Rolle.

Anfang 1817 hatte San Martín ein gut ausgebildetes Heer zusammengestellt, das etwa 2500 Soldaten umfasste, darunter viele Sklaven, denen für ihren Dienst die Freiheit in Aussicht gestellt wurde. Das Heer überquerte unter San Martíns Führung die mehr als 4000 Meter hohen Pässe der Anden ohne große Verluste und konnte, zusammen mit einem chilenischen Kontingent unter Bernardo O'Higgins, die zahlenmäßig überlegenen spanientreuen Truppen schlagen. Chile wurde im April 1818 für unabhängig erklärt. Die ihm angetragene Regierung des Landes lehnte San Martín ab und begann stattdessen mit dem Aufbau einer Flotte, um auf dem Seeweg Peru, das Zentrum der spanischen Macht in Südamerika, zu befreien. 1821 nahm er Lima ein, erklärte Peru für unabhängig und wurde zum »Protektor« des Landes ernannt. Gleichzeitig war Simón Bolívar von Venezuela aus über Bogotá und Quito in Richtung Peru gezogen, und beide Feldherren kamen 1822 in Guayaquil zu einem Treffen zusammen, in dessen Folge San Martín als Protektor abdankte. Der genaue Inhalt der Unterredung der beiden »Befreier« ist nicht bekannt, vermutlich waren aber die sich allmählich gegen San Martín wendende Stimmung in Lima sowie Differenzen zwischen Bolívar und San Martín über die militärische Vorgehensweise und die zukünftige politische Gestaltung Südamerikas dafür verantwortlich, denn San Martín hatte sich für eine konstitutionelle Monarchie ausgesprochen. Bolívar besiegte 1825 die letzten spanischen Truppen in Hochperu, das zu seinen Ehren den Namen »República de Bolivia« annahm. San Martín begab sich nach Frankreich ins Exil, wo er 1850 starb. Dreißig Jahre später wurden seine sterblichen Überreste in der Kathedrale von Buenos Aires beigesetzt, und San Martín avancierte zum wichtigsten Helden der Unabhängigkeitsbewegung Argentiniens.

In der Hauptstadt zeigte sich derweil allerdings, dass das dringendste Problem der »Vereinigten Provinzen« nicht die Frage von Monarchie oder Republik, sondern von Föderation oder Konföderation war. Der auf dem Kongress in Tucumán gefundene prekäre Kompromiss zwischen Buenos Aires und den Provinzen zerbrach, als der 1816 eingesetzte *Director Supremo* Juan Martín de Pueyrredón 1819 eine vorläufige Verfassung (*Estatuto Provisorio*) erließ, die der Hauptstadt weitreichende Vollmachten sicherte. Es kam zu verschiedenen kriegerischen Auseinandersetzungen, letztlich besiegten die Truppen der beiden wichtigsten Militärführer des Litoral, Estanislao López (Santa Fe) und Francisco Ramírez (Entre Ríos), 1820 bei Cepeda gemeinsam die Hauptstadt. Erstmalig zogen Gauchotruppen des Landesinnern in die Hauptstadt ein und banden ihre Pferde an den Gattern der Plaza de la Victoria (heute Plaza de Mayo) an, wo die Porteños zu ihren eigenen Ehren nach der Revolution eine Pyramide errichtet hatten. In den Augen der sich kultivierter dünkenden Hauptstädter war dies ein Affront, den sie so schnell nicht vergaßen. Die Sieger, die für eine lose Konföderation unabhängiger Staaten in der La-Plata-Region eintraten, setzten die Abschaffung der Verfassung von 1819, die freie Flussschifffahrt und ein Verbot der Einmischung in die Angelegenheiten anderer Provinzen durch. Damit wurde Buenos Aires zu einer Provinz unter mehreren, die sich auf den Ruinen des Vizekönigreiches neu konstituierten.

## *Caudillismo und Staatsbildung*

Der Sieg der Provinzen über Buenos Aires 1820 läutete eine neue Phase im Staatsbildungsprozess ein, die bis zum Amtsantritt von Bartolomé Mitre, des ersten »gesamtargentinischen« Präsidenten im Jahr 1862 dauerte. Bis dahin dominierten in den einzelnen Provinzen »Caudillos« das Geschehen, die in wechselnden Konstellationen mit- und gegeneinander kämpften. Der Provinz Buenos Aires kam lediglich durch den Hafen und durch die wirtschaftliche Stärke eine gewisse Sonderrolle zu. Ihr wurde auch die Vertretung der Interessen der Region nach außen hin übertragen, im Innern jedoch gab es keine gemeinsame Regierung mehr. Die einzelnen Provinzen konstituierten sich zumeist als unabhängige Staaten, verfügten über eigene Truppen, erhoben Zölle und erließen ihre eigenen Gesetze.

Neben dieser Regionalisierung hatten die Kämpfe des vorigen Jahrzehnts zu einer Militarisierung der Gesellschaft und einer Verlagerung der Macht in ländliche Regionen geführt. Die Jahre der Kämpfe, die vor allem im Landesinnern und in den Grenzregionen ausgetragen wurden, brachten charismatische Militärführer an die Macht. Diese Verlagerung des politisch-militärischen Gewichtes war begleitet von einer allgemeinen Ruralisierung, die durch den Niedergang des alten Handelssystems ausgelöst wurde. Wie dominant die militärischen Aktivitäten waren zeigt sich auch daran, dass die Provinz Buenos Aires in der ersten Hälfte des 19. Jahrhunderts im Durchschnitt mehr als 60% ihrer Staatsausgaben für das Militär zur Verfügung stellte. Diese Gelder kamen fast ausschließlich aus den Im- und Exportzöllen, die die Hafenstadt erhob und die zu einem zentralen Streitpunkt wurden. Die Provinz Buenos Aires war nicht bereit, einen Teil der Einnahmen, die ja auch auf die Waren aus und für die Binnenregion und die Flussprovinzen erhoben wurden, an diese weiterzugeben. Zwar versuchte zumindest das Litoral, seine Häfen als Alternative für den Außenhandel zu etablieren, doch gelang dies nur bedingt, da Buenos Aires durch die Kontrolle der Flussmündung den Handel über diesen Weg unterbinden konnte.

Die argentinische Geschichtsschreibung, die sehr stark von der liberalen Elite der Hauptstadt geprägt war, hat diese Zeit, in der die Auseinandersetzungen zwischen den Provinzen unter der Führung charismatischer Militärführer dominierten, zumeist als eine dunkle Epoche der »Barbarei« dargestellt und die Caudillos als unzivilisierte, prinzipienlose Gewaltherrscher. Als ihre Prototypen galten der lange Jahre diktatorisch herrschende Gouverneur von Buenos Aires, Juan Manuel de Rosas, sowie Juan Facundo Quiroga, der Caudillo von La Rioja, dem der spätere argentinische Präsident Domingo Faustino Sarmiento in seinem Buch *Civilización y Barbarie. La vida de Juan Facundo Quiroga* (Santiago de Chile 1845) ein negatives literarisches Denkmal gesetzt hat. Die Forschung der letzten Jahre, die die einseitige Perspektive der Hauptstadt zu überwinden versucht und sich zunehmend der Erforschung der Entwicklung in den verschiedenen Regionen widmet, zeichnet inzwischen ein sehr viel differenzierteres Bild.

Der Begriff »Caudillo« bedeutet im Spanischen »Anführer« und bezeichnet einen Führer, dessen Position nicht auf militärischen Hierarchien aufbaut, sondern auf der persönlichen Verbundenheit mit seinen Anhängern. Diese beruht auf einer charismatischen Ausstrahlung sowie auf Erfolg und Belohnung für die Gefolgschaft. Das am meisten bemühte Bild ist das des Caudillos als eines Großgrundbesitzers, dessen Gefolgschaft zumeist aus den von ihm und anderen Mitgliedern des Clans abhängigen Landarbeitern und Gauchos besteht und der seine Region wie eine Estancia regiert. Klientelismus, Charisma und die Herrschaft von Familienverbänden sind sicherlich zentrale Elemente des Caudillismo, doch bedeutet dies nicht, dass die Anhängerschaft des Caudillo diesem nur auf Grund von Abhängigkeiten und politischer Naivität folgte. Die Mobilisierung der Anhänger beruhte nicht nur auf klientelaren Abhängigkeiten, sondern auch auf gemeinsamen materiellen

Interessen und kulturellen Referenzräumen. Die Caudillos waren mit der jeweiligen regionalen Kultur vertraut und vermochten diese in besonderer Weise zu repräsentieren. Sie waren immer auch begnadete Reiter und Kämpfer, beherrschten die Sprache und kulturellen Codes der Landbevölkerung und schufen durch die Teilnahme an deren Wettkämpfen, Spielen, Festen und anderen Ritualen emotionale Bindungen. Sie kannten die religiösen und ordnungspolitischen Vorstellungen ihrer Anhänger und vermochten diese zu repräsentieren, wodurch ihnen ein Charisma zugesprochen wurde, das dann in Liedern und Gedichten von der zumeist analphabetischen Anhängerschaft weitergetragen und mythisch verklärt wurde.

Die Caudillos standen allerdings nicht nur für die Kultur der ländlichen Unterschichten, sondern auch für deren regionale Verwurzelung und mithin für eine Politik, die ihrem jeweiligen Gebiet mehr Gewicht in den politischen Entscheidungen zukommen lassen wollte. Aus der Perspektive des heutigen Argentinien werden diese Vorstellungen als Regionalismen oder Föderalismen bezeichnet, doch etablierten sich zunächst ein eher staatlicher Partikularismus und eine Konföderation.

Nach der Absetzung des Vizekönigs fehlte eine klare Instanz, die dessen Funktion hätte ausfüllen können. Es gab keine Vorstellung von einer *argentinidad*, sondern man identifizierte sich entweder mit »Amerika« oder aber mit der Region, also der jeweiligen Provinzhauptstadt und ihrem Umland. Daher konstituierten sich die politischen Bewegungen zunächst auf der Ebene der Provinzen bzw. der Städte, die oft auch als »pueblos« bezeichnet wurden. »Pueblo« bedeutete in dieser Zeit sowohl »Stadt« (und Umland) als auch »Volk«. Die Provinzhauptstädte mit ihrem Stadtrat und der während der Unabhängigkeitsbewegung vielfach neu eingesetzten Junta war nach dem Wegfall der kolonialen Klammer und der Ablehnung der Hegemonialbestrebungen der früheren Hauptstadt die einzige als legitim anerkannte staatliche Institution. Die Provinzen begannen daher zunächst, sich als souveräne Staaten zu etablieren, um sich später in einer Konföderation oder Föderation auf gleichberechtigter Basis zusammen schließen zu können. Angesichts der Weigerung von Buenos Aires, auf seine Hegemonialstellung zu verzichten, kam es zu militärischen Auseinandersetzungen, die die Machtübernahme durch Caudillos begünstigten. Allerdings hat der Blick auf diese schillernden Führerpersönlichkeiten – und die spätere vornehmlich hauptstädtisch-liberale Geschichtsschreibung – dazu geführt, dass die Ansätze zur Staatsbildung in den von Caudillos beherrschten Gebieten übersehen oder negiert wurden. Nicht nur Buenos Aires entwarf Verfassungen, sondern auch in den unabhängigen »Provinz-Staaten« wurden trotz der Herrschaft charismatischer Caudillos Verfassungen ausgearbeitet, Verwaltungen und Fiskalbehörden eingerichtet. Dies zeigt, dass die Caudillos nicht, wie oft dargestellt, nur wegen des institutionellen Vakuums an die Macht kamen, sondern eher aufgrund der Militarisierung der Politik und Gesellschaft. Und es verdeutlicht, dass sie nicht willkürlich schalten und walten konnten. Ihre Herrschaft war keine rein anarchistische »Barbarei« (auch wenn sie zeitweise solche Züge annehmen konnte), sondern die Caudillos schufen – trotz nicht zu leugnender Gewaltherrschaft, Klientelismus und Clanwirtschaft – Elemente von Staatlichkeit, auf denen später aufgebaut werden konnte. Mit den Caudillos und ihren Truppen hatten neue Akteure das politische Feld betreten, die einzubinden und zu kontrollieren den traditionellen politischen Eliten nicht immer leichtfiel. Sie sorgten immer wieder für Unruhe, doch blieb die politische und soziale Herrschaft der Oberschicht in fast allen Regionen weitgehend unangetastet.

Nach dem Sieg der Caudillos des Litorals über Buenos Aires kam es nach 1820 in den Flussprovinzen zu Streitigkeiten um die Führung, und es entstand ein instabiles Gleichgewicht mit schnell wechselnden Bündniskonstellationen. Der siegreiche Francisco Ramírez versuchte, nachdem er Artigas ausgeschaltet hatte, sich zu dessen Nachfolger als »Beschützer der freien Völker« aufzubauen, was zu militärischen Auseinandersetzungen mit seinem ehemaligen Mitkämpfer Estanislao López und schließlich zu seiner Niederlage führte. López, dessen Provinz Santa Fe durch die ständigen Kriege inzwischen weitgehend entvölkert und wirtschaftlich ruiniert war, konnte die Führung allein jedoch nicht halten. Das Litoral zerfiel ebenso in unabhängige Staaten wie das Landesinnere, wo zudem die ehemals nachgeordneten Städte Santiago del Estero, Catamarca und Salta sich von Tucumán lösten. Córdoba, die bevölkerungsreichste und militärisch stärkste Region, musste den Verlust von Cuyo und dessen Zerfall in die Provinzen San Juan, San Luis und Mendoza sowie La Rioja hinnehmen. Die Regionen des Nordens litten unter dem Niedergang der Wirtschaft und den Grenzkämpfen, die sie weitgehend allein zu tragen hatten und die den größten Teil des ohnehin schmalen Budgets verschlangen. Anders dagegen in Buenos Aires, wo man nach 1820 erst einmal keine großen Kriegskosten mehr zu verbuchen hatte. Stattdessen blockierte die Stadt mehrfach den Río Paraná und den Río Uruguay, um ihrem Handels- und Zollmonopolanspruch Nachdruck zu verleihen. Die anderen Provinzen wurden dadurch wieder vom Handel abgeschnitten und vor die Wahl gestellt, ihre ohnehin schon angeschlagene Exportwirtschaft weitgehend einzustellen, wie Paraguay dies getan hatte, oder einzulenken – ein Circulus vitiosus für die Provinzen, letztlich aber auch für Buenos Aires, das auf die Ressourcen des Hinterlandes und seinen Markt ebenso wenig verzichten konnte.

Beide Lager versuchten, sich wieder zu konsolidieren, wobei Buenos Aires in der besseren Position war. Die zwanziger Jahre wurden hier zu einer »glücklichen« Zeit (*la feliz experiencia*) der Modernisierung von Staat und Gesellschaft, die in vieler Hinsicht wegweisend für die spätere Entwicklung Argentiniens sein würde. Diese Maßnahmen sind verknüpft mit dem Namen von Bernardino Rivadavia, einem überzeugten Zentralisten und aufgeklärten Reformer. Unter seiner Führung kam es zu wichtigen Umgestaltungen in Verwaltung, Bildung und Sozialwesen sowie zu den ersten Bestrebungen, ausländische Investoren und Einwanderer ins Land zu holen – zwei zentrale politische Ziele, die zwei Generationen später Argentinien grundlegend verändern sollten. Zur Inwertsetzung des Landes und um Einwanderer anzuziehen führte Rivadavia ein Pachtsystem bei der Vergabe von Staatsland ein, das dieses zu einem niedrigen Zins für 20 Jahre vergab. Da dieses System allerdings keine Obergrenzen vorsah, begünstigte es weniger mittellose Einwanderer oder Bauern als vielmehr Wohlhabendere, die sich auf diese Weise zum Teil riesige Ländereien sicherten. Soziokulturell erfuhr die Hauptstadt einen Modernisierungsschub. Buenos Aires bekam eine eigene Universität, die, im Gegensatz zu derjenigen in Córdoba, nicht mehr von der katholischen Kirche dominiert wurde. Diese verlor unter Rivadavia zunehmend an Einfluss, was sowohl seiner antiklerikalen Politik als auch der verstärkten Präsenz nicht-katholischer ausländischer Kaufleute, vor allem aus Großbritannien und den USA, aber auch aus den deutschen Hansestädten, geschuldet war. Darüber hinaus legte Rivadavia soziale Aufgaben, die bislang von der Kirche wahrgenommen wurden, in die Hände des Staates, vor allem durch die Gründung der »Sociedad de Beneficencia«, die die Betreuung der Krankenhäuser, Waisenheime und anderer sozialer Einrichtungen übernahm. Diese Institution, die bis zur Ära Perón die wichtigste und mächtigste Wohltätigkeitsorganisation in Argentinien war, wurde weitgehend von Frauen geleitet, die hier erstmals öffentliche Aufgaben übernahmen.

Auch die Finanz- und Handelsangelegenheiten wurden neu geordnet. Buenos Aires erhielt 1822 eine Börse sowie eine Bank, die neben Krediten auch zur Ausgabe von Geldscheinen berechtigt war. Allerdings wurden dadurch die weiterhin zirkulierenden Münzen aus Potosí nicht ersetzt, dessen Handel- und Finanzwesen im Norden weiterhin dominierte. Noch immer waren die Importzölle mit 84% die Haupteinnahmequelle der Hafenstadt, doch sie reichten bei weitem nicht aus für Rivadavias ehrgeizige Ziele. Infolgedessen musste man zum Ausbau der Hafenanlagen und anderer Projekte 1824 einen Kredit in Großbritannien aufnehmen, dessen Schuldendienst die Provinz in den folgenden Jahren stark belastete. Rivadavia kommt somit auch das zweifelhafte Verdienst zu, die sich in den folgenden Jahrzehnten noch verstärkende Auslandsverschuldung und Abhängigkeit von britischem Kapital eingeleitet zu haben. Überhaupt machte Rivadavia den Briten eine Reihe von Zugeständnissen, erlangte damit aber auch bereits 1824, als Bolívar gerade die letzten spanischen Truppen in Hochperu besiegte, die implizite staatliche Anerkennung durch einen Handels-, Freundschafts- und Schifffahrtsvertrag.

Im selben Jahr schaffte Rivadavia es auch, die gestörten Beziehungen zu den Provinzen allmählich wieder zu knüpfen. Eine gemeinsame Versammlung übertrug in einem »Grundgesetz« Buenos Aires die außen-, finanz- und währungspolitischen Kompetenzen der »Vereinigten Provinzen«. Rivadavia begann mit der Ausarbeitung einer Verfassung, die im Prinzip eine gemäßigtere Variante derjenigen von 1819 war. Sie wurde – unter dem Druck erneuter Auseinandersetzungen mit Brasilien um die Banda Oriental – 1826 vom Parlament angenommen und Rivadavia zum Präsidenten ernannt. Die Verfassung erklärte Argentinien zu einer Republik mit gewähltem Kongress und Präsidenten sowie Gewaltenteilung nach dem Vorbild der USA. Auch sah sie eine weitgehende Selbstverwaltung der Provinzen und eine Teilung der Zolleinnahmen von Buenos Aires vor, das zudem als föderaler Distrikt von seiner Provinz getrennt werden sollte. Allerdings wurde dem Präsidenten eine Amtszeit von neun Jahren gewährt, sowie die Möglichkeit, die Provinzgouverneure ein- und abzusetzen. Darüber hinaus sollten neben den Provinzmilizen auch lokale Zölle und Steuern abgeschafft werden. Vor allem Letzteres stieß in den Provinzen auf Widerstand, wo man den Versprechungen aus der Hauptstadt wenig Vertrauen entgegen brachte. Sie erkannten denn auch mehrheitlich weder den Präsidenten noch die von ihm entworfene Verfassung an, so dass diese praktisch von Beginn an obsolet war und die Spannungen zwischen Buenos Aires und den übrigen Provinzen wieder zunahmen.

Doch auch in Buenos Aires regte sich Widerstand gegen den Verfassungsentwurf, vor allem vonseiten der Großgrundbesitzer, der *estancieros*, die sich gegen die Föderalisierung von Buenos Aires, also die Herauslösung der Hauptstadt aus ihrem Verwaltungs- und Herrschaftsbereich, wandten. Diese würde der Provinz zu viele Mittel entziehen, die man zur militärischen Ausdehnung des Territoriums gegen die Indigenen benötigte und die Position der – zumeist britischen – Kaufleute weiter stärken, so ihre Befürchtung. Als Rivadavia 1827 ein »Toleranzedikt« für die Protestanten erließ, nutzten seine Gegner in Buenos Aires und den Provinzen die Ressentiments gegen seine laizistischen Maßnahmen und riefen unter dem Motto »Religion oder Tod« (*religión o muerte*) zum Widerstand auf.

Bald stützten nur noch die Kaufleute und Bankiers den Präsidenten. Sie übten jedoch auch Druck auf ihn aus, den

Krieg gegen Brasilien um die Banda Oriental zu beenden, der die Wirtschaft, vor allem den Handel, stark in Mitleidenschaft zog. Großbritannien vermittelte schließlich in dem Konflikt, doch der Entwurf für einen Friedensvertrag rief in Buenos Aires, wo man noch immer an den territorialen Ansprüchen des ehemaligen Vizekönigreiches hing, einen solchen Sturm der Entrüstung hervor, dass Rivadavia sich gezwungen sah, abzudanken. Sein Nachfolger Manuel Dorrego versuchte, die Spannungen mit den Provinzen dadurch zu mildern, dass er die Verfassung zurücknahm und sich nur noch »Gouverneur von Buenos Aires« nannte. Auch sprach er nicht mehr von den »Vereinigten Provinzen«, sondern von der *Confederación del Río de la Plata*, aber der prekäre Konsens war aus den Fugen geraten. Es entwickelte sich ein neuer Krieg, in dem einige Provinzen gegen Buenos Aires kämpften, andere sich auf dessen Seite stellten, ohne dass klare ideologische Unterschiede auszumachen waren. Angesichts dieser Situation konnte auch der Kampf um die Banda Oriental nicht weitergeführt werden, und Dorrego musste 1828 die von Großbritannien garantierte Unabhängigkeit des Ostufers als *República Oriental del Uruguay* anerkennen. Kurz darauf wurde er von den ehemaligen Befehlshabern der Armee, die die Abtretung des Gebietes nicht anerkennen wollten, abgesetzt und ohne jeden Prozess erschossen. Damit delegitimierten sie jedoch die Position der Verfechter einer Union, so dass ein Anhänger der föderalen Lösung, der Caudillo Juan Manuel de Rosas, sich auch in Buenos Aires durchsetzen konnte. Angesichts der langen Dauer und der zunehmenden Gewaltsamkeit der Auseinandersetzungen wurde dieser von einem Großteil der Bevölkerung in Buenos Aires als selbsternannter »Retter aus der Anarchie« begrüßt und mit außerordentlichen Vollmachten zur »Wiederherstellung des Friedens« ausgestattet.

Buenos Aires, bis dahin der Hort der Anhänger einer zentralistischen Verfassung, der sogenannten Unitarier, wurde nun von einem Föderalisten regiert und die Provinz zu einer unter mehreren. Allerdings bedeutete dies auch, dass die in der Verfassung von 1826 verankerte Teilung der Zolleinnahmen nun vom Tisch war.

## *Juan Manuel de Rosas*

Zwischen 1829 und 1852 stand Argentinien unter der Vorherrschaft von Juan Manuel de Rosas, der sowohl die Provinz Buenos Aires als auch die argentinische Konföderation durch eine geschickte, wenn auch gewaltsame Politik dominierte. Seine Herrschaft ist nach wie vor umstritten. Sie kann einerseits als »Inkubationszeit« der argentinischen Nation bezeichnet werden, die die Zeit der permanenten Auseinandersetzungen beendete und durch die Konsolidierung der Einzelstaaten den in der zweiten Hälfte des Jahrhunderts einsetzenden Staatsbildungsprozess vorbereitete. Andererseits wird Rosas oft als der Caudillo *par excellence* beschrieben. Seine Gewaltherrschaft trieb eine ganze Generation Intellektueller ins Exil, und diese malten seine Regierungszeit in den schlimmsten Farben. So zielte auch das bereits erwähnte Buch von Domingo Faustino Sarmiento über Facundo Quiroga, *Civilización y barbarie*, eigentlich auf Rosas.

Juan Manuel de Rosas wurde in eine wohlhabende Estancierofamilie geboren. Sein Vater war Militär, seine Mutter entstammte einer der einflussreichsten Familien des Landes. Nach guter Schulbildung überließ Rosas den Familienbesitz seinen Geschwistern und baute sich in der Provinz Buenos Aires eine eigene Existenz auf, die ein weitverzweigtes landwirtschaftliches Unternehmen mit Produktion, Kauf und Verkauf umfasste. Als einer der Ersten war er 1815 in die Produktion von Pökelfleisch eingestiegen. Er arbeitete eng mit seinen Cousins aus der Familie der Anchorena zusammen, einer der führenden Kaufmannsfamilien der ausgehenden Kolonialzeit, die sich inzwischen stärker auf die Viehzucht verlegt hatten und zu einer der reichsten Familien Argentiniens werden sollten. Rosas war somit sehr viel mehr als ein einfacher Estanciero, vielmehr war er ein risikofreudiger, innovativer Geschäftsmann. Als solcher verkörperte er auch die sozioökonomischen Veränderungen der Unabhängigkeitsepoche, als die lokale Kaufmannselite begann, in Viehzucht und Landbesitz zu investieren, da sie der britischen Konkurrenz im Überseehandel nicht mehr gewachsen war und die ständigen Kriege den Schwerpunkt der Viehzucht vom Litoral in die Provinz Buenos Aires verschoben.

Rosas verfügte über beste Kontakte innerhalb der wichtigsten wirtschaftlichen Kreise der Hafenstadt, aber auch sein Rückhalt im Militär und bei der ländlichen Bevölkerung war gefestigt. Seine politische und militärische Karriere in Buenos Aires begann in den Indianerkriegen ab 1818. In mehreren Memoranden zur Entwicklungsperspektive im Süden der Provinz Buenos Aires befasste er sich mit der Sicherung der Grenze gegen die indigenen Gruppen, die er jedoch nicht durch militärische Vernichtung, sondern durch Verhandlungen, Handelsbeziehungen und die Einbindung indigener Kaziken erreichen wollte. Er war mit dieser Politik zeitweise recht erfolgreich und konnte in den zwanziger und dreißiger Jahren die Grenze bis nach Bahía Blanca im Süden vorschieben, sein eigentliches Ziel, die indigene Bevölkerung langfristig in die kreolische Gesellschaft zu integrieren und sie als Arbeitskräfte für die Estancias zu gewinnen, erreichte er jedoch nicht.

Nachdem Rosas in den Auseinandersetzungen mit den Provinzen 1820 als Vermittler aufgetreten war, zog er sich auf seine Landgüter zurück und konzentrierte sich auf die

Ausdehnung seines Besitzes und die des kreolisch beherrschten Territoriums. Er vergrößerte seine eigenen Ländereien, erweiterte durch Landverteilung an Soldaten, Gauchos und Kleinbauern seine Klientel und knüpfte Beziehungen zu den Caudillos anderer Regionen. Die Auseinandersetzungen, die auf die Verfassung Rivadavias und die Unabhängigkeit der Banda Oriental folgten, veranlassten Rosas, in die Politik einzugreifen, wenn er seine Position nicht gefährden wollte. Sein konservatives Weltbild machte ihn zudem zu einem Verfechter des Mottos *religión o muerte*. Seine Allianz mit den föderalen Caudillos war allerdings vor allem strategischer Natur, denn es ging ihm, ähnlich wie diesen, vorrangig um die Vergrößerung der Macht und des Wohlstandes der eigenen Provinz.

Aufgrund seiner bisherigen Erfolge war Rosas 1829 der Mann der Stunde, und er wurde vom Parlament der Provinz einstimmig zum Gouverneur mit außerordentlichen Vollmachten gewählt. Seine vorrangige Aufgabe sah man darin, Ordnung und Gesetz wieder herzustellen, was Rosas den Beinamen *Restaurador de las Leyes* einbrachte. Zunächst wurde er von allen Bevölkerungsschichten gestützt, seine eigentliche Machtbasis waren jedoch die Estancieros und die ländlichen und städtischen Unterschichten, die durch die letzten Auseinandersetzungen in Buenos Aires politisiert worden waren. Diese in seine Politik einzubinden war eines der wichtigsten Ziele von Rosas, denn durch Inflation, eine lang anhaltende Dürreperiode Ende der 20er Jahre sowie repressive Maßnahmen der Behörden gegen sogenannte Vagabunden seit 1821/23, die die Mobilität der Viehtreiber und Landarbeiter einschränkten, war ein revolutionäres Potential entstanden, das Rosas beseitigen oder zumindest kontrollieren wollte. So dienten die Landverteilungen unter seiner Herrschaft nicht nur der Schaffung von Klientelbeziehungen, sondern auch der Stabilisierung der Gesellschaft. Diese erreichte er, wenn auch auf der

Basis autoritärer Herrschaft und politischer Indoktrination.

Nachdem Rosas seine Macht in Buenos Aires konsolidiert hatte, konnte er sich den Provinzen zuwenden, wo General José María Paz in Córdoba zusammen mit einigen Provinzen des Nordens und Cuyos eine unitarische »Liga del Interior« gegründet hatte. Zusammen mit anderen föderalen Caudillos konnte Rosas diese Liga erfolgreich bekämpfen. Die so entstandene »Liga Federal« sorgte ab 1831 unter der Führung von Rosas, Estanislao López (Litoral) und Facundo Quiroga (Binnenprovinzen) für ein Abflauen der Kämpfe. Eine wirkliche Einigung kam jedoch nicht zustande, auch deshalb nicht, weil Rosas alle Forderungen nach einem erneuten gemeinsamen Kongress, auf dem über die Verteilung der Zolleinnahmen und die Rolle von Buenos Aires hätte verhandelt werden müssen, einfach »aussaß«. In seiner Provinz wurden allmählich die Rufe nach einer Normalisierung der politischen Verhältnisse und Aufhebung seiner außerordentlichen Vollmachten immer lauter. 1832 trat Rosas schließlich widerwillig von seinem Amt zurück. Anschließend unternahm er weitere Expeditionen in das Gebiet der Indigenen im Süden. Seine Frau, Encarnación Ezcurra, kümmerte sich derweil in Buenos Aires um seine Anhänger sowohl in der Unter- als auch in der Oberschicht. Sie schürte durch Forderungen nach einer neuen Provinzverfassung Unruhen, die im Juni 1834 den Rücktritt des amtierenden Gouverneurs erzwangen. Die Regierung wurde erneut Rosas angetragen, der allerdings nur zum Interimsgouverneur ernannt wurde, da sich die Provinzversammlung gegen erneute außerordentliche Vollmachten und eine Institutionalisierung der Diktatur sperrte. Erst die Ermordung von Rosas' Mitstreiter Facundo Quiroga im Februar 1835, die allgemein als Alarmzeichen angesehen wurde und die Ängste vor einem erneuten Aufflammen der Kämpfe zwischen den Provinzen schürte, konnte das Parlament umstimmen: Rosas erhielt nun die gewünschten Vollmachten, die unter anderem die Aufhebung der individuellen Menschenrechte erlaubte und ihm richterliche und legislative Kompetenzen übertrug. Sein Mandat als Gouverneur wurde auf fünf Jahre begrenzt.

Die Ermordung Quirogas bot Rosas den Vorwand, nun auch stärker in die inneren Angelegenheiten der Provinzen einzugreifen. In La Rioja, der Provinz Quirogas, regierte fortan – gegen starke und langlebige lokale Widerstände – ein von Rosas eingesetzter Gouverneur. Auch in anderen Provinzen gelang es ihm in den folgenden Jahren, von ihm abhängige Machthaber zu installieren, womit er nicht nur seine eigene Position festigte, sondern letztlich die Autorität der Caudillos schwächte. Allerdings machte er auch Zugeständnisse, indem er beispielsweise ein Abkommen über die Verteilung der Zölle aushandelte, das eines der wichtigsten Gravamina der Provinzen beseitigte.

In Buenos Aires festigte Rosas seine Stellung durch pseudo-demokratische Plebiszite (*exploración de opinión de todos los ciudadanos habitantes en la ciudad*), die eine ungewöhnlich große Zahl von Wählern mobilisierten. Rosas ließ sich auf diese Weise mehrfach wiederwählen und legitimierte seine außerordentlichen Vollmachten. Die Provinzversammlung wurde zu einem Schattendasein verurteilt, erst gegen Ende der Regierung von Rosas gewann sie erneut an Gewicht.

In den folgenden Jahren entwickelte sich das System des *Rosismo* mit seinen gewaltsamen Zügen, das vor allem von der berüchtigten Geheimpolizei Mazorca, der engen Allianz mit der Kirche sowie dem Zwang zur Parteilichkeit bestimmt war: Seit Ende der 1830er Jahren mussten alle Bewohner der Provinz rote Tücher, das Zeichen der Föderalisten, tragen und das Motto *Viva la Federación y Mueran los Salvajes Unitarios* (Es lebe die Föderation! Tod den Unitarierhorden!) zierte die offiziellen Schreiben. In den Kirchen prangte ein Konterfei von Rosas, das auch bei Prozessionen mitgeführt wurde. Die Presse wurde zensiert, Kritiker entweder gefangen genommen und umgebracht oder ins Exil getrieben. So entstand die sogenannte »Generation von 37«, der Intellektuelle wie Juan Bautista Alberdi, Esteban Echeverría oder Domingo Faustino Sarmiento angehörten und die von Uruguay und Chile aus publizistisch tätig waren. Sie entwickelten alternative politische Entwürfe, die nach dem Sturz Rosas' den Staatsbildungsprozess in Argentinien maßgeblich beeinflussen sollten. Man schätzt, dass der politische Terror während Rosas' Amtszeit ca. 6000 Personen das Leben kostete, was ca. einem Prozent der Bevölkerung der Provinz entspräche.

Auf der anderen Seite der Bilanz stehen eine Neuordnung und Straffung der Verwaltung, die Konsolidierung der Staatsfinanzen und ein allmählicher wirtschaftlicher Aufschwung, der allerdings durch außenpolitische Probleme immer wieder gebremst wurde. Zwischen 1836 und 1838 kam es zu einem Konflikt mit der peruanisch-bolivianischen Konföderation, der erneut von den nördlichen Provinzen getragen wurde. Die Entwicklung der Flussprovinzen wurde anschließend durch einen von Rosas initiierten Konflikt mit Frankreich beeinträchtigt. Frankreich, das nicht die gleichen günstigen Handelsbedingungen erhalten hatte wie die Briten, blockierte zwischen 1838 und 1840 das Mündungsdelta und belieferte den nach Montevideo geflohenen argentinischen Unitariergeneral Juan Lavalle mit Waffen. Gleichzeitig kam es aufgrund der sich durch die Blockade verschlechternden wirtschaftlichen Situation zu Unruhen an der südlichen Grenze, doch Rosas gelang es erneut, seine Widersacher einen nach dem anderen auszuschalten. Zu Hilfe kamen ihm die Briten, die um ihre Umsätze fürchteten und in dem Konflikt mit Frankreich vermittelten und so eine Beendigung der Blockade erreichten.

Nachdem Rosas seine Gegner im Innern weitgehend besiegt hatte und sein letzter potentieller Konkurrent Estanislao López 1838 gestorben war, versuchte er, wie vor ihm schon alle Machthaber in Buenos Aires, Montevideo als Handelskonkurrent auszuschalten. Die Stadt wurde neun Jahre lang (1842-51) von der See her belagert, letztlich jedoch ohne den gewünschten Erfolg. Gleichzeitig versuchte Rosas, die Abwicklung des Überseehandels durch Häfen der Flussprovinzen zu unterbinden. Dies jedoch stieß bei Briten und Franzosen auf Widerstand, und daraufhin blockierten sie von 1845 bis 1847 den Hafen von Buenos Aires. Doch auch diesen Konflikt stand Rosas durch, bis die Europäer einsahen, dass ihnen mit dem ausbleibenden Handel über Buenos Aires mehr verlorenging, als sie mit demjenigen im Litoral gewinnen konnten. Dieser Widerstand gegen den »imperialistischen« Druck der europäischen Mächte begründete Rosas' späteren Ruhm als »Nationalheld«.

Die konfrontative Politik Rosas' mit den entsprechenden wirtschaftlichen Folgen ließ allerdings seine Anhängerschaft sowohl in der Unterschicht als auch unter den Estancieros schwinden, und in Entre Ríos erwuchs ihm seit 1841 mit Juan José de Urquiza ein mächtiger neuer Konkurrent, der durch ein großes Landverteilungsprogramm auf eine starke Klientel zurückgreifen konnte. Entre Ríos hatte durch den Aufschwung in Schaf- und Viehzucht ein starkes Bevölkerungswachstum zu verzeichnen und war von der Blockadepolitik besonders betroffen. Urquiza begann, sich Brasilien und Uruguay anzunähern, die ebenfalls unter der Blockade litten, da sie einige ihrer Territorien nur auf dem Flussweg erreichen konnten. Im Mai 1851 wagte Urquiza mit Unterstützung der Nachbarstaaten den Aufstand gegen Rosas, indem er dessen Befugnisse in Sachen Konföderation (z. B. die Kontrolle der Flussschifffahrt) anzweifelte und die so lange geforderte verfassungsgebende Versammlung einberief. Schließlich konnte er mit einem

Heer, in dem Brasilianer, Uruguayer, Unitarier und Entrerrianos vertreten waren, zunächst die Belagerung von Montevideo aufheben und dann Buenos Aires in dem nahe der Stadt gelegenen Ort Caseros besiegen. Rosas floh nach Großbritannien, wo er 1877 starb. Seine sterblichen Überreste wurden 1989 von Präsident Menem nach Argentinien überführt und auf dem Friedhof Recoleta beigesetzt.

Wie sah also die Bilanz nach vier Jahrzehnten Unabhängigkeit aus? Die politische Unabhängigkeit von Spanien war errungen, die Umrisse der argentinischen Konföderation einigermaßen geklärt, doch die Exportorientierung der Wirtschaft war geblieben und hatte zu finanzieller Abhängigkeit von europäischen Mächten, vor allem von Großbritannien, geführt. Zwar hatte es einige Versuche gegeben, die Produktion zu diversifizieren, doch letztlich waren diese wenig erfolgreich gewesen. Die Elite zog es vor, Waren aus Europa zu importieren und agrarische Rohstoffe zu exportieren. Es war weder ausreichend Kapital noch interne Kaufkraft vorhanden, um eine Industrialisierung zu fördern, die auch nicht im Sinne der Estancieros war, zumal ausreichend Land zur Expansion der Agrarproduktion zur Verfügung stand.

Auch die Sozialstrukturen hatten sich wenig verändert. Die Hegemonie der Landbesitzer und Großkaufleute war in der Ära Rosas noch gewachsen. Während Handel und Finanzen immer stärker in die Hände ausländischer, vorwiegend britischer Geschäftsmänner überging, investierte die traditionelle Oberschicht zunehmend in Landbesitz, ohne jedoch zu einer Landaristokratie zu werden. Städtische Liegenschaften spielten für die gut vernetzte Elite eine ebenso wichtige Rolle wie der Handel, und man verbrachte höchstens einen Teil der Sommermonate auf der Estancia. Trotz populistischer Ansätze hatte auch Rosas wenig für die Angehörigen der kreolisch-mestizischen und farbigen städtischen unteren Schichten erreicht. Die Abhängigkeit der Landbevölkerung von den Estancieros war durch die Vagantengesetze, die das Arbeitskräfteproblem lösen sollten, indem jeder nicht beschäftigte Arbeiter zu Zwangsarbeit oder Militärdienst verpflichtet werden konnte, und den Autoritarismus der Regierung Rosas' noch gefördert worden. Lediglich das Militär bot gewisse Aufstiegschancen, die aber begrenzt waren, da die Offiziersränge weiter den Eliten vorbehalten blieben.

Noch immer bestimmte Rinderzucht, ergänzt durch Schafzucht und Ackerbau, die Wirtschaft, existierte sowohl im Süden als auch im Norden des Landes eine unruhige, latent gewaltsame Grenzregion mit ihrer eigenen Gesetzmäßigkeit und Kultur und lebten große Teile der Bevölkerung von Subsistenzwirtschaft. Allerdings war die Bevölkerung auf dem Territorium der Konföderation trotz der Kriege von geschätzten 500 000 Einwohnern 1816 auf mehr als eine Million im Jahre 1857 angewachsen, und ab der Mitte des Jahrhunderts machte sich vor allem in Buenos Aires bereits der Einfluss der europäischen Einwanderung bemerkbar.

### *Der mühsame Kompromiss*

Der Sieg von Urquiza und seinen Verbündeten über Rosas löste zwar die grundsätzlichen Probleme der Staats- und Nationsbildung nicht, beendete aber ein autoritäres und gewaltsames Regime. Urquiza selbst, der das System der losen Konföderation unter Rosas lange mitgetragen hatte, war inzwischen zu der Überzeugung gelangt, dass es kein tragfähiges Konzept darstellte. Bei der Suche nach neuen Lösungen kam daher den oppositionellen Intellektuellen, die nach 1852 aus dem chilenischen und uruguayischen Exil zurückkehrten, eine besondere Bedeutung zu. Einer von ihnen, der in Tucumán geborene Juan Bautista Alberdi, hatte mit seinen *Bases y puntos de partida para la organización política de la República Argentina* (Grundlagen und Ausgangspunkte für die politische Organisation der Republik Argentinien) kurz zuvor eine Schrift vorgelegt, die ein Vorbild für die neue argentinische Verfassung darstellen sollte. Diese Intellektuellen, gleich ob sie aus Buenos Aires oder aus den Provinzen stammten, vertraten in allen Bereichen liberale Positionen. Sie forderten politische und religiöse Freiheiten, Bildung, Handels- und Zollfreiheit und den Zugang aller, auch ausländischer Investoren zum Markt. Das oberste Ziel, der Wohlstand der Nation, konnte ihnen zufolge nur durch materiellen Fortschritt und Industrialisierung erreicht werden. Politische Einheit und wirtschaftliche und soziale Modernisierung wurden nun nicht nur theoretisch miteinander verknüpft, sondern sollten sich langfristig auch als sich gegenseitig verstärkende und einigende Faktoren herausstellen, auf denen die rasante Entwicklung Argentiniens in der zweiten Hälfte des 19. Jahrhunderts beruhte.

Doch der Weg dorthin sollte noch einiges Blutvergießen fordern. Zwei Monate nach der Schlacht bei Caseros einigten sich die Vertreter der Provinzen im Abkommen von San Nicolás unter anderem auf die Verteilung der Zölle und die Öffnung der Flüsse für direkten Im- und Export, übertrugen Urquiza außenpolitische Vollmachten und beriefen erneut einen verfassungsgebenden Kongress, diesmal in Santa Fe, ein. Doch, wie nicht anders zu erwarten, regte sich in Buenos Aires bald Widerstand gegen das Abkommen. Besonders die Föderalisierung von Buenos Aires, die die Hauptstadt als *distrito federal* von der Provinz abtrennen und so die Frage der Zölle und andere Streitpunkte lösen sollte, stieß auf Ablehnung. Die Opposition in der Hafenstadt sammelte sich unter der Führung von Bartolomé Mitre im sogenannten *Partido Liberal*, der allerdings noch keine Partei im modernen Sinne darstellte. Diese Gruppe sah die Hauptstadt als intellektuelles und wirtschaftliches Zentrum, dem die anderen Provinzen nicht auf gleicher Ebene begegnen könnten, und sie vertraten infolgedessen weitgehend zentralistische Vorstellungen, auch wenn inzwischen deutlich geworden war, dass gewisse Zugeständnisse an die anderen Regionen unabdingbar waren. Der Partido Liberal setzte im September 1852 in einer Art Staatsstreich den von Urquiza eingesetzten Gouverneur ab und beorderte seinen Vertreter aus der verfassunggebenden Versammlung zurück. Damit waren in dieser zwar die übrigen 13 Provinzen vertreten, die aber zusammen nur knapp ein Drittel der Bevölkerung und etwa ein Viertel der materiellen Ressourcen des Landes ausmachten, so dass ihre Repräsentativität zweifelhaft war. Dennoch verabschiedete der Kongress 1853 eine Verfassung, die stark von dem Entwurf Juan Bautista Alberdis beeinflusst war.

Urquiza wurde zum Präsidenten der Konföderation gewählt, und die Hauptstadt, angesichts der Sezession von Buenos Aires, nach Concepción del Uruguay in Entre Ríos verlegt. Damit schien sich die Situation aus den 1820er Jahren unter Rivadavia zu wiederholen: die Bonaerenser auf der einen, der Rest der Provinzen auf der anderen Seite. Wie sich allerdings gezeigt hatte, war Buenos Aires allein nicht stark genug, die anderen Provinzen zu besiegen, aber aufgrund der Zolleinnahmen und seines wirtschaftlichen Potentials besaß es eine Vorrangstellung, die auch die Provinzen nicht ignorieren konnte. Diesen Umstand konnte auch die Öffnung der Flüsse für den Außenhandel nicht grundlegend ändern. Es folgten sechs Jahre Zoll- und Wirtschaftskrieg, bis die Lage für die Provinzen so prekär wurde, dass Urquiza wieder zu den Waffen griff und 1859 nach Buenos Aires marschierte. Wieder siegte er bei Cepeda, wo vier Jahrzehnte zuvor schon die Caudillos Estanislao López und Francisco Ramírez die Hauptstadt besiegt hatten, doch auch dieses Mal konnten sich die föderalen Truppen und Politiker nicht lange halten. Im September 1861 kam es bei Pavón zu einer erneuten militärischen Auseinandersetzung zwischen Bartolomé Mitre, der Anfang 1860 zum Gouverneur von Buenos Aires gewählt worden war, und Urquizas Truppen, die sich schließlich ohne große Kampfhandlungen zurückzogen. Über die Gründe für diesen Schritt ist viel spekuliert worden, vermutlich spielte die Tatsache, dass Mitres Truppen über die modernere Ausrüstung verfügten, genauso eine Rolle wie auch wirtschaftliche und politische Motive. Die Erkenntnis, dass die ständigen militärischen Auseinandersetzungen keiner Seite zu einem eindeutigen Sieg verhelfen, hingegen den sich abzeichnenden wirtschaftlichen Aufschwung in der Schafzucht gefährden würden, war einer Einigung zuträglich. So benötigten die Provinzen Häfen und Kredite, Buenos Aires wiederum deren Produkte und Land. Beide Seiten hatten also allen Grund, endlich aufeinander zu zugehen. Urquiza zog sich auf seine Estancia zurück und widmete sich in den Folgejahren der Vermehrung seines Reichtums, Mitre verzichtete dagegen auf einen Einmarsch in die Provinzen. Allerdings wandte er sich bald gegen den schwachen Nachfolger Urquizas, setzte diesen ab und ließ sich 1862 selbst zum Präsidenten der Konföderation ernennen. Diese Annäherung zwischen den Provinzen und der Hauptstadt war auch dadurch ermöglicht worden, dass Letztere inzwischen durch eine Reihe von Zusätzen die Verfassung in ihrem Sinne geändert hatte. Die Bestimmungen über die Föderalisierung waren so abgeändert worden, dass eine tatsächliche Trennung der nationalen Hauptstadt und der Provinz Buenos Aires unwahrscheinlich erschien. Auch der Regierungssitz sollte wieder in die Hafenstadt verlegt werden.

Mit diesen Zusätzen stellte die 1853 verabschiedete Verfassung einen tragfähigen Kompromiss dar und blieb ohne Unterbrechungen bis 1930 in Kraft. Sie sah ein föderales Präsidialsystem vor, in dem der Präsident allerdings über weniger Macht verfügte als in den früheren unitarischen Entwürfen vorgesehen. Er war Staats- und Regierungschef, oberster Befehlshaber der Streitkräfte und oberster Verwaltungsbeamter. Er wurde von einem Wahlmännergremium gewählt, das wiederum sein Mandat direkt vom Volk erhielt. Eine unmittelbare Wiederwahl war verboten. Ein Parlament und eine unabhängige Justiz sollten die Machtfülle des Präsidenten kontrollieren und eindämmen. Das Parlament setzte sich aus zwei Kammern zusammen: einem direkt von der Bevölkerung gewählten Abgeordnetenhaus und einem Senat, dessen Mitglieder von den Provinzlegislativen gewählt wurden. Gemäß den Vorstellungen der Verfassungsväter sollte das Abgeordnetenhaus die Funktion eines direkten Repräsentanten der Volkssouveranität erfüllen, während der Senat zur Gewährleistung des föderativen Systems dem Willen der Provinzen Gehör verschaffen sollte. Weitere Bestimmungen sorgten dafür, dass die Dauer der Parlamentsmandate nicht mit der Amtszeit des Präsidenten übereinstimmte. Die Abgeordneten wurden für vier Jahre gewählt, aber alle zwei Jahre wurde die Hälfte der Mandate erneuert. Die Mitglieder des Senats amtierten zwar für neun Jahre, aber alle drei Jahre musste ein Drittel der Senatoren ausgetauscht werden. So konnte ein für sechs Jahre gewählter Staatspräsident im Verlauf seiner Amtszeit mit unterschiedlichen Konstellationen im Parlament konfrontiert werden. Dies konnte in Zeiten starker Polarisierung besonders problematisch werden, zumal an dem Gesetzgebungsprozess sowohl beide Parlamentskammern als auch der Staatspräsident beteiligt waren. Die Details des Wahlrechts wurden nicht durch die Verfassung geregelt, sondern durch Gesetze. Analog zur Verfassung der Provinz Buenos Aires wurde ein allgemeines, gleiches (männliches) Wahlrecht etabliert; Einkommens- oder Alphabetisierungsvorschriften waren nicht vorgesehen.

Die Provinzen konnten ihre Angelegenheiten durch eigene Verfassungen und Gesetze weitgehend autonom regeln und zunächst eigene Milizen behalten, allerdings hatte im Konfliktfall die nationale Gesetzgebung Vorrang. Problematisch aus der Sicht der Provinzen war das Recht auf »föderale Intervention« (*intervención federal*), demzufolge der Präsident bei Unruhen oder Gefährdung der republikanischen Regierungsform in den Provinzen direkt eingreifen konnte. Die Mitte des 19. Jahrhunderts noch umstrittene Religionsfrage löste man, indem die Nationalregierung für den Unterhalt der katholischen Religion aufkam und die Gewissensfreiheit für den Einzelnen garantierte. Die Säkularisierung ging allerdings nicht so weit wie in anderen lateinamerikanischen Ländern, denn es war keine Einziehung von Kirchengut oder Abschaffung der Orden vorgesehen. Auch die – de facto fast ausgestorbene – Sklaverei wurde nun endgültig beendet. Ausländer waren von Zwangsanleihen und Militärdienst ausgenommen, womit ein ständiger Streitpunkt mit ausländischen Kaufleuten aus der Zeit Rosas' aus dem Weg geräumt war. Im Hinblick auf die Zukunftsvisionen war entscheidend, dass die Förderung der Einwanderung, der Infrastruktur und der Industrie als Verfassungsziele aufgenommen wurden.

Mit Bartolomé Mitre gab es also erstmals einen Präsidenten und eine Verfassung, die von allen Provinzen anerkannt wurden, und Mitre nutzte seine Zeit, um eine Reihe von Maßnahmen einzuleiten, die das Land zusammenschweißen und den Segnungen des Fortschritts, so wie die argentinische Elite sie verstand, öffnen sollten. Der von ihm eingeleitete Prozess, der neben gesetzgeberischen Maßnahmen und politisch-administrativen Reformen auch gewaltsame Auseinandersetzungen mit sich brachte, sollte das Land in den kommenden zwei bis drei Jahrzehnten völlig verändern.

Als Erstes wurden neue, nun das ganze Land umfassende

Verwaltungsorgane wie eine Finanz-, eine Zollverwaltung sowie ein nationales Postwesen geschaffen und mit dem Bau von Eisenbahnlinien ins Landesinnere und in die Flussprovinzen begonnen. Sodann wurde eine Rechtsreform eingeleitet, die Argentinien 1870 ein Zivilgesetzbuch bescherte, das die spanischen Kolonialgesetze ablöste. Ein weiterer wichtiger Schritt im Hinblick auf die staatliche Konsolidierung war die Schaffung eines nationalen Heeres im Jahr 1864, durch die das Gewaltmonopol allmählich an die Zentralgewalt überging.

### *Die Disziplinierung der Provinzen*

Mitre versuchte, in den Provinzen mit ihm politisch verbündete liberale Gouverneure einzusetzen, ein Prinzip, das zuvor schon Rosas mit einigem Erfolg angewandt hatte. Eine seiner stärksten Stützen war Domingo Faustino Sarmiento, der nach dem Zusammenbruch der Konföderation Gouverneur seiner Heimatprovinz San Juan geworden war, aber wie Mitre eine liberale und »fortschrittsorientierte« Politik vertrat. Sarmiento schaffte es, zusammen mit den Taboada-Brüdern aus Santiago del Estero einen der gefährlichsten Widersacher Mitres, Vicente Peñaloza, genannt El Chacho, aus La Rioja zu besiegen, der als ein Nachfolger des legendären Juan Facundo Quiroga galt. Unter dem prinzipiell von allen Provinzen anerkannten Präsidenten Mitre wurden Aufstände von einzelnen Provinzen beherrschenden Caudillos nicht mehr als Kriege von Gleich zu Gleich angesehen, sondern als Aufstand gegen die nationale Autorität und Ordnung, also als Hochverrat. Infolgedessen wurden die Aufständischen nach dem Sieg der Zentralmacht hingerichtet, was sie in den Augen ihrer Anhänger allerdings zu Märtyrern machte. Nach der Ausschaltung von El Chacho kehrte zunächst wieder Ruhe ein, bis 1866/67 in San

Luis unter Felipe Saá eine neue Rebellion ausbrach, die bald auch auf La Rioja übergriff, das von Felipe Varela, einem ehemaligen Offizier unter El Chacho, geführt wurde. Ursache hierfür waren einmal die Truppenaushebungen für den in den Binnenprovinzen unpopulären Paraguaykrieg, aber auch die Wirtschafts- und Zollpolitik, die die Provinzen in den Augen der Caudillos benachteiligte. Ein Versuch der Rebellen, Urquiza auf ihre Seite zu ziehen, schlug jedoch fehl, womit letztlich ihr militärisches Schicksal besiegelt war. Drei Jahre später wagte der Gouverneur von Entre Ríos, Ricardo López Jordán, noch einmal einen Aufstand, in dessen Folge Urquiza und seine Söhne, denen man Verrat an den föderalen Anliegen vorwarf, umgebracht wurden. Aber auch dieser Aufstand sowie zwei spätere Rebellionen konnten von der Zentralgewalt und dem neugeschaffenen und mit neuesten europäischen Waffen ausgestatteten Heer niedergeschlagen werden.

Allerdings regte sich auch in der Hauptstadt Widerstand gegen die Politik Mitres, der sich an der Frage der in der Verfassung festgeschriebenen Föderalisierung manifestierte. Die Bonaerenser hatten in einem Zusatzartikel festschreiben lassen, dass die Herauslösung der Hafenstadt aus der Provinz nicht ohne ihre Zustimmung eingeleitet werden dürfte, und als Mitre 1860 ein entsprechendes Gesetz einbrachte, wurde es vom Parlament der Provinz abgelehnt. Man fand zunächst einen Kompromiss, demzufolge die Zentralgewalt ihren Sitz zunächst weiter in Buenos Aires haben sollte, bis eine Lösung gefunden sei. Allerdings war nach Ablauf der Übergangsfrist von fünf Jahren noch immer keine Lösung in Sicht. Im Gegenteil, in der Provinz Buenos Aires hatte sich ein Teil der Liberalen, die gegen die Föderalisierung waren, unter der Führung von Alfonso Alsina abgespalten und den *Partido Autonomista* (PA) gegründet. Dieser gewann 1866 die Zwischenwahlen gegen die nun *nacionalistas* genannten Parteigänger Mitres. Dessen Amtszeit ging 1868 zu Ende, und die Provinzen und die Opposition in Buenos Aires einigten sich auf Domingo Faustino Sarmiento als Präsidentschaftskandidaten. Sarmiento war ein Vertreter der städtischen Eliten, stammte jedoch aus dem Inland. Daher war er sowohl für die Porteños als auch für die meisten Provinzgouverneure akzeptabel. Er führte gleichermaßen Mitres Politik der Niederschlagung jeglicher Opposition seitens der Provinzcaudillos weiter als auch die der Modernisierung des Militärs. In die Geschichtsschreibung ist er vor allem als derjenige eingegangen, der das argentinische Bildungssystem aufbaute. Gemäß seinen in *Civilización y Barbarie* vertretenen Ansichten konnte eine wirtschaftliche und politische Konsolidierung nur über ein modernes, alle Bevölkerungsschichten erfassendes Schulsystem, wie er es in den USA kennengelernt hatte, erfolgen. Folglich begann er gleich nach Amtsantritt damit, öffentliche Schulen auch in den Provinzen zu unterstützen, engagierte Lehrerinnen aus den USA, mit deren Hilfe er moderne Lehrerausbildungsinstitutionen ins Leben rief, und gründete Akademien. Zwischen 1868 und 1874 vervierfachten sich die Ausgaben für Bildung, die aus Buenos Aires an die Provinzen gingen, und die Analphabetenrate, die bei Amtsantritt Sarmientos noch 78,2% betragen hatte, sank bis 1895 auf 54,4%. Letztlich ist es diesem Präsidenten zu verdanken, dass Argentinien zu Beginn des 20. Jahrhunderts über ein hervorragendes Schul- und Hochschulsystem verfügte, das in Lateinamerika seinesgleichen suchte.

Unter Sarmiento wurde 1869 auch die erste nationale Bevölkerungserhebung durchgeführt. Argentinien zählte zu diesem Zeitpunkt rund 1,8 Millionen Einwanderer, von denen ein Drittel in Städten lebte. Ohne die nicht unterworfenen Indigenen mit einzubeziehen, wurde eine durchschnittliche Einwohnerzahl von 0,19 Einwohnern pro km² festgestellt. Das von Sarmiento verabschiedete Einwanderungsprogramm führte dazu, dass sich diese Zahlen in den nächsten Jahren drastisch veränderten.

Gegen Ende seiner Regierungszeit stellte sich erneut die angesichts der Spaltung der Elite in *nacionalistas* und *autonomistas* komplizierte Nachfolgefrage. Wieder setzte sich ein Kandidat aus der Provinz durch, Nicolás Avellaneda aus Tucumán. Dieser verfügte über keinen starken Parteirückhalt, wohl aber über die Unterstützung der Eliten des Inlandes und des Litoral. Schließlich stellte sich auch der Gouverneur der Provinz Buenos Aires, der Gründer des Partido Autonomista, Alsina, auf seine Seite. Die damit ausmanövrierten *nacionalistas* unter Mitre rebellierten, wurden aber rasch besiegt. Die sogenannte »Liga der Gouverneure« schloss sich in der Folge mit den *autonomistas* zusammen und nannte sich nun angesichts der geographischen Reichweite *Partido Autonomista Nacional* (PAN). Durch Absprache der Provinzgouverneure untereinander dominierte der PAN bis zum Beginn des 20. Jahrhunderts die argentinische Politik. Zwar blieb die Koalition brüchig, erwies sich aber als einzige tragfähige Lösung, auch wenn sich wegen allzu offensichtlicher politischer Absprachen Stimmen mehrten, die eine Demokratisierung des politischen Systems anmahnten. Gleichzeitig wurde erstmals Kritik an dem einfachen und eurozentrierten Fortschrittsdenken laut, an der Politik gegen die indigene Bevölkerung sowie an der liberalen Wirtschaftspolitik, deren Probleme sich in einer ersten Wirtschaftskrise manifestiert hatten. Doch noch funktionierte das alte System, und 1880 wurde Julio Roca, der Verteidigungsminister unter Avellaneda und Architekt der Ausrottungsfeldzüge gegen die Indigenen, zum Präsidenten gewählt. Zwar kam es auch nach seiner Wahl zu einem kurzen Aufbäumen der *autonomistas* in Buenos Aires, schließlich setzte sich aber die Koalition der gemäßigten Föderalisten durch, und Roca nahm endlich die Föderalisierung der Stadt Buenos Aires in Angriff. Diese wurde von der Provinz getrennt und zu einer eigenen Verwaltungseinheit (*distrito federal*), Hauptstadt der Provinz Buenos Aires wurde die Neugründung La Plata.

### *Der Paraguaykrieg*

Das neugeschaffene Heer sollte, kaum waren die ersten Rekruten eingezogen, seine erste Aufgabe erhalten. Der sogenannte Paraguay- oder Tripel-Allianz-Krieg, der von 1864/65 bis 1870 dauerte, stellte nicht nur eine erste Bewährungsprobe für die noch junge staatliche Einheit und die nun aus mehreren Provinzen zusammengesetzten Truppen dar, sondern konnte von Mitre auch zur Festigung seiner Macht und der des Staates sowie zur Ausschaltung der letzten oppositionellen Caudillos im Landesinnern genutzt werden. Andererseits gilt dieser Krieg als die verlustreichste zwischenstaatliche Auseinandersetzung in Lateinamerika im 19. Jahrhundert, und die »Kriegsschuldfrage« beschäftigt noch immer sowohl die Öffentlichkeit in den beteiligten Ländern als auch die Geschichtswissenschaft. Einig sind sich alle darin, dass Mitre diesen Krieg zu seinen Gunsten genutzt hat; ob er dessen Ausbruch auch geschickt mit herbeigeführt hat, ist schwer einzuschätzen.

Auslöser des Tripel-Allianz-Krieges waren erneute Auseinandersetzungen in und um Uruguay, wo die rivalisierenden Nachbarstaaten Argentinien und Brasilien noch immer versuchten, ihnen gewogene Regierungen zu installieren und dadurch ihren Einfluss zu vergrößern. Dies führte in Uruguay selbst zu anhaltender Instabilität. Als der eher brasilienfreundlich gesinnte Präsident Bernardo Berro jedoch in Konflikt mit brasilianischen Viehzüchtern und -händlern geriet, die sowohl diesseits als auch jenseits der Grenze agierten, drohte die brasilianische Regierung damit, erneut nach Uruguay einzumarschieren. Gleichzeitig versuchte der uruguayische General Flores, der der Oppositionspartei angehörte und einige Jahre im argentinischen Exil an der Seite Mitres gekämpft hatte, die *Blanco*-Regierung von Präsident Berro zu stürzen. Mitre unterstützte ihn dabei mit Waffenlieferungen. Erstmals konnte sich eine uruguayische Regierung somit nicht mit Hilfegesuchen an eines der beiden rivalisierenden Nachbarländer wenden, es blieb noch das – zu diesem Zeitpunkt noch flächenmäßig größere und militärisch mächtigere – Paraguay. Das Land hatte sich zwar in den vergangenen Jahrzehnten weitgehend isoliert, sah sich aber dennoch ständig von seinen Nachbarn Argentinien und Brasilien bedroht. Der brasilianische Expansionsdrang nach Westen war schon in der Kolonialzeit weitgehend zu Lasten Paraguays gegangen, und auch viele Argentinier betrachteten das Land nach wie vor eher als eine abtrünnige Provinz denn als unabhängige Republik, auch wenn man diese nach dem Sturz Rosas 1852 völkerrechtlich anerkannt hatte. Der paraguayische Präsident Francisco Solano López willigte zwar nicht in ein formelles Bündnis mit Uruguay ein, ließ den brasilianischen Kaiser jedoch wissen, dass er eine Intervention in Uruguay als *casus belli* betrachten würde. Er glaubte, eine solche Intervention würde das machtpolitische Gleichgewicht in der Region aus dem Lot bringen und damit auch die Existenz Paraguays gefährden. Nachdem Vermittlungsversuche nicht zuletzt durch Mitres Weigerung, Paraguay als Schlichter zu akzeptieren, gescheitert waren, marschierten im September 1864 brasilianische Truppen in Uruguay ein, woraufhin López die brasilianische Provinz Mato Grosso besetzen ließ. Brasilien und Paraguay verfügten nur an den Oberläufen der Flüsse Paraná und Paraguay über eine gemeinsame Grenze, die jedoch für militärische Einsätze ungeeignet war. Argentinien kam damit eine entscheidende Rolle für den weiteren Verlauf des Krieges zu. López ersuchte die argentinische Regierung um das Durchmarschrecht durch die argentinischen Provinzen Corrientes und das von beiden Staaten beanspruchte Misiones. Mitre wollte lediglich die Schifffahrt auf dem Paraná für alle kriegführenden Parteien gestatten – angesichts der brasilianischen Flottenstärke eine parteiische Entscheidung. So zumindest interpretierte sie der paraguayische Präsident López und ließ daraufhin das angrenzende Corrientes besetzen und erklärte Argentinien im März 1865 den Krieg.

Brasilien, Argentinien und das von brasilianischen Truppen besetzte Uruguay, wo General Flores inzwischen die Regierung übernommen hatte, schlossen ein Abkommen, dessen zunächst geheimgehaltene Zusatzklauseln unter anderem die Abtretung großer Gebiete Paraguays an Argentinien und Brasilien sowie Reparationszahlungen an die Alliierten vorsahen. Brasilien erhielt den Oberbefehl über die hauptsächlich brasilianische Flotte und Argentinien über das alliierte Heer. Es kam zu äußerst unpopulären Truppenaushebungen im ganzen Land. Diese mündeten im Landesinnern in Revolten unter der Führung von Caudillos, die Mitre jedoch niederschlagen konnte. Paraguays Hoffnung, dass sich die argentinischen Caudillos, allen voran Urquiza, erneut gegen Buenos Aires stellen und versuchen würden, die Gunst der Stunde zu nutzen, erfüllte sich nicht. Urquiza zog es statt dessen vor, als Heereslieferant Geschäfte zu machen.

Nach anfänglichen militärischen Erfolgen musste Paraguay schwere Niederlagen hinnehmen. Bereits im Oktober 1865 befahl López den Rückzug, und die Alliierten begannen mit ihren Vorbereitungen zur Einnahme Asuncións. Ein schnelles Ende des Krieges schien in Sicht, doch der paraguayische Widerstand war erheblich stärker als erwartet. Es folgten eine Reihe blutiger Scharmützel und Schlachten, immer unterbrochen von Zeiten relativer Ruhe, die zum einen auf die enormen Verluste auf beiden Seiten, zum anderen auf die in den Heeren wütenden Epidemien zurückzuführen war. Erst im Dezember 1868 erreichten die Alliierten das evakuierte Asunción, doch war der Krieg damit noch nicht beendet. Er sollte sich noch bis Anfang 1870 hinziehen und von beiden Seiten, vor allem aber von den Paraguayern, ungeheure Opfer verlangen. Paraguay musste in der Folge Teile des Chaco und Misiones an Argentinien sowie andere Gebiete an Brasilien abtreten und erholte sich demographisch, ökonomisch und politisch lange nicht von den Folgen des Krieges.

Wie immer man die Frage nach der Kriegsschuld und dem Anteil Mitres daran beurteilen mag, der Krieg hatte Mitre jedenfalls genutzt. Das neugeschaffene nationale Heer hatte – trotz aller Probleme – seine erste Bewährungsprobe bestanden. Der gemeinsame Kampf schuf ein Gemeinschaftsgefühl, und die Zentralmacht war aus dem Konflikt mit den Aufständischen gegen die Truppenaushebungen gestärkt hervorgegangen. Auch in wirtschaftlicher Hinsicht erwies sich der Krieg als nützlich. Die Versorgung sowohl der argentinischen als auch der brasilianischen Armee gab der Viehzucht, der Leder- aber auch der Mais- und Getreideproduktion Auftrieb und verhalf einigen großen Landbesitzern zu Reichtum.

### *Die »Eroberung der Wüste«*

Im Norden hatte man durch den Krieg gegen Paraguay einiges Land gewinnen können, doch war diese Region nicht so begehrt wie die in der südlichen Pampa, die, ähnlich wie die von Paraguay hinzugewonnenen Teile des Chaco, noch weitgehend von indigenen Völkern kontrolliert wurde. Rosas hatte mit finanzieller Unterstützung der Estancieros 1833 einen ersten großen Feldzug in dieses Gebiet unternommen und die Grenze zeitweise bis nach Bahía Blanca vorgeschoben, aber nicht halten können. Er wandte daher in der Folgezeit eine auf kolonialzeitlichen Praktiken aufbauende Politik der Verhandlungen mit »befreundeten Indianern« an, die als Puffer zu den »feindlichen Indianern« an der Grenze angesiedelt und für ihre Dienste mit »Rationen« an Eisenwaren, Kleidung, Lebensmitteln, Tabak und Alkohol entlohnt wurden. Auf diese Weise konnte er die Überfälle auf kreolische Siedlungen eindämmen und die Grenze bis in die 1850er Jahre sukzessive nach Süden vorschieben. Gleichzeitig kam es zu einer Spaltung der indigenen Gruppen, die sich nach Rosas' Sturz darin zeigte, dass ein Teil der Kaziken die neue Regierung nicht anerkannte. Die Verträge mit den Indigenen wurden nicht erneuert, die »Rationen« ausgesetzt, und es kam zu Verteilungskämpfen, die langfristig die Widerstandskraft der indigenen Bevölkerung schwächten. Zunächst jedoch führten sie in den Grenzgebieten eher zu vermehrten Überfällen bislang friedlicher indigener Gruppen, die angesichts der internen Auseinandersetzungen zwischen Buenos Aires und den Provinzen sowie dem anschließenden Krieg gegen Paraguay erst einmal in den Hintergrund der argentinischen Politik rückten. Zwischen 1852 und 1860 verschob sich die Grenze erneut und fiel auf den Stand vor der Machtübernahme Rosas' zurück. Allerdings führten das Erstarken von Buenos Aires sowie der Sieg der liberalen Politik bereits in den 1860er Jahren zu einem allmählichen Umdenken in der »Indianerpolitik«.

Der Diskurs über Zivilisation und Barbarei, die Förderung und allmähliche Zunahme europäischer Einwanderung sowie die sich immer stärker verbreitenden positivistischen und evolutionistischen Vorstellungen bereiteten ideologisch das Terrain für die gewaltsame Verdrängung und teilweise Ausrottung der indigenen Bevölkerung. Das »ungenutzte« Land, die »Zivilisationswüste«, sollte nun in Wert gesetzt werden von Viehzüchtern und »arbeitsamen« europäischen Einwanderern. Galten schon die Gauchos und Caudillos als unzivilisiert, so mussten die zum Teil halbnomadisch lebenden Indigenen dies umso mehr erscheinen. Auch ihre Allianz mit dem Diktator Rosas wurde nun, ähnlich wie bei den Afroargentiniern, von den Vordenkern der Zivilisation als Ausweis ihrer politischen Unmündigkeit und Unzivilisiertheit interpretiert. Mindestens ebenso entscheidend für den Politikwandel aber war das Ziel, nach der Herstellung der staatlichen Einheit nun auch die territorialen Grenzen zu sichern, die im Süden noch weitgehend ungeklärt waren. Bereits 1862 hatte der Kongress ein Gesetz über die »nationalen Territorien« verabschiedet, das alles Land jenseits der Provinzgrenzen zu argentinischem Staatsland erklärte, wobei die Regierung der Konföderation sich verpflichtete, die dortigen Grenzen zu verteidigen. 1867, also mitten im Krieg gegen Paraguay, wurde auf Drängen der Viehzüchter ein Gesetz verabschiedet, das die militärische Besetzung der Region nördlich der Flüsse Río Negro und Río Neuquén vorsah. Doch vorerst geschah nichts, und die Indigenen nutzten unter der Führung des mächtigen, einst mit Rosas verbündeten Kaziken Calfucurá die Situation, um ihre Stärke durch eine Reihe von Überfällen (*malones*) zu demonstrieren. 1875 kam es noch einmal zu einer großen, von Calfucurás Nachfolger Namuncurá koordinierten Invasion von mehreren Tausend Indianern, die Teile der Provinz Buenos Aires verwüsteten und mit reichlich Beute wieder abzogen. Diese Angriffe sowie ein Wechsel an der Spitze des Verteidigungsministeriums, an die mit Julio Roca ein dezidierter Verfechter einer militärischen Lösung einzog, führten dazu, dass nun vonseiten der argentinischen Regierung ein großangelegter Vernichtungsfeldzug geplant wurde, in dem modernste Waffen und Technik, wie z. B. Telegrafenverbindungen, eingesetzt wurden. Finanziert wurde dies durch Steuergelder sowie Kredite, deren

Deckung durch den geplanten Verkauf des zu erobernden Landes gewährleistet wurde.

Neben wirtschaftlichen Interessen nahmen auch geostrategische Fragen eine immer größere Bedeutung in der Diskussion um die Territorien der indigenen Bevölkerung ein, denn der lang schwelende Grenzkonflikt mit Chile spitzte sich wieder zu. Chile hatte 1843 einen Militärstützpunkt an der Magellanstraße gegründet und erhob Ansprüche auf Ostpatagonien. Gleichzeitig schob sich jenseits der Kordillere die europäische Siedlungsgrenze nicht zuletzt mit Hilfe deutscher Einwanderer immer weiter nach Süden auf das Territorium der Mapuche oder »Araukaner« vor. Diese wichen auf die argentinische Seite aus, so dass die »Araukanisierung der Pampa« weiter voranschritt und Argentinien um seine Oberhoheit über diese Region bangen ließ. Hinzu kam der grundsätzliche Anspruch der neuen Republiken, ihre jeweiligen Territorien und die dort lebende Bevölkerung inklusive der Indigenen staatlich zu kontrollieren. Zwar hatten Argentinien und Chile 1856 ein Abkommen geschlossen, in dem sie sich auf provisorische Anerkennung der Grenzen von 1810 und spätere Verhandlungen einigten, doch gingen die Meinungen, welche Fragen dort geklärt werden könnten und welche nicht zur Debatte standen, weit auseinander. Vor allem die Kontrolle über die Magellanstraße und chilenische Vorstöße bis zum Atlantik waren für Argentinien inakzeptabel. Angesichts des Umstandes, dass Chile ab 1879 in einen Krieg mit Peru und Bolivien um die Atacama-Wüste verstrickt wurde, schien die Situation günstig, und Roca startete seinen als »Eroberung der Wüste« bekanntgewordenen Feldzug. Etwa 6000 bestens ausgerüstete Soldaten, gefolgt von einem Tross von Ingenieuren, Wissenschaftlern und Journalisten sowie Familien, die die eroberten Gebiete besiedeln sollten, stießen bis zum Río Negro vor. Roca konnte 1880 triumphierend nach Buenos Aires zurückkehren und sich zum Präsidenten wählen lassen, während die Armee noch vier weitere Jahre benötigte, um die sich verzweifelt wehrenden restlichen Mapuche und Tehuelche zu vernichten oder zur Aufgabe zu zwingen. Insgesamt war das argentinische Territorium um gut 1 Million $km^2$ erweitert worden. Ein Teil wurde den bereits bestehenden Provinzen Buenos Aires, Córdoba, San Luis und Mendoza angegliedert, der größte Teil, die heutigen Provinzen La Pampa, Neuquén, Río Negro, Chubut, Santa Cruz und Feuerland, blieben als »nationales Territorium« unter der Kontrolle der Militärs. Provinzstatus konnten sie nach damaligen Gesetzen erst erhalten, wenn ihre Einwohnerzahl 60 000 erreicht hatte.

Ab 1880 unternahm die Armee ähnliche Feldzüge im nördlichen Chaco-Territorium, die 1884 ebenfalls zu einer Großoffensive führten. Dort konnten die sehr viel verstreuter und in kleineren Gruppen lebenden Völker allerdings nicht völlig besiegt werden, und die Kämpfe zogen sich noch bis in die 1920er Jahre hin. Dennoch wurden auch hier die Territorien Chaco, Formosa und Misiones eingerichtet, und 1885 galt die »Eroberung der Wüste« als weitgehend abgeschlossen.

Ein Ziel der Kampagne, die Sicherung des nationalen Territoriums, war damit erreicht. In Patagonien und auf Feuerland wurden Siedlungen gegründet und die Grenzen entlang der Kordillere mit Militärposten bestückt. 1881 legte ein Abkommen mit Chile die Grenze bis zum 52. Breitengrad entlang des Gebirgskamms der Anden fest, im äußersten Süden wurde die für neutral erklärte Magellanstraße die Trennlinie. Die Zugehörigkeit der Inseln wurde ebenfalls festgelegt, und alle weiteren Streitigkeiten sollten einvernehmlich von Sachverständigen gelöst werden. Dies verhinderte allerdings nicht, dass es bereits in den 1890er Jahren zu erneuten Spannungen kam, die 1896 durch einen britischen Schiedsspruch gelöst wurden. Weitere Abkommen und weiteres Säbelrasseln zwischen Argentinien und

Chile im 20. Jahrhundert folgten, Letzteres konnte aber immer wieder mit Hilfe von Schlichtern beigelegt werden.

Der Erweiterung der politischen Grenze folgte allmählich die Erweiterung der Produktionsflächen, doch schritt diese in einem anderen Rhythmus voran und erreichte erst in den 1920er Jahren ihren Endpunkt. In Argentinien kam es somit nicht durch den Druck von Siedlern zur Expansion des Territoriums, vielmehr folgten diese militärischen Operationen. Die Aneignung des Landes allerdings ging sehr viel schneller vonstatten, teilweise fand sie, durch die Absicherung der Kredite durch zu eroberndes Land, bereits vor der eigentlichen Inbesitznahme statt. Dann allerdings ging sie rasch voran. Bis 1913 hatte sich der durchschnittliche Wert der Grundstücke in der Pampa verzehnfacht, und sie waren für Einwanderer bald kaum noch erschwinglich.

In den Augen der argentinischen Politiker schien dem Einzug der »Zivilisation« in die ehemaligen indigenen Territorien nach der »Befriedung« durch die Militärs nichts mehr im Wege zu stehen. Seit den 1860er Jahren meldeten sich aber auch kritische Stimmen gegen diesen Zivilisationsdiskurs zu Wort, wie zum Beispiel in dem Bericht von Lucio V. Mansilla über die Expedition gegen die Gruppe der Ranqueles, aber auch in dem Gauchoepos *Martín Fierro* von José Hernández, der seine Ansichten parallel dazu in den Zeitungen der Hauptstadt verbreitete. Neben diesen, zunächst noch vereinzelten kritischen Tönen bestand aber auch unter den Politikern über die Frage, wie mit der überlebenden indigenen Bevölkerung verfahren werden sollte, Uneinigkeit. In der ersten Zeit wurden viele in die Städte geschickt, die Kinder wurden durch die *Sociedad de Beneficencia* bei weißen Familien untergebracht, die sie im Sinne der »Zivilisation« erziehen sollten, sie de facto aber oft als unbezahlte Hausangestellte ausnutzten. Darüber hinaus kam es sowohl zur Gründung von Agrar- und Viehzuchtkolonien, von Reservaten als auch Missionsdörfern. Allerdings waren selbst die indigenen Dörfer keine freien Ortschaften, da sie über keine kommunale Selbstverwaltung verfügten und in wirtschaftlich und infrastrukturell nicht erschlossenen Randgebieten lagen. Das Ziel, die indigenen Kinder über staatliche oder kirchliche Schulen zu assimilieren, konnte nicht erreicht werden, dagegen trat eine kulturelle und soziale Entwurzelung ein. Die ökonomische und soziokulturelle Verelendung der indigenen Dörfer bot schließlich, unter dem Einfluss rassistischer und sozialdarwinistischer Theorien, eine Handhabe, dieses Scheitern der »Minderwertigkeit« der Indigenen anzulasten und ihnen eine Reihe von Bürgerrechten zu entziehen. In der Pampa kam es allerdings auch zur Entstehung von »gemischten« Dörfern, in denen sowohl »Weiße« als auch Indigene lebten, sowie zu einer Art Zwangsassimilation zahlreicher Männer und Frauen, die zum Militärdienst und zur Arbeit auf den Estancias oder als Hausangestellte verpflichtet wurden.

Verschiedene Faktoren, wie die Anpassung an die europäische Kultur, das Scheitern der marginalisierten indigenen Dörfer, massive Gesundheitsprobleme sowie die allmähliche Verdrängung der zahlenmäßig immer bedeutungsloser werdenden Gruppe der Indigenen führten im 20. Jahrhundert dazu, dass die indigene Bevölkerung immer stärker aus dem kollektiven Gedächtnis verschwand. Ähnlich erging es der schwarzen Bevölkerung, die durch Vermischung, einen hohen Blutzoll in den verschiedenen Kriegen des 19. Jahrhunderts und aufgrund der massiven Einwanderung ebenfalls immer weniger sichtbar war. Die Argentinier definierten sich zunehmend als ein Volk von europäischen Einwanderern, und im kollektiven Bewusstsein setzte sich der Irrglaube durch, wegen der geringen Bedeutung der Sklaverei habe es in Argentinien kaum Schwarze gegeben und die indigene Bevölkerung sei in den Kriegen der Conquista und des 19. Jahrhunderts ausgerottet worden. Erst am Ende des 20. Jahrhunderts haben sich die indigenen Völker wieder zu ethnisch-kulturellen, staatlich anerkannten Gemeinschaften formiert und werden als solche wahrgenommen. Auch die Afroargentinier, die zumindest in Zeiten der Demokratie im Argentinien seit der Unabhängigkeit ihre Zusammenkünfte pflegten und eigene Zeitungen herausgaben, sind von der nationalen »Meistererzählung« von der »weißen« Nation an den Rand gedrängt worden. Erst die Krisen der letzten Jahrzehnte, die auch einen kritischen Blick auf den Umgang mit der eigenen Geschichte erfordert haben, führen allmählich zu einem Bewusstseinswandel.

# Auf dem Weg zum modernen Argentinien

Mit dem Ende der Herrschaft von Rosas und der darauf folgenden Öffnung des Handels, der Zunahme der Einwanderung und der Bevölkerungszahl, der Ausdehnung des Territoriums sowie der politischen Stabilisierung erlebte Argentinien einen – allerdings von zahlreichen Krisen und Stagnationsphasen durchzogenen – wirtschaftlichen Aufschwung, der das Land in wenigen Jahrzehnten völlig verändern sollte. Die genannten Faktoren bedingten und verstärkten sich gegenseitig und zogen wiederum vermehrt ausländische Investitionen, den Ausbau der Infrastruktur und die Einführung neuer Produkte oder die Verbesserung der bisherigen Produktionsweise nach sich. Die Einwanderer trugen erheblich zur Diversifizierung der argentinischen Produktion bei, indem sie zunächst die Schafzucht und später den Getreideanbau als wichtige neue Produktionszweige etablierten bzw. ausbauten. In Cuyo verbesserten sie durch andere Rebsorten den Weinbau und die Viehzucht durch die Einfuhr neuer Rassen. Zwischen 1880 und 1914 verdreifachte sich die Bevölkerungszahl, während das Wirtschaftsvolumen sich verneunfachte. Das Bruttoinlandsprodukt wuchs jährlich um 6% das Prokopfeinkommen um 3% – und dies trotz der hohen Zahl von Einwanderern. Allerdings blieben die regionalen Ungleichheiten sowohl im Hinblick auf die Bevölkerungszahlen als auch auf die wirtschaftliche Expansion bestehen.

## *Einwanderung*

Zwei Leitmotive ziehen sich durch den Gründungsprozess der argentinischen Nation in der zweiten Hälfte des 19. Jahrhunderts, zum einen die Gegenüberstellung von »Zivilisation« und »Barbarei« von Domingo Faustino Sarmiento, zum anderen das Motto: *gobernar es poblar*, »Regieren heißt bevölkern«, von Juan Bautista Alberdi. Der Begriff der »Zivilisation« wurde zum Referenzpunkt der liberalen Unabhängigkeitskämpfer und Intellektuellen des 19. Jahrhunderts und orientierte sich vor allem an den republikanischen Idealen der europäischen Aufklärung und deren Fortschrittstheorien. Die »Barbarei« hingegen bezog sich auf all jene Zustände, die dieser Form der Zivilisation im Wege standen, wie z. B. Unfreiheit und Feudalismus, mangelnde Bildung und von den bürgerlichen abweichende Lebensstile. Das Gegensatzpaar baute damit auf älteren Vorstellungen auf, die sich bereits in der Conquista entwickelt hatten. So waren Indigene und Schwarze aufgrund von Nacktheit, Promiskuität, »wilden« religiösen Ritualen und ihrer Hautfarbe zur Verkörperung des »barbarischen« Anderen geworden. Diese Zuschreibungen vermischten sich seit dem 18. Jahrhundert mit Vorstellungen von einer hierarchischen Ordnung menschlicher »Rassen«, wie sie zunächst anhand der Klimatheorien von C. de Pauw und Montesquieu entwickelt worden waren. Sie gingen von einer Prägung des Menschen durch Klima und Umweltbedingungen aus, was die Europäer der Aufklärung zu einer Abwertung der kreolischen Bevölkerung in Amerika veranlasste. Sarmiento griff solche Vorstellungen auf und wandte sie auf die ländliche Bevölkerung der Pampas an, die nun für die urbane Elite zum »barbarischen« Anderen wurde. Die argentinische Nation sollte nach europäischem Vorbild »zivilisiert« und homogenisiert werden, was einerseits die Ausrottung der »Barbarei« durch Bildung und staatliche Kontrolle vorsah, andererseits aber auch eine »Verbesserung« der Bevölkerung durch die Einwanderung weißer Europäer. Diese Vorstellungen erhielten in den letzten zwei Jahrzehnten des 19. Jahrhunderts durch positivistische und rassistische Theorien, die ebenfalls aus Europa übernommen wurden, weiteren Auftrieb.

Die Förderung der Einwanderung zur Schaffung einer Gesellschaft nach europäischem Vorbild hatte schon in den zwanziger Jahren unter Rivadavia begonnen, konnte aber erst nach dem Sturz Rosas' in größerem Umfang durchgeführt werden. Alberdi brachte es auf die griffige Formel »Regieren heißt bevölkern«. Sarmiento und Alberdi sahen Großbritannien und die USA als die Nationen an, in denen Fortschritt und Freiheit am besten gediehen, und deutsche, englische und französische Einwanderer sollten helfen, die argentinische Gesellschaft so zu verändern, dass eine soziale und technische Modernisierung eingeleitet werden konnte. Zudem war das Land in ihren Augen zu dünn besiedelt, um es in Wert zu setzen. Die argentinische Verfassung von 1853, die sich stark an die Schriften Alberdis anlehnte, verankerte infolgedessen die Förderung der europäischen Einwanderung. Sie legte die Gleichstellung der Immigranten in zivilrechtlicher Hinsicht sowie die Glaubens- und Meinungsfreiheit fest. Damit »Zivilisation« und »Fortschritt« auch in entlegene Landesteile gelangen könnten, sollten der Eisenbahnbau und das öffentliche Schulsystem gefördert werden. Bereits in den 1860er Jahren wurden zahlreiche Maßnahmen zur Förderung der Einwanderung ergriffen, wie z. B. die Errichtung von Anwerbungsbüros in verschiedenen europäischen Städten und eines »Hotel de Inmigrantes«, das den Neuankömmlingen für die ersten Tage Unterkunft, Essen und medizinische Versorgung bieten sollte. Diese Unterstützung wurde im 1876 erlassenen *Ley de Inmigración y Colonización* verbrieft. Lediglich Personen mit schweren körperlichen Leiden oder Behinderungen sollte die Einwanderung verboten sein.

Argentinien entwickelte sich in den folgenden Jahrzehnten tatsächlich zu dem Land innerhalb Lateinamerikas, das die meisten europäischen Einwanderer anzog, im Verhältnis zur Einwohnerzahl sogar mehr als die Vereinigten Staaten. Zwischen 1830 und 1950 gingen ca. 10% der europäischen Amerikaauswanderer nach Argentinien, vor allem ab dem letzten Viertel des 19. Jahrhunderts. Es waren weniger die Nord- als die Südeuropäer, die ihr Glück in Argentinien suchten, allen voran Spanier und Italiener, was unter anderem in einer Verlagerung der europäischen Auswandererregionen vom Norden in den Süden begründet ist. Zwischen 1870 und 1914 kamen fast sechs Millionen Einwanderer in ein Land, das 1869 eine Bevölkerung von 1,8 Millionen aufwies. Allerdings blieben »nur« zwischen der Hälfte und zwei Dritteln von ihnen dauerhaft in Argentinien. Ein Grund für die hohe Rückwandererrate ist der Umstand, dass viele der südeuropäischen Einwanderer als saisonale Erntehelfer im europäischen Winter nach Argentinien kamen, was ihnen den Namen *golondrinas*, Schwalben, eingetragen hat.

Zu Beginn des 20. Jahrhunderts waren etwa 930 000 Einwanderer italienischer und 836 000 spanischer Herkunft. Die nächst größere Gruppe stellten die Personen aus dem russischen Zarenreich mit 93 000, unter ihnen viele Juden, gefolgt von 80 000 Franzosen und 65 000 Immigranten aus dem Osmanischen Reich. Aus dem ehemaligen Österreich-Ungarn wanderten ebenfalls zahlreiche Angehörige unterschiedlicher Völker ein. Bei Ausbruch des Ersten Weltkriegs, der den Strom der Einwanderung zeitweilig unterbrach, stellten die Einwanderer in Argentinien 30% der Bevölkerung.

Die Zahl der »Deutschen« wird für 1914 auf 27 000 beziffert. Zwischen 1920 und 1933 wanderten weitere 47 000 Deutsche ein, insgesamt schätzt man die deutschsprachige Bevölkerung (Deutsche, Wolgadeutsche, Österreicher etc.) bzw. deren Nachkommen in Argentinien heute auf 245 000.

Zwischen der zweiten nationalen Bevölkerungserhebung von 1895 und der dritten 1914 wuchs die Zahl der Menschen in Argentinien von 4,0 auf 7,9 Millionen an. Der größte Teil der Einwanderer »zivilisierte« allerdings nicht das Hinterland, zumal der Erwerb von Grund und Boden immer teurer wurde, sondern blieb in den Städten, allen voran in der Hauptstadt.

Die ungleiche Verteilung wird auch beim Wachstum der Städte deutlich. Während sich die Einwohnerzahl der Stadt Buenos Aires zwischen 1895 und 1914 von 660 000 auf über 1,5 Millionen und diejenige der Provinz von 900 000 auf zwei Millionen mehr als verdoppelte und auch Santa Fe (von 400 000 auf 900 000) und Córdoba (von 350 000 auf 735 000) ähnliche Zuwächse verzeichnen konnten, fiel der Zuwachs in den nördlichen Provinzen eher bescheiden aus. So wuchs La Rioja von 79 000 auf 83 000 und Jujuy von 76 000 auf 80 000 Einwohner an. Buenos Aires überschritt im Jahr 1905 als erste lateinamerikanische Großstadt die Millionengrenze, 1926 erreichte sie die Zweimillionen- und 1947 beinahe die Dreimillionengrenze. Zu Beginn des 20. Jahrhunderts war etwa ein Drittel der Einwohner der Provinz Buenos Aires im Ausland geboren, d. h. Migranten der ersten Generation, während dieser Anteil im Binnenland zwischen 8,5 % (Córdoba) und 0,2 % (Corrientes) lag. Allerdings waren die meisten Einwanderer junge Männer, so dass das Geschlechterverhältnis in der Stadt sehr unausgewogen war. Auf dem Land hingegen dominierte die familiäre Einwanderung.

Die Einwanderer veränderten Argentinien in den kommenden Jahren wirtschaftlich, politisch und sozial, doch nicht immer in der Weise, wie es die Verfassungsväter erhofft hatten. Zwar führten sie innovative Techniken in der Viehzucht und Landwirtschaft ein und stellten billige Arbeitskräfte für die Exportindustrie, gleichzeitig brachten sie aber auch Ideen mit, die zur Entstehung von neuen politischen Gruppierungen und von Gewerkschaften führten, die die Herrschaft der einheimischen Eliten zunehmend in Frage stellten.

## *Technische Innovation und Infrastrukturmaßnahmen*

Technische Innovation und Infrastrukturmaßnahmen waren Bedingung und Motor für das wirtschaftliche Wachstum und die massive Einwanderung. So investierte man ab den 1850er Jahren vor allem in den Ausbau des Hafens von Buenos Aires sowie in den Bau von Eisenbahnstrecken ins Landesinnere. Beides wurde zunächst vom Staat finanziert, dann aber zunehmend mit britischem Kapital und auch von britischen Gesellschaften gebaut. In den 1880er und 90er Jahren investierten Briten geschätzte 157 Mio. Pfund Sterling in Argentinien, ein großer Teil davon in den Eisenbahnbau.

Den zunächst zögerlich agierenden britischen Firmen hatte die argentinische Regierung Steuerfreiheit und freie Importe der benötigten Materialien garantiert, teilweise bekamen sie auch noch das entlang der Bahn gelegene Land zur Ansiedlung von europäischen Kolonisten sowie einen garantierten Gewinn zugesprochen. Doch auch dann investierten sie vorwiegend in die lukrativen Linien im Litoral, wohingegen die Strecken ins nördliche Hinterland vom Staat gebaut wurden.

Begonnen hatte der Eisenbahnbau 1857 in der Provinz Buenos Aires, wo die Bahn zunächst die bessere Versorgung der Stadt mit Lebensmitteln sicherstellte, es folgten Bahnen in die wirtschaftlichen Kernzonen, zunächst von Buenos Aires nach Córdoba, anschließend nach Rosario. Die südliche Linie hingegen war ab 1864 weitgehend durch private Initiative entstanden, denn der Aufschwung der Schafzucht ließ erwarten, dass rasch mit guten Gewinnen zu rechnen sein würde. Der weitere Ausbau wurde dann sowohl durch die fortschreitende Kolonisation als auch durch militärische Bedürfnisse bestimmt. Um die Grenze nach Chile zu sichern, wurden entlang der Kordillere Militärposten errichtet, die gut erreichbar sein mussten.

Im Gegensatz zu den Andenländern war es in Argentinien relativ leicht, Bahnlinien zu bauen, denn das Land wird nicht von großen Gebirgen durchzogen. Der Verlauf der Linien war jedoch ganz auf die Exportwirtschaft zugeschnitten. Fast alle Linien liefen auf Buenos Aires zu, waren untereinander aber kaum verbunden. Hinzu kam, dass die verschiedenen Trägergesellschaften unterschiedliche Schienenbreiten benutzten, so dass eine Verbindung kaum möglich war. Bis zur ersten großen Wirtschaftskrise 1890 hatten in Argentinien 22 verschiedene Gesellschaften fast 9000 Kilometer Eisenbahnnetz gebaut, das den großen enorme Gewinne, einigen kleineren hingegen Verluste einbrachte.

Eine zweite Welle von Gleisbauten begann ab 1907, als der Staat den Gesellschaften weitere Konzessionen machte, es allerdings auch endlich zu einer Koordinierung der Linien kam sowie einer Konzentration der vielen kleinen Eisenbahngesellschaften auf vier große, die jeweils eine Region dominierten. In dieser zweiten Phase erhielt Argentinien ein weiteres Eisenbahnnetz von 13 700 Kilometern.

Durch den Ausbau der Infrastruktur verringerten sich die Dauer und die Kosten des Transportes enorm, allerdings fielen auch viele traditionelle Arbeitsplätze weg. So hatten Ochsenkarren für den Weg von Rosario nach Córdoba etwa einen Monat gebraucht, nun erledigte die Bahn dies in zwei Tagen. Nicht mehr Gauchos, Maultiertreiber und Wagenlenker dominierten das Transportgeschäft, sondern – zumeist ausländische – Ingenieure, Lobbyisten und Spekulanten. Doch erst der Eisenbahnbau ermöglichte den Aufschwung der Landwirtschaft in Argentinien und zwar nicht nur in der Pampa und den Flussprovinzen, sondern auch in der Andenregion und im Norden. Weintrauben, Zitrusfrüchte, Zucker, Tabak, Holz, Tannin und Baumwolle fanden erst durch den sicheren und schnellen Transport einen Absatzmarkt in der Hauptstadt oder, seltener, im Ausland.

Um die Mitte des 19. Jahrhunderts begann die Dampfschifffahrt nach Europa die Exportmöglichkeiten zu revolutionieren, indem sie die Zeit, die man von Europa nach Argentinien benötigte, auf etwa einen Monat halbierte, die Frachtmenge dagegen verdoppelte. Um 1900 baute Buenos Aires sein Hafenbecken aus, um auch großen Schiffen das Anlegen zu ermöglichen. Damit wurde seine dominierende Stellung untermauert und der zeitweilige Vorteil der Häfen von La Plata und Ensenada zunichte gemacht. Zwar entwickelte sich weiter südlich Bahia Blanca mit einem hervorragenden natürlichen Hafen zu einem wichtigen Umschlagplatz, der aber fast nur für Exporte genutzt wurde, während die meisten Importe weiterhin über Buenos Aires liefen. Die kleineren Häfen entlang der Flüsse Paraná und Uruguay wurden ausgebaut, doch das Litoral wickelte seinen Außenhandel ebenfalls größtenteils über Buenos Aires ab, so dass große Schiffe es vorzogen, nur diesen Hafen anzulaufen. Das Problem der Dominanz von Buenos Aires und seinem Hafen blieb somit bestehen, auch wenn die Zölle inzwischen gerechter verteilt wurden.

### *Produktdiversifizierung*

Bis zur Mitte des 19. Jahrhunderts basierte das wirtschaftliche Wachstum auf dem Export von Häuten und anderen Produkten der Rinderzucht, dann lief ihnen die Schafwolle für einige Zeit den Rang ab, bis sich am Ende des Jahrhunderts die Produktion zu diversifizieren begann. Mit dem Weizen kam ein neues Exportprodukt hinzu, und in der Viehzucht erweiterte sich die Produktpalette durch technische Neuerungen.

Die sukzessive Abschaffung der Sklaverei in der Karibik, Brasilien und den USA führte ab 1850 zu einem Rückgang des Verkaufs von Pökelfleisch, gleichzeitig erfand der deutsche Chemiker Justus von Liebig eine Methode, den Saft des Fleisches zu einem Extrakt zu verarbeiten und es in Dosen zu pressen. Liebigs Methode wurde unter Mithilfe deutscher Techniker und Ingenieure rasch in Argentinien etabliert, denn das Fleischextrakt erfreute sich in Europa als stärkendes und preiswertes Lebensmittel in Krankenhäusern, bei der Armee, aber auch in Arbeiterhaushalten wachsender Beliebtheit. Den Export von Kühl- oder Gefrierfleisch hingegen konnte man erst steigern, als die Viehzüchter dazu übergingen, die kreolischen Rinder durch europäische Rassen zu ersetzen und nicht mehr Pampagras fressen zu lassen, sondern Luzerne auszusäen. Durch die schnellere Verbindung mittels Dampfschiffen und die Vergrößerung der Frachtkapazität der Schiffe wurde zudem der Export von lebenden Rindern attraktiv. Die Notwendigkeit von speziellen Futterweiden und die Haltung von qualitativ hochstehendem Mastvieh für den Export erforderte die Abkehr von der traditionellen extensiven Viehzucht. Die Einzäunung der Weidegebiete begann in der Umgebung von Buenos Aires, doch langfristig kam auch das neugewonnene Land der Pampa unter den Pflug und wurde eingehegt. Dies bedeutete nicht nur das Ende der traditionellen Gauchokultur, sondern führte auch zu weiterer Landkonzentration. Die Einzäunung erforderte erheblichen Kapitaleinsatz, und die intensivere Nutzung des Landes trieb die Grundstückpreise in die Höhe.

Neben der Rinderzucht wurde ab Mitte des 19. Jahrhunderts die Schafzucht immer weiter vorangetrieben. Vor allem spanische und irische Immigranten, die auf Grund der Karlistenkriege bzw. der großen Hungersnot nach Argentinien gekommen waren, hatten sie eingeführt. Zunächst hatte man vor allem Wolle produziert, zunehmend aber fand auch das Fleisch guten Absatz, nachdem die Europäer neue, hierfür geeignete Tiere importiert hatten. 1852 übertraf die Zahl der Schafe in Argentinien mit 7 Millionen diejenige der Menschen um ein Vielfaches. Eine durch den US-amerikanischen Bürgerkrieg hervorgerufene Baumwollknappheit ließ die Nachfrage weiter ansteigen, und bald übertraf die Zahl der Schafe nicht nur die der Menschen bei weitem, sondern auch die der Rinder. Um 1900 geriet sowohl die Schaf- als auch die Rinderzucht in eine massive Krise, da Großbritannien aufgrund einer Maul- und Klauenseuche sein Land für Lebendvieh aus Argentinien sperrte und Flutkatastrophen große Schafherden vernichteten. Zwar erholte sich der Export bald wieder, doch wurde die Schafzucht in der Folgezeit nach Patagonien abgedrängt, während in der Pampa die verbesserte Rinderzucht auf eigens angelegten Weiden sowie Getreideanbau betrieben wurden. Letzterer sollte die wirtschaftlichen und sozialen Verhältnisse in den zentralen Gebieten Argentiniens ab den 1880er Jahren erneut revolutionieren, ebenso wie der zu Beginn des 20. Jahrhunderts mit nordamerikanischem Kapital massiv expandierende Bau von Kühlhäusern.

Zwar war auch zuvor schon in Argentinien Getreide angebaut worden, doch der Anreiz zu großflächiger, für den Export bestimmter Produktion war gering, zu stark war der Einfluss der auf Viehzucht konzentrierten Estancieros und zu schwierig der Erwerb sicherer Landtitel. Auch die Bedrohung durch Indigene, die in den Grenzregionen immer wieder die europäischen Siedlungen überfielen, hatte bislang dagegen gesprochen. Die fehlende Infrastruktur, Arbeitskräftemangel sowie die Notwendigkeit einer kostspieligen Einzäunung kamen erschwerend hinzu. Doch alle diese Faktoren veränderten sich im Laufe der zweiten Hälfte des 19. Jahrhunderts, so dass der Getreideanbau rapiden Aufschwung nahm und Argentinien von einem Getreideeinfuhr- zu einem Ausfuhrland wurde. 1876 wurde zum ersten Mal Weizen exportiert, und 1910 war Argentinien bereits der weltweit drittgrößte Exporteur von Weizen – weit hinter Russland, weniger weit hinter den USA, die die argentinische Konkurrenz zu fürchten begannen.

### *Die Entwicklung in den Regionen*

Zunächst waren die meisten Einwandererkolonien in den Flussprovinzen entstanden, wo in den Grenzgebieten mit Einverständnis der alteingesessenen Estancieros Land an die Neuankömmlinge vergeben wurde, die so als Puffer gegen feindliche indigene Völker fungieren konnten. Die meisten dieser Kolonien prosperierten und es bildete sich eine relativ breite ländliche Mittelschicht heraus. Anders hingegen in der Provinz Buenos Aires, wo das Land wertvoller und die Estancieros mächtiger waren. Hinzu kam, dass große Landflächen, die eigentlich für die Ansiedlung europäischer Einwanderer vorgesehen waren, von den Kolonisationsgesellschaften zweckentfremdet wurden. Dennoch wuchs, vor allem dank der Immigranten, die bebaute Fläche und damit die landwirtschaftliche Potenz Argentiniens enorm an. Zwischen 1872 und 1895 stiegen die bebaute Fläche in der Pampa um das Fünfzehnfache und der Wert der Exporte um das Fünffache.

Die Pampa, die auch Teile der Provinzen von Córdoba und San Luis einschloss, wurde immer stärker zum Kerngebiet der wirtschaftlichen Entwicklung. Sie war von einem – für argentinische Verhältnisse engmaschigen – Netz von Eisenbahnlinien, kleinen Estancias mit Windmühlen und

Brunnen sowie schnell neuentstehenden Provinzstädtchen durchzogen. Hier war die alte, auf patriarchalischen Klientelverhältnissen basierende Sozialstruktur durch Pachtverhältnisse und freie Lohnarbeit abgelöst worden. Durch den zunehmenden Einsatz von Erntemaschinen und die gemischte Wirtschaft, bei der Viehzucht und Weizenanbau einander abwechselten, verschob sich das sozioökonomische Potenzial allerdings wieder zugunsten der Großgrundbesitzer, die finanziell in der Lage waren, diese Investitionen zu tätigen und die Weiden einzuzäunen. Nun benötigte man keine frei umherziehenden Gauchos mehr, sondern lediglich einige feste Arbeitskräfte und saisonale Erntehelfer, wofür sich die *golondrinas* anboten.

Doch auch einige Binnenprovinzen hatten an dem allgemeinen wirtschaftlichen Aufschwung teil, denn durch die Eisenbahnverbindungen konnten sie besser an dem lukrativen Markt in Buenos Aires partizipieren. Ihren Politikern war es zudem gelungen, der nationalen Regierung die Erhebung von Schutzzöllen auf einige Produkte wie Zucker und Wein abzutrotzen. Infolgedessen erlebten Tucumán, nachdem es 1876 an das Schienennetz angebunden wurde, und, in geringerem Maße, Jujuy, einen Zuckerboom. Dieser führte allerdings auch zu einer weiteren Konzentration der Produktion, denn nur einige reiche Familien konnten sich die zur Massenproduktion notwendigen Maschinen leisten. Als saisonale Arbeitskräfte rekrutierte man Indigene aus den Andenprovinzen, dem Chaco und Bolivien, die durch diese Arbeitsmigration allerdings entwurzelt und zu einer marginalisierten und extrem vernachlässigten Gruppe wurden.

Auch der Weinanbau in Mendoza und San Juan nahm gegen Ende des Jahrhunderts durch eine Kombination von Eisenbahnbau und Schutzzöllen einen normen Aufschwung, flankiert durch die Einführung neuer Rebsorten und Anbaumethoden seitens französischer Einwanderer. In Cuyo ebenso wie in den Flussprovinzen siedelten sich eher Familien an, da der Weinbau eine ganzjährige kundige Betreuung erfordert. Durch die relative Prosperität konnten auch das Netz von Schulen und Krankenhäusern ausgebaut und die Lebensbedingungen insgesamt verbessert werden. Doch auch im Weinbau hielt bald die maschinelle Produktion in größeren Einheiten Einzug, so dass kleinere Winzer ins Hintertreffen gerieten.

Der Süden des Landes war nach wie vor dünn besiedelt, vor allem von Waliser Schafzüchtern, die allerdings zu keinem großen Wohlstand gelangten. Hinzu kamen Militärs und Regierungsbeamte, die die Präsenz des Staates demonstrieren sollten. Einen gewissen Aufschwung brachte die Entdeckung von Ölvorkommen in Chubut und Comodoro Rivadavia. Lediglich im näher an Buenos Aires und der Pampa gelegenen Tal des Río Negro entwickelten sich dank Bewässerungsanlagen blühende Obstplantagen, die vor allem den Markt der Hauptstadt belieferten. Heute exportiert man gerade im europäischen Winter von dort Obst nach Europa.

Die Flussprovinzen im Norden, vor allem Corrientes, Misiones und Entre Ríos, entwickelten sich hingegen weniger. Hier dominierte nach wie vor die Viehzucht, ergänzt durch einige Ackerbaukolonien und Yerba-Mate-Plantagen vorwiegend mittel- und osteuropäischer Einwanderer, die jedoch nur den nationalen Markt bedienten. Gering besiedelt blieb der argentinische Chaco und der Norden von Santiago del Estero und Santa Fe, obwohl hier zeitweise die Produktion von Baumwolle sowie von Quebrachoholz, das man für die Produktion von Tannin für die Lederverarbeitung und von Eisenbahnschwellen benötigte, einige Verdienstmöglichkeiten bot. Doch geschah die Ausbeutung zumeist durch britische Firmen, die das abgeholzte Land schutzlos zurückließen, so dass es rasch verkarstete und keine agrarische Nutzung mehr zuließ.

Einer der Gründe für die Förderung der Einwanderung war der ständige Arbeitskräftemangel, den die Viehzüchter beklagten, und die Vorstellung von der »Faulheit« der einheimischen Bevölkerung, die bereits zu Beginn des Jahrhunderts zu Gesetzen gegen »Herumtreiber« und »Taugenichtse« geführt hatte, auf deren Grundlage nicht sesshafte Männer zu Zwangsarbeit und Militärdienst verpflichtet werden konnten. Doch noch immer bestand in den ländlichen Regionen, vor allem denjenigen mit offener Grenze zum indianischen Territorium, die Möglichkeit des direkten Zugangs zu kleinem und mittlerem Landbesitz. Dies führte dazu, dass die meisten Kleinbauern sich nicht als Lohnarbeiter auf den Estancias verdingen wollten und dem Topos von den faulen argentinischen Gauchos und *campesinos* Nahrung gaben. Hier sollten die Immigranten Abhilfe schaffen, und sie schienen dies in der Tat zunächst zu tun.

In einigen Regionen des Litoral prosperierten die Einwandererkolonien, und es entstand eine aus Immigranten und Einheimischen bestehende bäuerliche Mittelschicht. Die Strukturen des Landbesitzes veränderten sich, dennoch waren die großen Estancieros die Hauptgewinner.

Das erste allgemeine Landgesetz, das unter Avellaneda erlassen wurde, konnte die Erwartungen nicht erfüllen, da es privaten Gesellschaften ermöglichte, das Land für Spekulationen zu nutzen. Entgegen der Vorschriften wurden häufig keine Menschen angesiedelt, sondern man ließ Vieh weiden. Die Siedlungen der Kolonisten waren oft nur ungenügend an die Infrastruktur angebunden. Verbindungen zwischen den Kolonien gab es kaum, da die Eisenbahngesellschaften den Straßenbau aus Furcht vor Konkurrenz zu verhindern wussten. Das Leben in den ländlichen Kolonien und Kleinstädten war eher trostlos, die *pulpería* blieb die wichtigste soziale Institution, auch wenn sie jetzt oft an der Eisenbahnstation gelegen war. Allerdings entstanden zahlreiche kleine Provinzsstädte, in denen Dienstleistungs- und kleine Industriebetriebe den lokalen Bedarf deckten. Die Großgrundbesitzer dagegen verbrachten höchstens die Sommermonate auf ihrer Estancia, sonst lebten sie in Buenos Aires oder bereisten Europa und die USA.

Insgesamt zeichnete sich die ländliche Gesellschaft Argentiniens bis zum Beginn des 20. Jahrhunderts durch das Fehlen großer Konflikte aus. Zwar kam es 1893 zu einer Rebellion von Siedlern in Santa Fe, die vor allem Steuersenkungen und den Erhalt des gerade eingeführten Wahlrechtes von Einwanderern auf kommunaler Ebene zum Ziel hatte. Aufstände von Landarbeitern waren aber selten, allgemein fanden Arbeitskonflikte vor allem in den Städten statt. Die steigende Zahl von Einwanderern führte zu Beginn des 20. Jahrhunderts zu Existenz- und Überfremdungsängsten vonseiten der einheimischen Bevölkerung, die sich in punktuellen Ausschreitungen verschiedener Landarbeitergruppen gegen die Zuwanderer Luft machten.

Während die Kolonisten in den neugegründeten Einwanderersiedlungen der Flussprovinzen über privates Land verfügten, entstand in der Pampa ein komplexes System von Großgrundbesitz, Pacht und freier Lohnarbeit. Da hier der Zugang zu Landbesitz durch die Verteuerung für Einwanderer kaum möglich war, entwickelte sich ein Pachtsystem, bei dem die Pächter das Land (*chacra*) mit der Auflage erhielten, Luzernen auszusäen oder Weizen anzubauen, es nach einigen Jahren dann aber wieder abtreten mussten und ein anderes Stück Land, manchmal desselben Besitzers, urbar machten und bepflanzten. Der Großgrundbesitzer oder die Erschließungsgesellschaft erhielten so nicht nur die Pacht, sondern am Ende verbesserten Ackerboden zurück. Allerdings sehen nicht alle Historiker in diesem System reine Ausbeutung, sondern manche weisen darauf hin, dass die *chacareros* auf diese Weise mit wenig Kapital beginnen und sich langsam hocharbeiten konnten. So verfügten sie im Allgemeinen über größere Flächen als die Siedler, und einige von ihnen entwickelten sich zu mehr oder weniger wohlhabenden Agrarunternehmern. Andere hingegen kamen über den Lebensstandard ihrer Landarbeiter oder Tagelöhner kaum hinaus. Die Pächter rebellierten schließlich 1912 angesichts einer Absatzkrise durch Preisverfall im sogenannten *Grito de Alcorta* (Schrei von Alcorta) und schlossen sich zu einer Pächter- und Landarbeiterunion, der *Federación Agraria Argentina*, zusammen. Gegen die seit 1866 bestehende mächtige Vereinigung der Viehzüchter und Großgrundbesitzer, die *Sociedad Rural Argentina*, konnten sie allerdings wenig ausrichten.

Das Los der Landarbeiter, Tagelöhner und der vielen saisonalen Erntehelfer war ebenfalls sehr unterschiedlich. Konnten die Saisonarbeiter aus Südeuropa, die *golondrinas*, sich noch zu teilweise guten Löhnen verdingen und anschließend entweder in ihre Heimat zurückgehen oder in den argentinischen Städten eine neue Existenz aufbauen, waren die Lebens- und Arbeitsbedingungen sowie die Zukunftsperspektiven der indigenen Migranten in der Zuckerindustrie des Nordens zumeist katastrophal. Arbeitszeiten von Sonnenaufgang bis Sonnenuntergang, unzureichende Unterbringung und Versorgung mit Lebensmitteln sowie mangelnde Gesundheitsvorsorge waren hier gang und gäbe, hinzu kamen latenter Rassismus und kulturelle Konflikte. Auch wurden diese Arbeiter von keiner Gewerkschaft vertreten.

Letztlich machte die Agrarrevolution Argentinien zu einem der am stärksten urbanisierten Staaten Amerikas, einerseits weil aufgrund der Schwierigkeiten des Landerwerbs viele der Landarbeiter, Pächter und Teilpächter später in die Städte zogen, wo sie sich als Arbeiter in der Fleischindustrie oder als Handwerker eher ein Auskommen erhofften, andererseits aber auch, weil der allgemeine Wirtschaftsaufschwung zahlreiche größere und kleinere städtische Zentren entstehen ließ, in denen sich Handel und Dienstleistungen ansiedelten. Lebte im Jahr 1869 noch 71% der Bevölkerung auf dem Land, waren es 1914 nur noch 47%.

### *Finanz- und andere Krisen*

Die ständige Ausweitung der agrarisch genutzten Flächen und der Exporte konnte die Probleme des Handelsbilanzdefizits nicht völlig ausgleichen und viele Infrastrukturmaßnahmen waren mit ausländischen Anleihen finanziert worden, ein System, das nur funktionierte, solange die Wirtschaft wuchs. Europäische Krisen, hervorgerufen durch Kriege oder wirtschaftliche Probleme, führten ab den 1870er Jahren immer wieder zu Einbrüchen in der Exportwirtschaft und in der Folge zu wirtschaftlichen und sozialen sowie finanziellen Krisen in Argentinien. Seit dem letzten Drittel des 19. Jahrhunderts wurde das Land immer wieder durch Zahlungsbilanzkrisen geschüttelt, hinzu kamen Export- und Finanzprobleme. Eine der schlimmsten Krisen erlebte Argentinien 1890, nach zehn Jahren ungebremsten Wachstums. Die konkreten Auslöser sind in der Forschung umstritten, lassen sich aber strukturell auf zentrale Probleme der argentinischen Wirtschaft zurückführen, die das Land bis heute mehrfach aus dem Gleichgewicht geworfen haben – hohe Inflation und Abhängigkeit vom Weltmarkt bzw. ausländischem Kapital. Die Währungsprobleme resultierten aus der parallelen Verwendung von Papierpesos und Goldpesos im internationalen Warenverkehr sowie einem ungeregelten Bankwesen. Präsident Juárez Celman erließ 1887 ein Gesetz, das den Banken erlaubte, Papiergeld in Umlauf zu bringen, sofern sie als Sicherung Bonds der Regierung kauften. Die Maßnahme, die die Vormacht von Buenos Aires in Finanzangelegenheiten überwinden sollte, führte zu einer unkontrollierten Geldausgabe, die, zusammen mit einer großzügigen Vergabe von Krediten, den Boden für die Krise von 1890 bereitete. Ausgelöst wurde sie, als die britische Bank Baring Brothers 1889 auf eine Anleihe, die sie zur Finanzierung eines neuen Kanalisationssystems in Buenos Aires ausgeschrieben hatten, nicht genügend Zeichner fand und damit panikartige Kettenreaktionen auslöste. Daher sehen manche nicht so sehr die ungeregelte Kreditvergabe und expansive Geldpolitik, die zu hoher Inflation führte, als Auslöser der Krise, sondern die Abhängigkeit des Landes von ausländischem Kapital. Was immer eine größere Rolle gespielt haben mag, die Folgen der Krise waren ein starker Rückgang der Exporte, eine Abwertung der argentinischen Währung und ein Sinken der Reallöhne in Buenos Aires um 50%. Die Rückwandererquote überstieg erstmals seit langem wieder die Einwandererquote. Erste Stimmen wurden laut, die eine stärkere wirtschaftliche Diversifizierung zur Verringerung der Abhängigkeit von außen forderten, gingen aber wieder unter, sobald die Krise ausgestanden war. Durch eine Neuordnung des Banken- und Finanzwesens und erneuter Ausweitung der Produktion erholte sich das Land rasch, zog daraufhin wieder verstärkt Einwanderer und Investoren an, und trotz verschiedener Krisen stieg der Wohlstand in Argentinien bis zum Ersten Weltkrieg weiter an.

Zu Beginn des 20. Jahrhunderts präsentierte sich Argentinien somit zwar als ein in Teilen modernes und aufstrebendes, aber regional und sozial extrem unterschiedliches Land. Die Dominanz der Hauptstadt hatte auch nach der Föderalisierung nicht abgenommen, im Gegenteil, sie war durch die Immigration und die zentrale Ausrichtung der Infrastruktur und Industrie dort eher noch gewachsen. Die Porteños verstanden sich noch immer als Vorposten der Zivilisation vor einem großen Hinterland. Die Hauptstadt war das Zentrum der Finanzen, der Regierung, der staatlichen Ausgaben und Arbeitsplätze und zog durch die Rentiers, die in Buenos Aires lebten, ihren Reichtum aber aus der Landwirtschaft bezogen, auch deren Geld an sich.

### *Buenos Aires: Von der* gran aldea *zur modernen Metropole*

In den Städten entstanden nicht nur, wie die argentinischen Politiker gehofft hatten, »Zivilisation und Fortschritt«, sondern auch ein zunehmend unzufriedenes und unkontrollierbares Proletariat aus Einwanderern und Zuwanderern aus den Binnenprovinzen. Der kaum noch kontrollierbare Strom von Migranten führte bald zu gravierenden Wohn- und in der Folge zu Hygiene- und Gesundheitsproblemen. Die Metropole Buenos Aires, deren Bevölkerung sich innerhalb von dreißig Jahren vervierfacht hatte, veränderte ihr Gesicht sowohl in architektonischer wie auch in sozialräumlicher Hinsicht. Die alten herrschaftlichen Wohnungen in der Innenstadt wurden zu Mietshäusern umfunktioniert, die Zimmer einzeln an ganze Familien vermietet, was ihnen die Bezeichnung *conventillos* (kleine Klöster) eintrug. Zwischen 80 und 90% der Arbeiterfamilien in Buenos Aires lebten in nur einem Zimmer, dessen durchschnittliche Bewohnerzahl 1913 bei 3,7 lag. Die häufig fensterlosen Räume mussten mit Kerosinlampen beleuchtet werden, wodurch ständige Brand- und Erstickungsgefahr drohte. Die sanitären Anlagen waren völlig unzureichend für so viele Menschen, zumal auch das städtische Abwassersystem marode war. Krankheiten wie Tuberkulose oder Cholera wurden endemisch. Die Mieten in den heruntergekommenen Häusern verschlangen nicht selten ein Drittel des Monatslohnes, so dass es 1907 in Buenos Aires zu dem ersten Mieter- und Mieterinnenstreik Lateinamerikas kam.

Der Verfall der Innenstädte und die Angst vor der Verbreitung von Krankheiten, die meist der Unsauberkeit der Unterschicht und nicht den haarsträubenden Wohnbedingungen zugeschrieben wurde, vertrieben die Wohlhabenden in die nördlichen Randgebiete von Buenos Aires, Belgrano und Palermo, wo sie auch von der kolonialen, nach innen gerichteten Patio-Architektur abließen und Villen nach englischem Vorbild bauten. Es etablierte sich eine sozialräumliche Teilung mit Wohngebieten für die besser gestellten Schichten im Norden, während die Mittelschichten das westliche Zentrum dominierten, wo sich spanische und italienische Architekturtraditionen vermischten. Die Handwerker und Arbeiter, die etwa zwei Drittel der städtischen Bevölkerung ausmachten, zogen nach dem Bau einer Straßenbahn ab 1870 in den Süden in Hafennähe. Hier entstanden die Einwandererviertel La Boca und Barracas. Die Stadt dehnte sich flächenmäßig immer weiter aus, und entlang der Eisenbahnlinien entstanden Vor- und Trabantenstädte, die meist von Arbeitern bewohnt waren. Bis auf das italienisch dominierte La Boca kam es jedoch nicht zu ethnisch motivierter Ghettobildung, zumal die sprachlichen Barrieren zwischen italienisch- und spanischsprachiger Bevölkerung gering waren und bald zur Entstehung einer speziellen Unterschichtsprache, dem *lunfardo*, führten.

Die katastrophalen hygienischen Zustände, die vor allem durch das Fehlen eines modernen Abwassersystems bedingt waren, wurden ab den 1880er Jahren allmählich beseitigt. Hierzu trug neben dem allgemeinen wirtschaftlichen Aufschwung auch die Föderalisierung der Hafenstadt bei. 1880 wurde die Hauptstadt des Landes, Buenos Aires, als »Distrito Federal« (D. F.) von der gleichnamigen Provinz und deren neu geschaffener Hauptstadt La Plata getrennt. Diese politisch-administrative Veränderung bot Anlass zu zahlreichen Um- und Neubauten. Die neuen gesamtstaatlichen

Institutionen benötigten repräsentative Bauten. Mit der Errichtung des Regierungspalasts, der *Casa Rosada*, war bereits unter Präsident Sarmiento begonnen worden, seine Nachfolger begaben sich daran, die argentinische Hauptstadt durch den Bau von Ministeriums- und Zollgebäuden sowie breiten Alleen und Parks zum Aushängeschild der Nation und ihrer Modernität umzugestalten.

Zunächst wurde das dringend benötigte Kanalsystem gebaut und die Waschfrauen vom Flussufer vertrieben, dann folgte die Pflasterung der Straßen und der – teilweise historisch rücksichtslose – Umbau der alten Innenstadt. Wie in anderen lateinamerikanischen Staaten auch standen europäische Metropolen, vor allem Paris, bei der Renovierung Pate. Neue breite Prachtstraßen wie die Avenida de Mayo, die das Regierungsgebäude mit dem neuen Kongress verband, die Avenida 9 de Julio und die nördliche und südliche Diagonale sollten den Verkehrsfluss, aber auch die Luftzirkulation beleben. Zu Beginn des 20. Jahrhunderts begannen deutsche Firmen mit dem Bau eines Elektrizitätsnetzes, die alten Gaslaternen wurden ersetzt, Kutschen wichen Straßenbahnen und vereinzelten Autos, und ab 1911 erhielt Buenos Aires, nur wenige Jahre nach New York, eine U-Bahn. Es entstanden Parks, die Uferwege wurden befestigt und mit Palmen und Marmorbänken verschönt. Weitere Aushängeschilder des Fortschritts waren die verschiedenen Bahnhöfe und Märkte, bei deren Architektur moderne Materialien wie Glas und Eisen dominierten. Auch viele Fabriken dokumentierten ihre Bedeutung durch repräsentative Gebäude und Anlagen. Zu Beginn des 20. Jahrhunderts entstanden in den wohlhabenden Zentren der Städte die ersten Kaufhäuser, und Harrods errichtete seine erste ausländische Filiale in Buenos Aires.

Während die Regierungsgebäude klassischen Formen der Repräsentation folgten, experimentierte man vor allem in privaten oder der Freizeit und Erholung dienenden Bauten mit neuen Formen im Stile der »Art nouveau«. Die Oberschicht entdeckte die Sommerfrische in Mar del Plata und errichtete dort reich ornamentierte Flanierwege sowie repräsentative Gebäude der Country-Clubs nach englischem Vorbild, in denen Tennis und Polo gespielt wurde. In Buenos Aires wurde 1908 das berühmte Teatro Colón eingeweiht, und allmählich entstand eine bürgerliche Freizeitkultur mit zahlreichen Theatern und Cafés. Gleichzeitig bildete sich in den Unterschichtvierteln des Hafens eine eigene Kultur heraus, zu deren Symbol die Tangobar wurde, die zur damaligen Zeit von den (groß-)bürgerlichen Kreisen allerdings eher mit Prostitution und Kriminalität in Verbindung gebracht wurde.

All diese Entwicklungen vollzogen sich in Buenos Aires mit besonderer Intensität, gelten aber auch für die meisten Städte des Inlandes.

### *Die andere Seite der Modernisierung: Arbeitsbedingungen und Arbeitskämpfe*

Anlässlich der Hundertjahrfeier der Unabhängigkeit im Jahre 1910 wollten die Eliten Argentiniens zeigen, dass das Land zu den modernen, fortschrittlichen Nationen zählte und ihm eine glänzende Zukunft bevorstand. Die neuen Prachtbauten der Regierung und der Reichen zeugten davon, die Wohnverhältnisse der Arbeiter und die Arbeitsbedingungen in der Fleischindustrie oder am Hafen sprachen jedoch eine andere Sprache. Sie beunruhigten die Politik und die Öffentlichkeit zunehmend, sowohl im Hinblick auf die soziale Ordnung als auch auf die Zukunft der Nation.

Angesichts der prekären Wohn- und Arbeitsbedingungen in den Städten hatten sich die Einwanderer dort zunächst zu verschiedenen Unterstützungsvereinen zusammengeschlossen, ab den 1890er Jahren griffen sie verstärkt zu anderen Mitteln wie Demonstrationen, Boykottaufrufen und Streiks, die durch die Gründung von zahlreichen Gewerkschaften unterstützt wurden. Die Finanzkrise von 1890 läutete eine Veränderung des Arbeitsmarktes ein, der sich zuungunsten der Arbeitnehmer entwickelte. Während noch bis zum Ende des Jahrhunderts die Nachfrage nach Arbeitskräften das Angebot überstieg, änderte sich dies zu Beginn des 20. Jahrhunderts, als die Ausweitung des Ackerlandes und der Ausbau der Infrastruktur nicht mehr in demselben schnellen Rhythmus vorangetrieben wurden. Zudem benötigte die Landwirtschaft aufgrund der Mechanisierung nicht mehr so viele ungelernte Arbeitskräfte und Erntehelfer. Die so freigesetzten Arbeiter konkurrierten nun in den Städten mit neuen und alten Migranten, sowohl aus dem In- als auch aus dem Ausland.

Zwar gab es vor allem für die Männer in den Städten inzwischen weitaus mehr berufliche Möglichkeiten, da neben unterschiedlichen Handwerksberufen im Transport- und Dienstleistungsgewerbe neue Berufe entstanden, doch waren die Arbeitsbedingungen zumeist schlecht. Für Frauen der Mittelschichten kamen mit dem Lehrerberuf und Bürojobs wie Sekretärin oder Telefonistin neue Tätigkeiten hinzu, die meisten Frauen arbeiteten jedoch weiterhin in »typisch weiblichen« Berufen als Wäscherinnen, Büglerinnen und Näherinnen, häufig in Heimarbeit. In Buenos Aires arbeiteten zu Beginn des 20. Jahrhunderts ca. 60 000 Personen in ihren Behausungen, die meisten davon Frauen. Zunehmend fanden diese aber auch in der fleischverarbeitenden Industrie eine Anstellung. Auch Kinderarbeit war üblich. Um die Wende zum 20. Jahrhundert entfachte die zunehmende Prostitution in vielen lateinamerikanischen und europäischen Hafenstädten eine erhebliche öffentliche Diskussion. In Buenos Aires war die Prostitution besonders prägnant, nicht nur aufgrund der vielen männlichen

Einwanderer, sondern auch weil besonders jüdische Frauen aus Osteuropa häufig mit falschen Versprechungen in die Hauptstadt gelockt oder verschleppt und dort zur Prostitution gezwungen wurden. Etwa seit 1870 begannen jüdische Reformgruppen in der europäischen Öffentlichkeit Unterstützung gegen den Antisemitismus und die sexuelle Ausbeutung der Immigrantinnen in Lateinamerika zu suchen. Insbesondere in England, aber auch in Argentinien selbst, stießen sie auf breite Resonanz, und es bildete sich eine aktive *anti-white-slavery/trata de blancas*-Kampagne, die das Bild des modernen bürgerlichen Argentinien störte. Nach Ende des Ersten Weltkrieges setzte der neugegründete Völkerbund sogar eigens eine Kommission ein, die das Phänomen der Zwangsprostitution in Lateinamerika (und andernorts) untersuchte.

Für die lokalen Behörden zählte die Prostitution zunächst vor allem zu den Problemen, die ihnen die Kontrolle über das rasante Wachstum der Stadt, besonders in den unteren Schichten, erschwerten. Aufgrund der moralischen Implikationen wurde die Prostitution darüber hinaus zu einer Metapher für Ängste der Ober- und Mittelschicht gegenüber der wachsenden Unterschicht. Neben sozialen und moralischen Problemen führte die Erkenntnis, dass die Ausbreitung von Epidemien wie Gelbfieber, Cholera oder Tuberkulose der schlechten Wohn- und Ernährungssituation der Unterschichten geschuldet waren, zu einer Reihe von staatlichen Programmen zur Förderung der hygienischen und sanitären Wohnsituation in den ärmeren Stadtvierteln. Die Programme richteten sich vor allem an die Frauen, denen man die Hauptverantwortung für die Erziehung zuschrieb. Sie wurden nun angehalten, die Kinder stärker nach bürgerlichen Vorstellungen von Sauberkeit, Ordnung, Pünktlichkeit und Fleiß zu erziehen. Durch eine verbesserte Erziehung der Kinder und Maßnahmen im medizinischen und sanitären Bereich erhoffte man sich eine physische und moralische Gesundung der Gesellschaft insgesamt. Dies bürdete den Frauen eine Reihe von Lasten und neue Verantwortung auf, bot aber gleichzeitig eine Möglichkeit, mehr Rechte einzufordern.

Prostitution und »weiße Sklaverei« blieben über Jahre hinweg ein ständiges Thema der öffentlichen Diskussion, dem Politiker und Ärzte, Kriminologen und Hygieniker erhebliche Beachtung schenkten. Außerhäusliche Erwerbstätigkeit von Frauen und wissenschaftlich-medizinische Reformprojekte sowie die Aktivitäten der ersten Frauenrechtlerinnen führten schließlich dazu, dass 1907 ein Gesetz zum Schutz von Frauen- und Kinderarbeit erlassen wurde. Es sah den Achtstundentag, einen wöchentlichen Ruhetag und – für Mütter – alle zwei Stunden eine Stillpause vor. Die Männer hatten bis zu diesem Zeitpunkt, trotz zahlreicher Arbeitskämpfe, lediglich ein Verbot der Sonntagsarbeit durchsetzen können (1905).

Der Durchsetzung der wichtigsten Forderungen der Arbeiter und Arbeiterinnen war eine langwierige Organisationsarbeit vorausgegangen. Ab 1880 teilten sich die Arbeiter in Argentinien wie auch in anderen Staaten in drei Fraktionen – Sozialisten, Anarchisten und katholisch geprägte Vereinigungen, die selten an einem Strang zogen. Eine Ausnahme war der »Tag der Arbeit«, der am 1. Mai 1890 erstmalig gemeinsam feierlich begangen wurde. Damit setzte man die Beschlüsse des Internationalen Arbeiterkongresses um, der im Juli 1889 in Paris stattgefunden hatte. Mit Hilfe der Maifeierlichkeiten sollte weltweit der Forderung nach einem achtstündigen Arbeitstag Ausdruck verliehen werden. Die Initiative zur Vorbereitung des internationalen Arbeiterfeiertags in Argentinien ging vom Verein *Vorwärts* aus, der von einem kleinen Kreis deutscher Sozialisten gegründet worden war. Der Verein gab die gleichnamige Zeitung heraus, die regelmäßig zwischen 1886 und 1891 in deutscher Sprache erschien und die an den Vorbereitungen zur Gründung eines Gewerkschaftsbundes beteiligt war.

Die katholischen Arbeitervereine wurden ebenfalls mit Hilfe ausgewanderter Deutscher ins Leben gerufen, in diesem Fall von dem deutschen Priester Friedrich Grotte, der 1892 den ersten *círculo obrero católico* ins Leben rief. Ziel war die Verbesserung der sozialen Lage der Arbeiter auf der Grundlage der Enzyklika *Rerum Novarum*. Später kamen karitative katholische Einrichtungen hinzu. Bis 1930 war die Zahl der Zirkel auf 95 angewachsen und etwas mehr als 30 000 Arbeiter und Arbeiterinnen in ihnen organisiert.

Nachdem es in den 1880er Jahren nur selten zu organisierten Streiks gekommen war, nahmen diese ab 1890 massiv zu und verfolgten nun zum Teil auch allgemeine sozialpolitische Ziele. Dies zeigte sich bereits 1902 beim ersten Generalstreik, der zunächst als ein Streik der Hafenarbeiter begonnen hatte. Als die Polizei mit Gewalt und Festnahmen reagierte, schlossen sich die Arbeiter des Zentralmarktes an, kurz darauf wurde der Generalstreik ausgerufen und der gesamte Agrarexport zur Haupterntezeit paralysiert.

Der Generalstreik war ein erster Erfolg der 1901 gegründeten Dachgewerkschaft *Federación Obrera Argentina*. Die FOA war durch einen Kompromiss zwischen den Hauptströmungen von Anarchisten und Sozialisten entstanden, der allerdings nicht lange Bestand haben sollte. Trotz der mehrfach geforderten Unabhängigkeit der Gewerkschaften von den politischen Parteien führten ideologische Differenzen immer wieder zu Brüchen und Ausgliederungen. 1903 zogen sich die reformorientierten Kräfte aus der FOA zurück und gründeten ihren eigenen Dachverband, die *Unión Gremial de Trabajadores* (UGT), die ideologisch der Sozialistischen Partei nahestand. Auch die Syndikalisten schieden kurz darauf aus, da sich in der FOA die Anarcho-Kommunisten durchgesetzt hatten. Die Organisation hatte sich inzwischen in FORA (*Federación Obrera Regional Argentina*) umbenannt, um ihrer föderalen Struktur Ausdruck zu geben. Die Syndikalisten gründeten daher 1909 eine ähnliche Organisation, die CORA (*Confederación Regional Obrera*).

Auch wenn die Anarchisten und Syndikalisten in diesen Jahren insgesamt nur einen kleinen Teil der Arbeiterschaft organisierten, war ihr Einfluss doch erheblich, vor allem während der zahlreichen Streiks im ersten Jahrzehnt des 20. Jahrhunderts. Neben vielen Einzelstreiks wurde zwischen 1901 und 1910 neun Mal der Generalstreik ausgerufen. Zumeist ging die Initiative von der FORA aus. Besonders die Generalstreiks von 1902, 1907 und 1909 erhielten massiven Zulauf – und provozierten entsprechend scharfe Reaktionen der Regierung. Trotz massiver Repression entwickelte sich aber in Argentinien, im Gegensatz zu den meisten anderen lateinamerikanischen Staaten, zu Beginn des 20. Jahrhunderts eine starke Arbeiterbewegung.

Die zahlreichen Arbeitskonflikte und dadurch hervorgerufenen Streiks, hinter denen stets ausländische Drahtzieher vermutet wurden, führten während des ersten Generalstreiks 1902 zur Verhängung des Ausnahmezustandes und Verkündung der *Ley de residencia*. Dieses Gesetz erlaubte es, »kriminelle« Ausländer, die im Verdacht standen, Streiks und andere »subversive« Akte angestiftet zu haben, auszuweisen. Nach weiteren Auseinandersetzungen verschärfte die *Ley de defensa social* 1910 die Bestimmungen noch einmal, und verdächtigen Personen konnte nun bereits die Einreise verweigert werden. Den vorläufigen Höhepunkt der Auseinandersetzungen stellten die gewaltsamen Streiks und blutigen Auseinandersetzungen zwischen Streikenden und Ordnungskräften in der sogenannten »roten Woche« (*semana roja*) von 1909 dar. Die Regierung fürchtete nicht nur um die wirtschaftliche Kraft des Landes, sondern auch um sein Ansehen im Hinblick auf die für das darauf folgende Jahr anstehenden Feierlichkeiten zum einhundertsten Jahrestag der Unabhängigkeit und schritt zur massiven Repression der Gewerkschaften, vor allem der anarchistischen, deren Macht langfristig gebrochen wurde.

## Die »konservative Ordnung« (1880-1910)

### *Staatsbürgerschaft und Öffentlichkeit*

Trotz der wirtschaftlichen und sozialen Umwälzungen veränderten sich die politischen Strukturen Argentiniens bis zum Beginn des 20. Jahrhunderts kaum. Die Zeit zwischen der staatlichen Konsolidierung, die mit der Föderalisierung von Buenos Aires 1880 einsetzte, und dem Wahlsieg der *Unión Cívica Radical* (UCR) 1916 gilt als die der »konservativen« oder »oligarchischen« Ordnung, in der eine kleine Gruppe von Notablen das Land mit Hilfe von Absprachen und manipulierten Wahlen beherrschte. Sie verstanden sich als die politische und wirtschaftliche Elite des Landes, die auf diese Weise versuchte, einen Rückfall in die internen Auseinandersetzungen der vergangenen Jahrzehnte zu vermeiden. Zentrale politische Autorität und Ordnung sollten die Basis für die wirtschaftliche Entwicklung und nationale Einigung darstellen, nur auf dieser Basis sei Freiheit und Demokratie möglich, so das Credo der Politiker des ausgehenden 19. Jahrhunderts. Allerdings hatte sich seit der Mitte des Jahrhunderts allmählich durch Presse, Vereine und Demonstrationen eine öffentliche Kommunikation herausgebildet, die zunehmend das politische Geschehen mitbestimmte.

Die verschiedenen gesellschaftlichen Gruppen, Einwanderer wie auch eingesessene Kreolen und Afroargentinier, organisierten sich in der zweiten Hälfte des 19. Jahrhunderts zunächst vor allem in Unterstützungsvereinen, kulturellen und sportlichen Verbänden oder auch Karnevalsgruppen. Während es 1853, nach dem Sturz von Rosas, nur einen einzigen Verein gab, waren es 1880 schon über einhundert. Diese Vereine erlaubten einem großen Teil der

Bevölkerung, ihre konkreten Anliegen durchzusetzen oder abzusichern und ihre Kultur zu pflegen. Die gemeinsamen Aktivitäten schufen Bindungen, die Solidarität und Loyalität hervorbrachten, was besonders für die Einwanderer wichtig war. Für sie wurden Unterstützungsvereine zentral, die auf der Basis verschiedener Zugehörigkeitsmerkmale gegründet wurden. Die meisten organisierten sich aufgrund gemeinsamer geographischer Herkunft, für andere war der Beruf, oft in Kombination mit der Herkunft, entscheidend.

Diese Vereine nahmen aber wiederum Kontakte untereinander auf. Man feierte zusammen, beging Jahrestage wichtiger politischer Ereignisse im Heimatland, schloss sich aber auch zu Protesten gegen konkrete Maßnahmen der Regierung zusammen. Die Vereine übernahmen immer stärker eine politische Funktion. Sie waren Mittler, die den Einwanderern, die im Allgemeinen nicht über die argentinische Staatsbürgerschaft verfügten, politisch Gehör verschaffen konnten. Aus diesem Grunde nahmen auch wichtige argentinische Politiker an den Veranstaltungen und Festen der Einwandererorganisationen und anderer Hilfsvereine teil, obwohl sie von ihren Mitgliedern keine Wählerstimmen erwarten konnten.

Ein weiterer wichtiger politischer Akteur war die Presse, die ebenfalls seit dem Sturz des Diktators Rosas einen spektakulären Aufschwung genommen hatte und mit der Zunahme der Alphabetisierung weiter an Einfluss gewann. Fast jeder Politiker brauchte Rückhalt in der Presse, mancher gründete gleich eigene Organe, auch wenn einige davon recht kurzlebig waren. Andere bestehen noch heute, wie *La Nación*, die das Sprachrohr Bartolomé Mitres war. Parteien, Gewerkschaften, Einwandererorganisationen und Wirtschaftsverbände hatten eigene Zeitungen und versuchten, die öffentliche Meinung zu beeinflussen. Die wichtigsten Presseorgane waren *La Prensa* und *La Nación*, gefolgt von zahlreichen kleineren Zeitungen, die allerdings zumeist in der Hauptstadt und der Provinz Buenos Aires angesiedelt waren. Insgesamt erreichte die spanischsprachige Presse in der Hafenstadt Ende der 1880er Jahre eine Auflage von 100 000, und das bei einer Einwohnerzahl von 430 000. Zehn Jahre später hatten sich die spanischsprachigen wie auch die fremdsprachigen Zeitungen entsprechend der Entwicklung der Bevölkerung verdoppelt, und man zählte neben den einheimischen 27 italienische, neun englische und jeweils sieben deutsche, französische und spanische Publikationsorgane. Im Laufe der Jahre nahm der Anteil der fremdsprachigen Presse ab, was als ein Zeichen für die stärkere Integration der ausländischen Migranten gewertet werden kann. Als große Neuerung kamen zu Beginn des 20. Jahrhunderts illustrierte Zeitschriften hinzu wie *Mundo Argentino, Caras y Caretas* und *Fray Mocho*.

Für die oberen Schichten entwickelten sich darüber hinaus die Clubs, die Cafés, aber auch die Universitäten zu wichtigen Zentren politischer Meinungsbildung, während die Arbeiter und Angestellten sich in Gewerkschaften organisierten und mit entsprechenden Maßnahmen wie Streiks und Protestkundgebungen ihre Forderungen durchzusetzen versuchten.

Allerdings spielten auch die Wahlen, trotz massiver Manipulation, keine völlig unwichtige Rolle bei der Herausbildung einer neuen politischen Ordnung. Seit der Wahl von Avellaneda 1874 wurden die politische Stabilität und die Einbindung der Provinzen durch die sogenannte »Liga der Gouverneure« garantiert. Die Gouverneure garantierten im Gegenzug für wirtschaftliche und politische Zugeständnisse das Funktionieren der »Wahlmaschinerie« bei den Parlaments- und Präsidentschaftswahlen. Dies wiederum war nur möglich, weil die Eliten der jeweiligen Provinz ihrerseits durch vielfältige persönliche Absprachen und Abhängigkeiten untereinander verbunden waren. Die Gouverneure einigten sich auf die zu wählenden Kandidaten und erstellten eine entsprechende Liste. Die lokalen Machthaber, die sich aus wohlhabenden Estancieros, Beamten und Polizeichefs rekrutierten, sorgten dann dafür, dass die Wahlen die entsprechenden Resultate zeitigten. Hierfür griffen sie zur Manipulation der Wählerlisten, der gewaltsamen Ausschließung Oppositioneller von den Wahllokalen, aber auch zu Versprechungen und Vergünstigungen für ihre Klientel. Da in Argentinien (in Buenos Aires seit 1821, im Land seit 1853) im Gegensatz zu vielen anderen lateinamerikanischen, aber auch europäischen Staaten der Zeit das allgemeine männliche Wahlrecht galt, das nicht durch die Erfordernis von Besitz oder Alphabetisierung eingeschränkt war, konnten auch die unteren Schichten zur Wahl gehen. Diese waren in der Unabhängigkeitsbewegung und unter Rosas stark politisiert worden, allerdings vor allem durch die Einbindung in Klientelnetze, in deren Rahmen sie ihre Stimmen abgaben. »Respektable Bürger« gingen im Allgemeinen nicht zur Wahl, zumal diese oft von gewalttätigen Ausschreitungen begleitet waren. In den Städten sah es ähnlich aus, nur waren hier Bestechung und Stimmenkauf verbreiteter als die Verdrängung der Gegner. Trotz aller Manipulationen erfüllten die Wahlen eine wichtige politische Funktion. Sie legitimierten das politische System, führten aber auch dazu, dass breitere Kreise der Bevölkerung in den politischen Prozess eingebunden wurden, wenn auch zunächst nur durch formale Teilnahme. Ab den 1890er Jahren gerieten die manipulierten Wahlen jedoch immer stärker in die Kritik.

Der Weg zu einer politischen Öffentlichkeit und der Herausbildung von Staatsbürgerschaft verlief in Argentinien somit anders als in Europa. Parteien und Wahlen spielten bis zum Beginn des 20. Jahrhunderts eine untergeordnete Rolle in diesem Prozess. Es waren vielmehr zivilgesellschaftliche Organisationen wie die Vereine, die zusammen mit der Presse und der direkten politischen Mobilisierung in Demonstrationen und Streiks die Öffentlichkeit bildeten. Allerdings verquickten sich die Frage der politischen Vertretung der Einwanderer, ihrer Einbürgerung und der Reform der Wahlen hin zu einer wirklich repräsentativen Institution ab dem Ende des 19. Jahrhunderts immer stärker.

### *Die Regierungspartei PAN*

Zwischen 1880 und 1890 war die Herrschaft des *Partido Autonomista Nacional* (PAN) unangefochten. Er wurde dominiert von Julio Roca, einem General mit guten politischen Netzwerken. Er hatte von 1880 bis 1886 und von 1898 bis 1904 das Amt des Präsidenten inne, dominierte aber de facto die argentinische Politik über die gesamte Zeit. Als Held der Schlacht von Pavón und der »Eroberung der Wüste« verkörperte er sowohl die nationale Tradition als auch die Option für die Moderne im Hinblick auf Entwicklung der Landwirtschaft und die Einwanderung. Er stammte, wie sein Vorgänger, aus dem Inland, das er weiterhin durch die Unterstützung der dort herrschenden Eliten bediente, schaffte es aber auch, gegen einen Teil der Politiker der Hafenstadt, endlich die Föderalisierung von Buenos Aires durchzusetzen. Seine Regierungszeit war, trotz der tiefgreifenden sozioökonomischen Veränderungen, durch Stabilität gekennzeichnet, die allerdings auch seinem autoritären Stil geschuldet war. Gleichzeitig konnte er den Einfluss der Kirche brechen, und gegen deren starken Widerstand, der zeitweise zum Abbruch der Beziehungen seitens des Vatikans führte, setzte er die Laisierung der Bildung und die Modernisierung der Zivilgesetzgebung (Zivilehe und staatliche Registrierung der Geburten und Todesfälle) durch. Da ihm eine direkte zweite Amtszeit nicht gestattet war, sorgte er dafür, dass Miguel Juárez Celman seine Nachfolge antrat. Dieser führte Rocas Politik im Wesentlichen fort, doch schlitterte das Land aufgrund der forcierten Modernisierungspolitik, die immer wieder über Anleihen finanziert wurde, in die schlimmste Finanz- und Wirtschaftskrise der zweiten Hälfte des 19. Jahrhunderts, die sich zu einer politischen Krise ausweitete. Letztlich erholte sich das Land in wenigen Jahren von der Krise, doch bot diese der Opposition Anlass, gegen Präsident Juárez Celman und den hinter ihm stehenden Roca zu rebellieren.

Die rücksichtslose Durchsetzung der Interessen Rocas bzw. der Regierungspartei mittels der üblichen Wahlfälschungen bei der Präsidentschaftswahl von 1886 hatten im Vorfeld der für 1890 anstehenden Wahlen zum Kongress zu einer Kampagne für einen saubereren Urnengang geführt. Die Bewegung war von Studenten der Universität Buenos Aires ausgegangen, die die *Unión Cívica de la Juventud* (UCJ, Zivilunion der Jugend) gegründet hatten. Dieser schlossen sich bald Politiker verschiedener Richtungen an, wie der von Roca und Juárez Celman marginalisierte ehemalige Präsident Bartolomé Mitre. Hinzu kamen unzufriedene Angehörige des inzwischen stärker gewordenen Mittelstandes, die demokratische Reformen forderten, traditionelle Kaufleute und Landbesitzer aus der Provinz Buenos Aires, die ihre alte Hegemonialstellung wiedererlangen wollten, sowie Katholiken, die eine Rücknahme der Zivilreformen forderten. Im April 1890 organisierte die UCJ eine Massendemonstration in Buenos Aires, deren Erfolg sie – angestiftet von Mitre – dazu verleitete, im Juli die bewaffnete Rebellion zu wagen. Der Aufstand wurde zwar rasch niedergeschlagen, führte aber kurz darauf zum Rücktritt des Präsidenten. Die militärische Niederlage verwandelte sich damit in einen politischen Sieg der Opposition, der allerdings durch interne Uneinigkeit rasch wieder verspielt wurde. Statt der von der UCJ angestrebten Neuwahlen übernahm Vizepräsident Carlos Pellegrini die Regierung, kooptierte jedoch auch Anhänger Mitres. Mitre und der »starke Mann« der PAN, Julio Roca, hatten für die 1892 anstehenden Präsidentenwahlen einen Pakt geschlossen, der Mitre eine zweite Präsidentschaft ermöglich hätte. Zwar zerbrach das Bündnis bald und Mitre musste seine Kandidatur zurückziehen, sie hatte aber gereicht, um eine Spaltung der *Unión Cívica* herbeizuführen. Die Gegner des Paktes formierten sich in einer eigenen Partei, der *Unión Cívica Radical* (UCR), während die anderen als *Unión Cívica Nacional* (UCN) in den Wahlkampf zogen. Die UCR brach allerdings mit der auf internen Absprachen basierenden politischen Tradition und führte parteiinterne Wahlen ein.

Auch innerhalb der PAN entstand eine Reformbewegung, die sogenannten *modernistas*, die für eine allmähliche Ausweitung des geschlossenen politischen Systems eintraten, um eine grundsätzliche Veränderung – und damit den Verlust ihrer Macht – zu verhindern. Sie hatten sich auf Roque Sáenz Peña als Präsidentschaftskandidaten geeinigt, was aber bei Roca auf Widerstand stieß. Dieser konterte mit dem Vorschlag der Kandidatur von dessen Vater, Luis, der als integer und über den Flügeln stehender Kandidat galt. Luis Sáenz Peña konnte zudem als bekennender Katholik auf die Unterstützung der Kirche zählen, die man auf diese Weise wieder einbinden wollte. Der Sohn zog daraufhin seine Kandidatur zurück, doch der folgende Wahlkampf war durch die Spaltungen in beiden Parteien ungewöhnlich spannungsgeladen, was Präsident Pellegrini dazu bewog, den Ausnahmezustand zu verhängen und führende Vertreter der UCR festnehmen zu lassen. Diese riefen daraufhin zum Boykott der Wahlen auf – ein politisches Kampfmittel, das sie neben anderen immer wieder bis zur Reform des Wahlgesetzes 1912 einsetzen sollten. Die Vorgänge um die Wahl und die Verhaftung der Vertreter der UCR führten allerdings auch zu einer stärkeren Kritik an der Politik Rocas und Pellegrinis in den eigenen Reihen. Der erzwungene Rücktritt Celmans 1890, der erstmalig die Herrschaft der PAN in Frage gestellt hatte, hatte verdeutlicht, dass Änderungen im System und im Stil unumgänglich waren. Dies zeigte sich auch während der Amtszeit von Luis Sáenz Peña, der mit zahlreichen Rebellionen zu kämpfen hatte. Die gefährlichste begann 1893 in Buenos Aires als ein Aufstand der UCR, breitete sich aber auch in verschiedenen Provinzen aus. In Santa Fe beteiligten sich daran auch Einwanderer verschiedener Agrarkolonien.

### *Die* Unión Cívica Radical *(UCR)*

Als führender Kopf der UCR hatte sich rasch der Rechtsanwalt und ehemalige Politiker Leandro N. Alem etabliert. Der aus einfachen Verhältnissen stammende Alem hatte zunächst der Autonomiepartei der Hauptstadt angehört, sich aber nach der Föderalisierung 1880 aus der Politik zurückgezogen. Nach seiner Rückkehr 1889 konnte er als einziger der bekannteren Politiker moralische Integrität beanspruchen und prägte mit seinen von der Denunziation der moralischen und ökonomischen Korruption getragenen Reden das Profil der Partei. Er beschuldigte die Regierung, die staatlichen Instanzen korrumpiert zu haben, und prangerte die negativen Auswirkungen des ungebremsten wirtschaftlichen Wachstums und des sich breit machenden Luxus auf das politische System und die »Tugenden des argentinischen Volkes« an.

Unter Alem bediente sich die Partei verschiedener Strategien, die von denunziatorischen Reden über Wahlboykott bis hin zur bewaffneten Rebellion reichten. Über die Frage, ob die UCR bei den Wahlen zum Kongress 1894 antreten sollte, spaltete sie sich erneut. In einigen Landesteilen trat sie an, konnte aber nur mäßige Erfolge verzeichnen. Insgesamt ließ die Popularität der Partei und ihrer Galionsfigur Leandro Alem allmählich nach, was sowohl mit internen Streitigkeiten als auch mit der wirtschaftlichen Erholung zusammenhing, die die Notwendigkeit von Reformen wieder in den Hintergrund treten ließ.

Alem nahm sich 1896 in einem als politischem Fanal inszenierten Akt das Leben. An seine Stelle trat sein Neffe Hipólito Yrigoyen. Dieser hatte seit 1891 die UCR in der Provinz Buenos Aires sehr erfolgreich geführt, und es gelang ihm in den folgenden Jahren, durch eine straffe Organisation und einen neuen Stil, der auf die alten Symbole der UCR zurückgriff, nicht aber auf den Konfrontationskurs seines Onkels, die Partei neu aufzustellen. Unter der Führung von Hipólito Yrigoyen war die UCR seit der Wahl zur zweiten Amtszeit von Roca 1898 zum konsequenten Wahlboykott übergegangen. Yrigoyen setzte die moralischen Angriffe auf die Regierung – »das Regime« – fort, das er der Unrechtmäßigkeit, Gewaltanwendung und des Betrugs beschuldigte, und stellte die »historische Mission des Radikalismus« dagegen, ohne jedoch über die Forderung nach Demokratie, ehrlicher Regierungsführung und Verwaltung ein konkretes Programm aufzustellen. 1905 versuchte die UCR noch mal durch eine bewaffnete Rebellion die Macht zu erlangen, diese wurde jedoch schnell niedergeschlagen und ihre Anführer verhaftet. Der propagandistische Effekt war allerdings erheblich und setzte das Thema der Wahlreform wieder auf die politische Agenda. Die Rebellen wurden 1906 begnadigt und konnten in der Folge die Sympathien breiter Kreise der Bevölkerung, vor allem aus den Mittelschichten, in Unterstützung für ihre Partei umwandeln. Innerhalb kurzer Zeit wurde die UCR unter Hipólito Yrigoyen zur wichtigsten Reformkraft in Argentinien.

Während sich die UCR somit allmählich zu einer Partei der Mittelschichten entwickelte, formierten sich andere Gruppierungen, die die Unterschichten mobilisierten. Hierzu gehörten vor allem die anarchistischen Gewerkschaften verschiedener Ausrichtungen sowie die Sozialisten.

### *Der Anarchismus*

Die anarchistische Bewegung in Argentinien wird meist vor allem mit der Arbeiterbewegung in Verbindung gebracht, und in der Tat übte sie über ihre Gewerkschaft für einige Jahre entscheidenden Einfluss auf diese aus. Es wäre allerdings verkürzt, den Anarchismus darauf zu reduzieren. Die Verfechter des »freien Denkens« versuchten, eine alternative Gesellschaft aufzubauen, in der jede Form von Unterdrückung abgeschafft sein sollte. Dabei standen weniger die Produktionsbedingungen und Klassenstrukturen als vielmehr die Unterdrückung des Subjektes durch Arbeitgeber, aber auch durch staatliche Strukturen im Zentrum. Das Ziel, die Schaffung »freier Menschen«, versuchten die Anarchisten durch die Verbreitung von Studienzirkeln und Zentren mit entsprechenden Bibliotheken und Publikationsorganen, alternativen Schulen und Widerstandsgruppen zu erreichen. Die Verbesserung der Situation der Unterschichten müsste, so ihr Credo, nicht nur durch die materielle Besserstellung, sondern auch durch die Überwindung der Übermacht des Wissens seitens der herrschenden Eliten erfolgen. Daher spielten Erziehung und Bildung eine wichtige Rolle im Programm der Anarchisten. Darüber hinaus sollten direkte Aktionen wie Streiks und Boykotte gesellschaftliche Veränderungen herbeiführen.

Ab den 1880er Jahren nahm die Zahl anarchistischer Zirkel in Buenos Aires und auch in anderen Städten des Landes stark zu, nicht zuletzt durch den Einfluss zweier italienischer Einwanderer, Enrique Malatesta und Héctor Mattei. Ersterer kehrte zwar 1889 nach Europa zurück, sein Einfluss auf die argentinischen Anarchisten und ihre Organisation blieb aber bedeutend. Die zahlreichen politischen und wirtschaftlichen Krisen zu Beginn des 20. Jahrhunderts, während deren die Anarchisten zu vielfältigen Aktionen aufriefen, ließen die Anzahl ihrer Zirkel enorm ansteigen. 1904 zählte man allein in Buenos Aires mehr als 50 Zentren. Allerdings gelang es nicht, diese dauerhaft untereinander zu vernetzen, zu stark war der individualistische Charakter der Bewegung und deren Skepsis gegenüber strafferen Organisationsformen. Dennoch erhielten die anarchistischen Zirkel und Gewerkschaften nicht zuletzt durch die sich zuspitzende politische und ökonomische Situation ständig weiter Zulauf, bis die massive Unterdrückung infolge der *semana roja* die Bewegung zerschlug. Dem Generalstreik von 1909, der gerade im Vorfeld der Jahrhundertfeier auch als Angriff auf die Nation verstanden wurde, und der harten Niederschlagung folgte die Ermordung des Polizeichefs Ramón Falcón durch einen jungen Anarchisten. Dies wiederum bot Anlass für Angriffe auf die Einrichtungen der Bewegung. Die Gewerkschaftslokale wurden geschlossen, Druckerpressen zerstört, Versammlungen verboten und zahlreiche ausländische und einheimische Gewerkschaftsführer ins Exil oder nach Feuerland deportiert. Als sich die Lage ab 1912 wieder entspannte, konnte man an die vorherigen Errungenschaften nicht mehr anknüpfen, nicht nur weil Strukturen zerstört und Personen exiliert waren, sondern auch weil sich die Situation in Argentinien gewandelt hatte. Während der große Zulauf zu den Anarchisten vor 1910 auch mit der Entwurzelung, Vernachlässigung und Unterdrückung der Einwanderer zusammenhing, hatte sich inzwischen eine zweite und dritte Einwandergeneration gebildet, auf die dies nur noch in geringerem Maß zutraf. Die Arbeiter erhielten zudem nach der Reform von 1912 und der Wahl Yrigoyens zum Präsidenten im Jahr 1916 mehr politische Aufmerksamkeit. Die Anarchisten lehnten diese staatlichen Strukturen und die Beteiligung am repräsentativen System weiterhin als repressiv ab, verloren damit aber zunehmend an Überzeugungskraft, und nach der gewaltsamen Niederschlagung von Arbeitsaufständen zwischen 1919 und 1922 spielten die Anarchisten politisch keine Rolle mehr.

### *Die Sozialistische Partei*

Der *Partido Socialista* (PS) wurde in Argentinien, entgegen den Erwartungen seiner Mitglieder, nicht zu einer bedeutenden politischen Kraft. Zwar konnte er nach der ersten Wahlrechtsreform 1904 einen Abgeordneten aus La Boca ins nationale Parlament schicken, landesweit blieb die Partei jedoch insignifikant. Die Gründe hierfür liegen sowohl in seiner ideologischen Ausrichtung als auch in spezifisch argentinischen Entwicklungen.

Mehrere sozialistische Organisationen, die wie der Verein *Vorwärts* von Einwanderern ins Leben gerufen worden waren, beteiligten sich an der Gründung der Partei 1895. Sie wurde jedoch bald von argentinischen Politikern dominiert. Der Arzt Juan B. Justo führte sie relativ unangefochten bis zu seinem Tod 1928. Anders als die anderen Parteien war der PS straff organisiert, was aber auch bedeutete, dass er den föderalen Strukturen Argentiniens keine Rechnung trug. Im Gegensatz zu den anderen Parteien besaßen die Sozialisten allerdings ein Parteiprogramm, weswegen sie sich auch als die einzige moderne Partei betrachteten, während sie die Radikalen als eine Variante der alten kreolischen Elitenpolitik ansahen. Von den Anarchisten trennte sie die strikte Ablehnung von Gewalt, auch Generalstreiks wurden nicht als adäquates Mittel zur Durchsetzung politischer Forderungen angesehen, was die Partei allerdings auch die Unterstützung einiger Gewerkschafter kostete.

Die Sozialistische Partei beteiligte sich kaum an den Forderungen der UCR nach politischen Veränderungen, sondern rief die Einwanderer auf, sich einbürgern zu lassen, um so Einfluss auf die argentinische Politik zu nehmen. Sie war auch die einzige Partei, die konsequent und beharrlich das Wahlrecht für Frauen reklamierte. Ihrer Überzeugung nach würde die sozioökonomische Entwicklung Argentiniens unweigerlich eine politische Öffnung zur Folge haben und die Arbeiterschaft dann, in rationaler Analyse ihrer Klasseninteressen, die Sozialistische Partei wählen. Daher stellten sie in ihrem Parteiprogramm Themen wie die Verbesserung der Arbeitsbedingungen und eine Landreform zugunsten der Siedler oben an, nicht aber die Reform des Wahlsystems. Diese Haltung wurde von den Arbeitern und ländlichen Kolonisten allerdings nicht honoriert, sondern diese wählten, sehr zum Unverständnis der Sozialisten, die Radikalen.

### *Die Frauenbewegung*

Auch in Argentinien kam man angesichts der Frauenwahlrechtsbewegungen in den USA und Europa bei der Diskussion um die Reform des Wahlsystems, deren Ziel die Verbreiterung der politischen Basis war, um die Frage der politischen Rechte für Frauen nicht herum. Diese Frage verband sich mit einer anderen wichtigen öffentlichen Diskussion über die Wohn- und Arbeitsverhältnisse der Unterschichten, die Verbreitung von Krankheiten und die Reduzierung der alarmierend hohen Kindersterblichkeit vor allem in den Städten. An dieser Debatte beteiligten sich zunehmend solche Frauen, die von dem Ausbau des argentinischen Schul- und Universitätssystems profitiert hatten. Während in Deutschland den Frauen der Zugang zu Universitäten noch verwehrt war, legten in Argentinien bereits mehrere Frauen, die meisten von ihnen Töchter von Einwanderern, das medizinische Examen ab. Auch zahlreiche Lehrerinnen meldeten sich in Fragen der Kindererziehung zu Wort. 1899 fand in Argentinien erstmals eine internationale wissenschaftliche Konferenz zu humanwissenschaftlichen, ökonomischen, sozialen und politischen Themen unter Beteiligung von Frauen statt.

Die Verbindung von traditionellen weiblichen Aufgaben und den Problemen der argentinischen Gesellschaft, aber auch das Bild der modernen, gebildeten Frau und Mutter war Leitbild eines 1910 in Buenos Aires organisierten ersten *Congreso Femenino Internacional.* In diesem Jahr feierte Argentinien den *Centenario*, den Beginn der Unabhängigkeitsbewegung vor einhundert Jahren, und Politiker aller Parteien wollten die Modernität der jungen Nation unter Beweis stellen, so dass sie sich positiv zu der Initiative äußerten. Die beteiligten Frauen nutzten diesen und folgende Kongresse, um sich zu vernetzen und Frauen einen Platz in der öffentlichen Debatte und in der Politik zu erkämpfen. Der Kongress von 1910 wurde zum Ausgangspunkt der Frauenbewegung in Argentinien, Uruguay und Chile. Zwar gab es zuvor bereits verschiedene weibliche Organisationen, oftmals karitativer Natur, doch hatten sich diese auf die Verbesserung der Lebens- und Arbeitsbedingungen der Unterschichtfrauen sowie die zivilrechtliche Stellung der Frauen konzentriert, nicht aber auf politische Rechte.

Die argentinische Verfassung sprach von Staatsbürgern, ohne diese geschlechtspezifisch zu definieren, und die Gesetze schränkten den Kreis der Wahlberechtigten nur im Hinblick auf Alter und Geburtsort ein. Die meisten Frauenrechtlerinnen plädierten daher dafür, davon auszugehen, dass das Frauenwahlrecht verfassungskonform sei. Einige Aktivistinnen forderten an den Wahlurnen dieses Recht ein oder hielten auf öffentlichen Plätzen vor den Wahllokalen eigene Abstimmungen ab. Das Hauptargument gegen das Frauenwahlrecht war bis zum Beginn des 20. Jahrhunderts die fehlende politische Reife und Bildung der Frauen gewesen. Angesichts der vielen Lehrerinnen und Akademikerinnen zog dieses Argument jedoch immer weniger, zumal Frauen bereits in einigen Kommunen wählen konnten. Schwerwiegender war das Argument der zivilrechtlichen Abhängigkeit der verheirateten Frauen von ihrem Ehemann, die auch in dem neuen Gesetzbuch von 1871 noch verankert war. Die Wahlrechtsreform von 1912 machte die Frage nicht einfacher, denn die Koppelung der Wählerlisten an den Wehrdienst schloss Frauen erst wirklich aus. Dank der Aktivitäten einer immer stärker werdenden feministischen Bewegung blieb das Thema jedoch bis in die 1920er Jahre auf der politischen Agenda, und es wurden verschiedene Gesetzesinitiativen eingebracht, die jedoch angesichts der mangelnden Unterstützung durch die politischen Parteien (mit Ausnahme der Sozialisten) nicht durchkamen. 1926 erreichten die Frauen allerdings eine Revision der Zivilgesetzgebung, die die Unterstellung der verheirateten Frauen unter ihren Ehemann aufhob und damit ein Hindernis zur Ausübung staatsbürgerlicher und ziviler Rechte beseitigte.

Weitere Initiativen und Anträge zum Frauenwahlrecht verloren sich in der Folgezeit immer wieder auf den verschlungenen Pfaden der argentinischen Politik. Letztlich erhielten die argentinischen Frauen das Wahlrecht erst 1947 während der Regierungszeit von Juan Domingo Perón, dessen Politik jedoch von den meisten Feministinnen strikt abgelehnt wurde. Argentinien gewährte damit trotz einer starken feministischen Bewegung Frauen erst spät politische Rechte, und man kann dieses Paradox auch als einen weiteren Faktor für die letztlich fehlgeschlagene Modernisierung der Politikstrukturen in den zwanziger Jahre deuten.

## *Argentinien 1910: Die politische Auseinandersetzung um die Nation*

Das Jahr 1910, in dem Argentinien die einhundert Jahre zuvor mit der »Mairevolution« begonnene politische Unabhängigkeit feierte, markiert den Höhepunkt der Modernisierung und zugleich seinen Tiefpunkt. Einerseits stand das Land so gut wie nie zuvor da: die Bevölkerung umfasste mehr als sieben Millionen Menschen (1914: 7,9 Mio.) und das von Europäern besiedelte und bewirtschaftete Territorium war etwa doppelt so groß wie zu Beginn des vergangenen Jahrhunderts. Buenos Aires war nach New York die größte Stadt am Atlantik, das Bruttoinlandsprodukt konnte sich mit demjenigen vieler europäischer Länder messen, und im Export hatte man seinen Rivalen Brasilien überholt. Gleichzeitig aber endete 1910 eine Dekade blutiger Arbeiterunruhen und politischer Aufstände, die nur mit massiver staatlicher Gewalt beigelegt werden konnten. Diese Auseinandersetzungen riefen der herrschenden Elite eindringlich vor Augen, dass das bislang bei aller Einzelkritik unangefochtene Modell der Modernisierung durch Einwanderung und Exportwirtschaft auch unerwünschte Nebeneffekte hatte. Zudem stellte sich gerade angesichts der Feierlichkeiten zur Gründung der Nation immer deutlicher die Frage, was Argentinien eigentlich ausmachte, betrachtete man die Tatsache, dass mehr als die Hälfte der Bevölkerung über einen »Migrationshintergrund« verfügte. Die Frage der nationalen Identität wurde seit den 1880er Jahren vor allem auf zwei Ebenen verhandelt, zum einen in der konkreten politischen Auseinandersetzung um die Bedingungen für das Wahlrecht und die Einbürgerung sowie die staatsbürgerliche Erziehung, zum anderen auf der literarischen und wissenschaftlichen Ebene. Hier bettete sich Argentinien zudem in eine gesamtlateinamerikanische Suche nach einer eigenen Identität ein, die sich zunehmend gegen die immer deutlicher werdenden Hegemonieansprüche der USA richteten.

Die Frage der Nationsbildung wird oft auf zwei miteinander rivalisierende Strömungen reduziert, die eine kosmopolitisch und offen für die Einwanderer, die andere exklusiv und fremdenfeindlich. Dies ist zwar etwas vereinfachend, dennoch ist es wichtig, auch die frühen nationalistischen Strömungen zur Kenntnis zu nehmen und nicht nur den harmonisierenden Darstellungen eines problemlosen »melting pots« zu folgen. Solche stellen die Wendung gegen die Masseneinwanderung gern als eine reine Diskussion innerhalb der Elite dar, die sich aufgrund der wachsenden Unruhen in der Unterschicht um ihre Position sorgte, während es in den Unter- und Mittelschichten keine Probleme gegeben habe. Doch hatten auch diese gerade in der unübersichtlichen Gesellschaft im Umbruch ein starkes Bedürfnis nach Orientierung, das sich ebenfalls manchmal in nationalistischen Vorstellungen manifestierte. Nicht zu vergessen ist auch die Tatsache, dass viele der Migranten aus Staaten stammten, deren Nationsbildung ebenso wenig abgeschlossen war wie der argentinische – vor allem die zahlreichen Italiener, aber auch die Deutschen. Bei diesen überlagerten sich zwei Nationsbildungsprozesse, was sowohl zu Konflikten als auch zu mehr Offenheit nach beiden Seiten führen konnte.

Die Diskussion um die nationale Identität setzte in Argentinien im Rahmen der staatlichen Einigung, der militärischen Auseinandersetzungen mit den Nachbarn und der Einwanderungspolitik bereits in den 1870er Jahren ein. Virulent wurde sie jedoch erst in dem darauf folgenden Jahrzehnt angesichts der rasant wachsenden Einwandererzahlen, aber auch der Konsolidierung anderer Nationalstaaten und der Ausbreitung imperialistischer Strömungen in Europa und den USA. So fürchtete man, dass sowohl die Italiener, als auch später die Deutschen ihre Auswanderer in Argentinien für die Gründung von Kolonien instrumentalisieren könnten. Vor diesem Hintergrund entstanden Auseinandersetzungen um die Frage, ob man Schulen der Einwanderer zulassen dürfe, in denen in deren Sprache unterrichtet würde, ob Einwanderer Denkmäler für ihre Nationalhelden, z. B. Garibaldi, errichten oder welche nationalen Feiertage sie pflegen dürften. Gleichzeitig hatte der Umbau von Buenos Aires die Aufmerksamkeit auf das weitgehende Fehlen eigener, nicht kolonialer Erinnerungsorte gelenkt. Die Regierung begann daher unter Julio Roca in den 1880er Jahren mit einer Politik der nationalen Traditionsbildung, die sich neben der Errichtung von Monumenten und der Einführung der allgemeinen Schulpflicht in der Gründung eines historischen Nationalmuseums, eines geographischen Instituts und einer Literaturakademie spiegelten. Im Jahr der Umgestaltung der Plaza de Mayo, 1884, wurde auch die Beflaggung von Privathäusern geregelt. Der argentinischen Flagge musste fortan ein zentraler Platz eingeräumt werden und die ausschließliche Beflaggung mit einer ausländischen Fahne wurde verboten.

Zwischen 1887 und 1894 entwickelte sich eine hitzige Debatte über die Frage der Einbürgerung und die Gründe dafür, weshalb trotz liberaler Bestimmungen nur wenige Immigranten die argentinische Staatsbürgerschaft annehmen wollten. Bislang hatte man das Phänomen gelassen betrachtet und es mehr dem politischen Desinteresse der Neuankömmlinge zugerechnet, inzwischen aber veränderten der massive Zustrom von Migranten und die Tatsache, dass es immer größere Gruppen von Ausländern gab, die außerhalb des politischen Systems standen, diese Einstellung. Vor allem die Revolte von 1890, an der sich einige Immigrantengruppen aktiv beteiligt hatten, zeigte, dass diese politisch nicht uninteressiert waren. So war bei dem Aufstand der Kolonisten in Santa Fe gerade die Rücknahme des kommunalen Wahlrechtes, das sie in der Provinz erhalten hatten, ein wichtiger Anlass zu Rebellion. Zeitweilig überlegte man – ähnlich wie in Brasilien – die Annahme der Staatsbürgerschaft nach einer gewissen Zeit obligatorisch zu machen, ein Vorschlag, der allerdings letztlich wieder verworfen wurde.

Die wirtschaftliche und politische Krise von 1890, das Aufkommen einer politischen Opposition und die Beteiligung von Einwanderern an den Auseinandersetzungen führten auch im Hinblick auf die Frage der nationalen Identität zu einem gewissen Umdenken. Der ungebrochene Fortschrittsoptimismus und der Universalismus machten, ähnlich wie in Europa, einem nationalistischen Diskurs Platz, den die Opposition zur Denunzierung der Dekadenz der Eliten und drohender sozialer Desintegration nutzte. Hinzu kam ein latenter Rassismus, und zwar sowohl aufseiten der Argentinier als auch aufseiten der Einwanderer, die viele Probleme der Unfähigkeit der kreolischen argentinischen Bevölkerung zuschrieben. Diese ethnischen Vorurteile wurden durch die »wissenschaftlichen« Theorien von höher- und minderwertigen Rassen und die sozialdarwinistischen Vorstellungen gestützt und verstärkt.

Zunächst aber schienen sich einige der Fragen von selbst zu lösen. Durch das *ius soli*, das jedem im Lande geborenen Menschen die Staatsbürgerschaft des Geburtslandes zuweist, waren die Einwanderer der zweiten Generation automatisch argentinische Staatsbürger, wodurch die Diskussion um die Einbürgerung obsolet wurde. In den 90er Jahren nahmen angesichts einer drohenden kriegerischen Auseinandersetzung mit Chile und entsprechender politischer Kampagnen verschiedene literarische, künstlerische und sportliche Vereinigungen nationalistische Züge an. Patriotismus kam in Mode, und es entstanden zahlreiche Schützen- und Fechtvereine. Gerade solche Vereine, die als neutral, über den Parteien und ethnischen Gruppen stehend galten, schienen geeignet, die heterogenen Bevölkerungsgruppen zusammenzubringen und zur Formierung argentinischer Staatsbürger beizutragen, weshalb sie staatliche Unterstützung erhielten. Die allgemeine Schulpflicht, der die Kinder der Einwanderer unterlagen, diente ebenfalls dazu, diese zu argentinischen Bürgern zu erziehen. Die Frage war allerdings, worauf sich das Bild des Argentiniers angesichts der Heterogenität der Bevölkerung beziehen sollte.

## *Der literarische und wissenschaftliche Nationalismus*

Domingo Faustino Sarmiento, der mit seinem Diskurs über Zivilisation und Barbarei nicht nur das argentinische politische Denken stark beeinflusst hatte, kamen am Ende seines Lebens erste Zweifel an der Einwanderungspolitik, deren negative Folgen er jedoch mit Hilfe von Bildung noch glaubte verhindern zu können. Dies änderte sich, als sozialdarwinistische und biologistische Vorstellungen aus Europa auch in Argentinien Fuß fassten. Gleichzeitig lässt sich eine Abkehr von den kosmopolitischen liberalen Ideen beobachten. Die wirtschaftliche und politische Krise von 1890 schien denjenigen, die wie José Hernández, Autor des Epos' *Martín Fierro*, bereits zuvor ihre Stimme gegen das eurozentrische liberale Gesellschaftsmodell erhoben hatten, Recht zu geben. Dieser hatte noch versucht, die traditionellen Werte und Lebensstile der argentinischen Landbevölkerung gegen den Staat und seine Modernisierungsvorstellungen zu verteidigen und für eine Integration der Gauchos in die sich wandelnde Gesellschaft plädiert. Nun griffen andere Autoren den auch in Europa verbreiteten Diskurs über die Dekadenz der Eliten und die Desintegration der modernen Gesellschaften auf. Sie verbanden positivistische Ideen von der Steuerbarkeit sozialer Prozesse durch »wissenschaftliche« Modelle mit spätromantischen Ansätzen. So entstand eine intellektuelle Strömung, die sich einerseits um die Steuerung der »argentinischen Massen« sorgte, andererseits den Intellektuellen als der philosophisch-politischen Avantgarde eine zentrale Rolle dabei zuwies. Inspiriert von Gustave Le Bons Massenpsychologie analysierte José María Ramos Mejía »Die argentinischen Massen« (*Las multitudes argentinas*, 1899), José Ingenieros schrieb über die argentinische Geistesgeschichte (*La evolución de las ideas argentinas*, 1918) und Octavio Bunge gab seinem Werk *Nuestra América* (1905) den Untertitel: »Ein sozialpsychologischer Essay«. Hier verbanden sich Vorstellungen von der Dekadenz der Moderne mit sozialdarwinistischen Ideen, und es wurde sowohl die Untätigkeit und Dekadenz der Reichen als auch der durch die mechanische Arbeit verkommenen Armen angeprangert.

Neben dem Einfluss neuer wissenschaftlicher Richtungen wie der Sozialpsychologie und dem Sozialdarwinismus gewann die als *modernismo* bekannte literarische Bewegung, als deren wichtigster lateinamerikanischer Vertreter der Nicaraguaner Rubén Darío gilt, soziokulturelle Bedeutung. Ging es in der modernistischen Lyrik und Malerei vor allem darum, eine dem modernen Lebensgefühl adäquate Ausdrucksweise zu finden, so verbanden sich in der Essayistik post-romantische und nationalistische Strömungen zu einem »Latino-Nationalismus« (José Luis Romero), der im Zusammenhang mit den Vierhundertjahrfeiern der Entdeckung Amerikas (1892) und dem Spanisch-Amerikanischen Krieg auf Kuba (1898) an Boden gewann. Nun wurde der wirtschaftliche und machtpolitische Aufschwung der USA mit einem angloamerikanischen Utilitarismus erklärt, dem der Spiritualismus der Lateinamerikaner entgegengesetzt wurde. Am deutlichsten formulierte diese These der Uruguayer José Enrique Rodó in seinem Essay *Ariel* (1900), der auch in Argentinien breit rezipiert wurde. Rodó reklamierte einerseits das griechische Gesellschaftsmodell, andererseits aber auch die christlich-spanische Tradition für die geistigen Ideale Lateinamerikas.

Der Rückgriff auf Spanien und die spanischen Traditionen war inzwischen wieder möglich, da nach dem Verlust der letzten Kolonien im Spanisch-Amerikanischen Krieg von dem ehemaligen Mutterland keinerlei Bedrohung mehr auszugehen schien, wohl hingegen von den politisch und ökonomisch expansiven USA. Auf der Basis gemeinsamer sprachlicher Wurzeln gediehen Vorstellungen von einer *raza latina*, die nicht nur die spanischen, sondern auch die italienischen Einwanderer mit einschloss. Im Zuge der Vierhundertjahrfeiern der »Entdeckung« Amerikas avancierte Spanien von der »tyrannischen Metropole« zum »Mutterland«. Eine spanienfeindliche Strophe in der argentinischen Nationalhymne stieß zunehmend auf Kritik, so dass Präsident Roca sie 1900 tilgen ließ.

Durch solche Entwicklungen wurde der Weg frei zur »Wiederentdeckung« der spanischen Traditionen als Wurzeln der argentinischen Nation, die nun nicht mehr auf kosmopolitischen Ideen, sondern einer »argentinischen Identität« basierten. Im emblematischen Jahr 1910 publizierte Manuel Gálvez den *Diario de Gabriel Quiroga*, ein fiktives Reisetagebuch, in dem der Protagonist in den Binnenprovinzen eine Gegenwelt zur vom Reichtum korrumpierten Hauptstadt findet, wo noch gesellschaftlicher Respekt, Liebe zur Heimat und zu Amerika herrschen. Dem kosmopolitischen und materialistischen Buenos Aires stellte er das Inland als geistiges Reservoir entgegen, wo sich nationale Eigenschaften noch unverfälscht und eine zwar ungebildete, aber weise Bevölkerung erhalten hätten. So wurden die »barbarischen« Gauchos der Liberalen, die durch Einwanderung und Modernisierung fast verschwunden waren, wiederbelebt und zum Archetyp der Nation.

Einer der einflussreichsten Propagandisten dieser neuen

argentinischen Meistererzählung war Leopoldo Lugones, der in einer von der gesamten politischen Elite besuchten Vortragsreihe im Odeontheater in Buenos Aires das bis dahin von der Oberschicht kaum beachtete Epos *Martín Fierro* von José Hernández in den Mittelpunkt seiner Betrachtungen stellte. Lugones erklärte die Gauchos, die in diesem und anderen weit verbreiteten Werken der Gaucholiteratur gegen staatliche oder soziale Ungerechtigkeit um den Erhalt ihrer Freiheit kämpften, zum Symbol Argentiniens. Nun erst wurde der Gaucho zur Inkarnation der argentinischen Nationaleigenschaften. Die Helden dieser Epen und Romane waren kämpferisch und heldenhaft, gleichzeitig aber integer und stolz. Sie zeichneten sich durch Großzügigkeit, Desinteresse an materiellen Dingen, physische Stärke und exzellente Reitkunst aus, ihre rebellischen und kämpferischen Qualitäten stellten sie nur im Kampf für ihre Freiheit heraus. Angesichts der Tatsache, dass die traditionelle Lebensweise der Gauchos durch die Modernisierung und Diversifizierung der Landwirtschaft, die Umzäunung der Weiden und die massive Einwanderung unmöglich geworden war, haftete diesem Symbol nun auch kein sozialer Sprengstoff mehr an. Es bot jedoch Kreolen und Einwanderern, die mit den Gaucho-Figuren durch die Lektüre von »Groschenromanen« vertraut waren, Identifikationsmöglichkeiten. Die Sprache der Gauchos, die in dieser Literatur imitiert wurde, bot sich darüber hinaus als Mittel zur nationalen Identitätsfindung – in diesem Fall in Abgrenzung zu den Spaniern – an. So fand zu Beginn des 20. Jahrhunderts eine lebhafte Diskussion über die Frage einer »nationalen Sprache« statt, und ein in Buenos Aires lebender Franzose, Lucien Abeille, prognostizierte aufgrund seiner Untersuchungen der Gauchosprache bereits 1902 die Entwicklung des argentinischen Spanisch zu einer eigenen Sprache. Das heute durch den Tango verbreitete Lunfardo, die stark von italienischen Einflüssen geprägte Sprache der Immigranten der Hafenstadt, wurde dagegen nicht als Identität stiftend betrachtet. Die Essenz des »nationalen Charakters« suchte man auf dem Lande, in seiner Landschaft und seiner traditionellen Lebensweise, nicht in der modernen, chaotischen Stadt. Dieser neuen Nationalidentität gab 1926 ein weiterer wichtiger Gauchoroman, *Don Segundo Sombra* von Ricardo Güiraldes, Ausdruck. Darin findet der junge Fabio, eine Art Inkarnation des neuen Argentinien, auf dem Lande in der Person von Don Segundo Sombra die »echten argentinischen« Werte.

Der neue argentinische Nationalismus war somit nicht einfach gegen die Einwanderung gerichtet, sondern versuchte – über die universalistischen und kosmopolitischen Werte hinaus – auf der Basis einer auch für die Immigranten akzeptablen und verständlichen Tradition einen Zusammenhalt zu schaffen. Um die Jahrhundertwende herum waren die zentralen Aspekte dieses Nationalismus, wie er sich dann in den 1920ern manifestieren sollte, voll ausgebildet und schon über die Elite hinaus in breite Bevölkerungskreise eingedrungen. Dazu hat sicher auch die Lektüre von argentinischen »Groschenheften« beigetragen, der sogenannten »literatura criolla«, in der europäische und argentinische Erzähltraditionen und Mythen koexistierten, sowie die Durchsetzung der allgemeinen Schulpflicht, die nicht nur die Beseitigung des Analphabetismus, sondern auch die Verbreitung einer argentinischen Nationalidentität zum Ziel hatte. 1910 war dann das Jahr, in dem dieser neue, auf der Vorstellung von eigenen kulturellen Wurzeln basierende Nationalismus erstmals deutlich zum Tragen kam – obwohl oder vielleicht gerade weil die Bevölkerung so heterogen war wie nie zuvor.

# Zwischen Öffnung und Reaktion (1910-1943)

## *Wahlreform und politische Erneuerung*

Zu Beginn des 20. Jahrhunderts befand sich Argentinien auf dem Höhepunkt einer Entwicklung, die das Land nachhaltig verändert hatte. Die Gesellschaft war von der Moderne geprägt und schaute zuversichtlich in die Zukunft. Die Elite, die das Land dorthin geführt hatte, fühlte sich durch den Erfolg bestätigt und war zunächst nicht bereit, die Macht zu teilen. Andererseits machten sich die Schattenseiten der Modernisierung bemerkbar, und neue gesellschaftliche Gruppen drängten in die politische Arena, um ihren Forderungen Gehör zu verschaffen. Schließlich wurde auch der Fortschrittsgedanke in Frage gestellt, als die Katastrophe des Ersten Weltkrieges das bis dahin allgemein geltende Vertrauen in das europäische Vorbild untergrub.

Die Folgejahre waren von Reformen geprägt, die zwar eine Öffnung des politischen Systems brachten, jedoch nicht in eine Konsolidierung demokratischer Formen mündeten. Vielmehr verschärften sich die Gegensätze zwischen Radikalen und Konservativen, die die Bildung eines Konsenses über Sachfragen verhinderte. Die wirtschaftliche Entwicklung war stark durch die Veränderungen auf dem Weltmarkt geprägt, was wiederum den Spielraum der jeweiligen argentinischen Regierung einengte. Das Zusammentreffen von politischer Polarisierung, wirtschaftlichen Schwankungen und sozialen Spannungen rief schließlich einen Akteur auf den Plan, das Militär, das von nun an eine immer größere Rolle in der argentinischen Politik spielen sollte.

Dies geschah zunächst unauffällig. Die zweite Amtszeit von Julio Roca (1898-1904) stand, wie so viele zeitgenössische lateinamerikanische Regierungen, unter dem Motto »Ordnung und Fortschritt«. Investitionen und Einwanderung wurden als Mittel der wirtschaftlichen Entwicklung gefördert, doch beurteilte man Letztere nach dem ersten Generalstreik von 1902 wesentlich skeptischer. Die Provinzen wurden weiterhin mit einer Mischung aus Patronage und Subsidien sowie Interventionsdrohungen in Schach gehalten und Wahlen nach bewährter Manier gelenkt. Allerdings kam es ebenfalls 1902 zu einer ersten Wahlrechtsreform, die die Wahlkreise neu zuschnitt und zumindest die Wählerlisten etwas durchsichtiger gestaltete. Die Forderung nach geheimen Wahlen fand allerdings kein Gehör, und auch diese kleinen Veränderungen wurden nach dem Amtsantritt des neuen Präsidenten, Manuel Quintana, zurückgenommen. Sie hatten aber gereicht, um 1904 einen ersten Abgeordneten der Sozialisten ins nationale Parlament einziehen zu lassen.

Quintana starb 1906, im selben Jahr wie die einflussreichen traditionellen Politiker Mitre und Pellegrini. Der neue Präsident, José Figueroa Alcorta (1906-1910), schaffte es mit autoritärem Führungsstil und der Auflösung des gewählten Kongresses letztlich, sowohl die Macht von Julio Roca als auch die der Gouverneure zu brechen. Damit war der Weg frei für die Wahl eines Nachfolgers, der dem Reformflügel der PAN zuzurechnen war, Roque Sáenz Peña. Dieser gelangte 1910 allerdings in einem Wahlvorgang an die Macht, der von extrem niedriger Wahlbeteiligung und massiven Manipulationen gekennzeichnet war.

Bei dem Versuch, dem bestehenden System eine breitere Legitimation zu verschaffen, setzte der progressive Flügel der politischen Elite unter Führung des Präsidenten eine Änderung des Wahlrechts durch: 1912 wurden freie und geheime Wahlen eingeführt. Nach wie vor war die Stimmabgabe allerdings nur den männlichen Staatsbürgern ab 18 Jahren vorbehalten, während Frauen, Ausländer und die

Bewohner der Nationalterritorien – der ehemaligen Gebiete der Indigenen – ausgeschlossen blieben. Nichtsdestotrotz bedeutete die Reform eine signifikante Erweiterung der Wählerschaft. Parallel dazu sollte eine moderne konservative Partei mit einer breiten gesellschaftlichen Basis geschaffen werden. Unter der Führung von Lisandro de la Torre wurde 1914 der *Partido Demócrata Progresista* gegründet. De la Torre war laizistisch gesinnt und befürwortete eine pazifistische Außenpolitik. Das demokratische Parteiprogramm forderte eine Stärkung der lokalen Autonomie, den Schutz der einheimischen Produktion und die Einführung einer sozialen Sicherung für die Arbeiter. Diese Ziele waren den meisten Konservativen zu fortschrittlich, so dass sie ihre Gefolgschaft verweigerten und damit das Projekt einer neuen Massenpartei scheiterte.

Die Wahlreform zeigte schnell Wirkung. In den Abgeordnetenwahlen von 1912 setzten sich die Konservativen in den meisten Distrikten durch; die Radikalen gewannen jedoch in der Provinz Santa Fe und in der Hauptstadt. 1913 wurde in Buenos Aires der Sozialist Enrique del Valle Iberlucea zum Senator gewählt. Ein Jahr später gelang es den Sozialisten, ihre Position in der Provinz Buenos Aires zu stärken, während die Radikalen in Santa Fe und Entre Ríos gewannen. 1915 stellten sie auch die Provinzregierung in Córdoba. Als 1916 die ersten Präsidentschaftswahlen unter Anwendung des neuen Wahlrechts stattfanden, gelang es der UCR mit Hipólito Yrigoyen als Präsidentschaftskandidaten die seit 1880 regierenden Konservativen erstmals an der Regierung abzulösen. Die Mehrheit im Kongress wurde allerdings verfehlt, und nur drei Provinzen hatten zu diesem Zeitpunkt einen Radikalen als Gouverneur.

Sowohl die Erweiterung der Wählerschaft als auch die Wahlergebnisse hatten Konsequenzen für die Funktionsweise der politischen Parteien. Die UCR, die als Oppositionspartei entstanden war, konnte nunmehr Positionen im Parlament, den Ministerien und der Verwaltung besetzen. Die Stärkung der Führungsansprüche Yrigoyens wurde nicht ohne weiteres von den Parteiorganen akzeptiert, und es kam landesweit zu internen Konflikten und Abspaltungen zwischen *Personalistas* und *Antipersonalistas*, d. h. zwischen den loyalen Anhängern Yrigoyens und seinen parteiinternen Gegnern. Die Machtverhältnisse im Parlament waren für die Regierung ungünstig. Erst 1918 konnte die UCR die Mehrheit im Abgeordnetenhaus erlangen. Der Senat blieb unter Kontrolle der Konservativen, wodurch diese die Gesetzinitiativen der Regierung blockieren konnten. Hinzu kam, dass die Meinungen zu inhaltlichen Fragen der Innen- und Außenpolitik auch innerhalb der Parteien auseinandergingen.

Während der ersten Regierung Yrigoyens (1916-1922) waren die Beziehungen zwischen Exekutive und Legislative besonders angespannt. Der Präsident erschien nicht zu den Eröffnungssitzungen des Parlaments, und auch seine Minister leisteten in verschiedenen Fällen der Vorladung durch die Kammern keine Folge. In 15 Fällen verordnete Yrigoyen in den Provinzen eine Intervention per Dekret, womit er die Zustimmung des Kongresses umging. Während die Exekutive sich auf das Mandat der Wählerschaft berief, verstand sich das Parlament als Garant der verfassungsmäßigen Freiheiten.

Unter solchen Bedingungen blieb die erhoffte Modernisierung der politischen Strukturen und der Verwaltung aus. Die Besetzung der öffentlichen Ämter mit Parteimitgliedern bis in die niedrigsten Positionen wurde zu einem wichtigen Mechanismus zur Stärkung der UCR als »Wahlmaschine«, führte aber gleichzeitig zu einer Verminderung von Fachkompetenzen und lähmte die Effektivität der Verwaltung. So ist es nicht verwunderlich, dass in den nächsten Jahren immer mehr Rufe nach Veränderung laut wurden: von instrumentellen Korrekturen des Wahlsystems bis hin zur Einführung von Mechanismen zur Repräsentation gesellschaftlicher Organisationen (wie Kirchen, Gewerkschaften und Unternehmerverbände). Im Laufe dieser Auseinandersetzungen wurde je nach Lager das Prinzip der Gewaltenteilung über das plebiszitäre Element der Demokratie hochgehalten oder umgekehrt.

Um ihre Position gegenüber den Konservativen zu stärken, versuchte die Regierung, ihre Basis zu erweitern. So zeigte sie Verständnis für die Forderungen der Arbeiter und war bemüht, in den Konflikten zu vermitteln statt, wie bis dahin üblich, die Streiks mit Polizeieinsatz zu unterdrücken. Diese Strategie ging zunächst auf: In den Parlamentswahlen von 1918 gelang es den Radikalen, die Sozialisten in Buenos Aires zu besiegen und die lang ersehnte Mehrheit im Abgeordnetenhaus zu erlangen. Der Preis dafür war eine Verschärfung der konservativen Opposition und die Selbstorganisation der Unternehmer, die nun eigenhändig die Streiks zu bekämpfen versuchten. Es kam zu zwei gewalttätigen Konflikten, die die Grenzen der Regierungsstrategie deutlich zeigten: die *semana trágica* in Buenos Aires (1919) und die blutige Unterdrückung eines Streiks der Landarbeiter in Santa Cruz (1921-1922).

Die »Tragische Woche« begann mit einem Streik der Metallarbeiter der Firma Vasena, in dessen Verlauf es zu gewalttätigen Auseinandersetzungen mit der Polizei kam, die mehrere Tote und Verletzte forderten. Daraufhin riefen die Gewerkschaftsverbände zu einem Generalstreik auf, der die angespannte Situation weiter verschärfte. In den nächsten Tagen zogen Banden von bewaffneten jungen Männern durch Buenos Aires, attackierten die Lokale der Arbeiterbewegung und misshandelten jüdische Einwohner mit der falschen Anschuldigung, sie seien die Anstifter einer kommunistischen Verschwörung. Es dauerte Tage, bis die Situation wieder unter Kontrolle war. Die jungen Nationalisten organisierten sich anschließend in der *Liga Patriótica*

*Argentina*, die von nun an die Regierung durch Androhung neuer Gewalttaten unter Druck setzte, um sie zu zwingen, ihre tolerante Haltung gegenüber der Arbeiterbewegung aufzugeben. Dabei konnte die *Liga Patriótica* auf die Unterstützung von Armee und Marine zählen.

In Santa Cruz kam es zwei Jahre hintereinander zu Streiks der Schafscherer während der Schurzeit, deren Forderungen höhere Gehälter und bessere Arbeitsbedingungen waren. Oberst Benigno Varela, der nach Patagonien entsandt wurde, um den Konflikt friedlich zu lösen, vermittelte zwischen Arbeitern und Arbeitgebern und erreichte einen Kompromiss. Als es jedoch ein Jahr später erneut zu Streiks kam, ordnete er die Verhaftung der Streikenden und die Erschießung von Hunderten von Arbeitern ohne Gerichtsprozess an (manche Quellen sprechen von bis zu 2000). Anders als bei der *semana trágica* erreichten die Nachrichten aus dem fernen Patagonien die Öffentlichkeit in der Hauptstadt kaum. Es gab auch keine offiziellen Bemühungen, die Gewalttaten aufzuklären und die Schuldigen zu bestrafen.

Außenpolitisch stand die Regierung vor der Herausforderung, sich in den internationalen Verstrickungen des Ersten Weltkrieges zu positionieren. Wie schon in ihrem Wahlprogramm plädierte sie für die Aufrechterhaltung der Neutralität und behielt diesen Kurs trotz des starken Drucks der Opposition, aus den Reihen der eigenen Partei, der Presse und großen Teilen der Bevölkerung sowie der Alliierten bei. Besonders schwierig wurde diese Haltung, als 1917 die argentinischen Schiffe *Monte Protegido* und *Toro* von der deutschen Kriegsmarine versenkt wurden. Wenig später wurde der Inhalt von Telegrammen, die der deutsche Gesandte Graf Karl von Luxburg nach Berlin geschickt hatte, in der argentinischen Öffentlichkeit bekannt. Darin hatte Luxburg die Empfehlung ausgesprochen, die argentinischen Schiffe »spurlos zu versenken« und sich zudem in beleidigender Weise über den argentinischen Außenminister geäußert. Die Regierung Yrigoyen protestierte im deutschen Auswärtigen Amt und beschloss die Ausweisung des Gesandten aus Argentinien. Sie ließ sich jedoch nicht dazu überreden, die diplomatischen Beziehungen zum Deutschen Reich abzubrechen.

Die nächsten Präsidentschaftswahlen standen im April 1922 an. Der Kandidat der Radikalen, Marcelo T. de Alvear, stammte aus einer Familie der politischen und wirtschaftlichen Elite und erweckte in den konservativen Kreisen deutlich weniger Abneigung als Yrigoyen. Er übernahm sein Amt inmitten einer Phase wirtschaftlicher Depression und leerer Staatskassen. Infolgedessen verfolgte er eine Politik der staatlichen Ausgabenkürzungen, die dem Patronagesystem Yrigoyens ein Ende setzte, provozierte damit aber starke Widerstände innerhalb seiner Partei, die sich bald spaltete.

## *Die Universitätsreform*

Zu Beginn des 20. Jahrhunderts gab es in Argentinien drei große Universitäten: eine in Córdoba, die schon im 17. Jahrhundert entstanden war, eine in Buenos Aires, die kurz nach der Unabhängigkeit gegründet wurde, und eine weitere in La Plata, die sich seit 1905 mit einem modernen Konzept der Forschung und Ausbildung von Wissenschaftlern und Technikern widmete. Die Zahl der Studenten wuchs ständig, um 1910 studierten bereits 6000 Personen an den Universitäten des Landes, etwa doppelt so viele wie noch ein Jahrzehnt zuvor. Der größte Teil (78%) war in Buenos Aires immatrikuliert. Bevorzugte Studiengänge waren Jura und Medizin. Die Mehrheit der politischen Funktionsträger waren an diesen Fakultäten ausgebildet worden. Die konservative Elite, die bis dahin die Machtressourcen kontrolliert hatte, war weder an einer Vermehrung der Studienplätze noch an einer Veränderung der starren Universitäts- und Ausbildungsstrukturen interessiert, während die aufstrebenden Mittelschichten in der Universitätsausbildung den besten Weg zur Erlangung sozialen Prestiges und materiellen Wohlstands sahen. Vor diesem Hintergrund sind die studentischen Proteste von 1918 zu verstehen, die die Universitätsreform einleiteten.

Zu Beginn des Jahrhunderts entstanden in verschiedenen Fakultäten die ersten Studentenvertretungen, 1908 schlossen sie sich in der fakultätsübergreifende *Federación Universitaria de Buenos Aires* zusammen. Im Kontext der Protestbewegung in Córdoba weitete sich diese 1918 zur landesweiten *Federación Universitaria Argentina* aus. Ausgelöst wurden die Proteste von 1918 durch die Schließung des Internats der Universitätskliniken. Die Studenten verlangten seine Wiedereröffnung und äußerten darüber hinaus Kritik an den Machtverhältnissen und der Korruption bei den Stellenbesetzungen in der Universität. Die Führungsgremien der Universität blieben jedoch unnachgiebig und weigerten sich, Reformen auch nur in Betracht zu ziehen. Weitere Protestschreiben der Studenten wurden ignoriert und die Universität zeitweise geschlossen. Darauf antworteten diese mit aufsehenerregenden Straßendemonstrationen und wandten sich an die Nationalregierung mit der Bitte einzugreifen. Die Regierung stellte sich auf die Seite der Studenten, und ihr Beauftragter José Nicolás Matienzo verfügte die Wiedereröffnung des Internats und leitete eine Reform der Universitätsordnung mit dem Ziel ein, die Macht jener Gruppen, die bis dahin in der Universitätsleitung Positionen auf Lebenszeit besetzt hatten, zu beschränken. Rektor und Dekane der Fakultäten sollten von allen Professoren gewählt werden. Als aus der Wahl in Córdoba jedoch der Kandidat der traditionellen Machthaber als Sieger hervorging, protestierten die Studenten erneut und weigerten sich, das Ergebnis zu akzeptieren. Ein weiteres Mal stellte sich die Regierung auf ihre Seite und entsandte nun den zuständigen Minister José S. Salinas, der eine tiefer gehende Reform der Statuten durchführte, die eine studentische Beteiligung an der Wahl der Universitätsführung vorsah.

In den öffentlichen Diskussionen hoben die Unterstützer der Reform vor allem die Rückständigkeit des Lehrkörpers an der Universität in Córdoba hervor sowie den negativen Einfluss des orthodoxen Katholizismus, der den Fortschritt der Wissenschaft verhindere. Allerdings gab es auch in Córdoba zu jener Zeit eine Gruppe liberal eingestellter Professoren, die sich schon früher für Reformen ausgesprochen hatten. Kern des Problems war vielmehr die Haltung der lokalen Elite, die nicht bereit war, ihr politisches und soziales Machtmonopol aufzugeben. Die Kontrolle über die Vergabe von Diplomen, die wiederum den Zugang zu den höheren Verwaltungsposten sicherten, war eine der zentralen Ressourcen für die Selbstrekrutierung einer Elite, deren Mitglieder eine gemeinsame Sozialisation durch die Universität erlebt hatten. Daher war die Demokratisierung der Universität eine Voraussetzung für die Demokratisierung der politischen Strukturen in der Provinz. Dies erklärt die dezidierte Haltung der Regierung Yrigoyen in einer Frage, die sich nicht lediglich auf die Interessen einer kleinen Gruppe von Studenten bezog, sondern vielmehr den Kern der sozialen Mobilität und der politischen Machtverteilung traf.

Auch in den anderen Universitäten des Landes wurde die studentische Mitbestimmung eingeführt. In Buenos Aires, wo erste Reformen schon seit 1906 implementiert worden waren, setzte der Rektor mit Unterstützung der Studierenden in den einzelnen Fakultäten eine Reform der Statuten ohne größere Konflikte durch. In La Plata hingegen kam es 1919 zu heftigen Auseinandersetzungen, da der Universitätspräsident Rodolfo Rivarola, der in pädagogischer und wissenschaftlicher Hinsicht durchaus fortschrittliche Konzepte vertrat, sich an die Spitze des Widerstandes gegen die Reform zur politischen Mitbestimmung stellte. Langfristig konnte er sich jedoch nicht durchsetzen und trat 1920 zurück. Die kleineren Universitäten der Provinzen Santa Fe und Tucumán wurden jeweils 1919 und 1921 nationalisiert und bekamen neue Statuten im Sinne der Reform.

Mit der Universitätsreform trat die studentische Bewegung als neuer Akteur in Erscheinung. Auf studentischen Kongressen wurde die Frage debattiert, ob sich ihre Ziele in Verbesserungen im akademischen Bereich erschöpfen sollten oder ob sie nicht auch weiter reichende soziale und politische Vorstellungen einschließen sollten. Gleichzeitig stellte der Reformprozess eine politische Schulung für künftige Parteipolitiker dar, so dass in der Folge Ideen der Studentenbewegung in das Programm so unterschiedlicher Parteien wie der Unión Cívica Radical, des Partido Socialista und des Partido Comunista gelangten. Die Verteidigung der Errungenschaften der Reform blieb Anliegen aller studentischen Bewegungen des 20. Jahrhunderts. Das Echo der Universitätsreform strahlte über die nationalen Grenzen hinaus und trug zur Entwicklung ähnlicher Bewegungen in anderen lateinamerikanischen Ländern, vor allem in Peru, Chile und Kuba, bei.

### *Wirtschaftsstruktur und Entwicklung in den 1920er Jahren*

Bereits vor Ausbruch des Ersten Weltkrieges befand sich die argentinische Wirtschaft in einer schwierigen Situation. Im Jahr 1914 verschlechterte sich die Lage aufgrund des Krieges in Europa weiter. Finanzspekulation, Missernten, der Rückzug ausländischer Investitionen und der Rücktransfer von Goldreserven der europäischen Banken kamen hinzu. Einige Branchen profitierten jedoch von der veränderten Nachfrage: die Exporte von Fleisch und Wolle zur Versorgung der Kriegsnationen stiegen. Der Rückgang der Importe erlaubte das Wachstum bestimmter Bereiche wie der Lebensmittelproduktion, Textilindustrie, Möbelherstellung und Manufakturen sowie Reparaturwerkstätten. Ein Zuwachs im gesamten Industriesektor war allerdings nicht zu verzeichnen. Die Verminderung der Staatseinnahmen, die sich vornehmlich aus Importsteuern zusammensetzten, musste durch die Aufnahme von Krediten und Ausgabenkürzungen ausgeglichen werden. Zudem stiegen die Lebenshaltungskosten, und die Arbeitslosenzahlen explodierten während der Kriegsjahre.

Mit dem Ende des Ersten Weltkrieges kehrte jedoch, wenn auch etwas verzögert, erneut der Wohlstand in Argentinien ein: ausländische Direktinvestitionen flossen wieder ins Land, der internationale Handel stieg an und die Staateinnahmen erholten sich relativ rasch. Insgesamt gestaltete sich die Wachstumskurve allerdings instabiler als in der Vorkriegszeit. Ende der 20er Jahren waren 95% der argentinischen Exportgüter Agrarerzeugnisse (vor allem Fleisch und Getreide); 85% der Exporte gingen nach Westeuropa. Der Anteil Großbritanniens als Abnehmer wuchs auf 32,5%, während die Verkäufe an die USA lediglich 9,3% der Gesamtexporte ausmachten. Anders verhielt es sich bei den Einfuhren. Der Anteil Großbritanniens, der vor dem Krieg bei 30% gelegen hatte, ging 1929 und 1930 auf 19% zurück und derjenige der USA stieg von 15 auf 24%. So entstand eine besondere Dreiecksbeziehung. Für Argentinien war die Handelsbilanz mit Großbritannien positiv und jene mit den USA negativ, da diese Autos, Maschinen und verarbeitete Produkte im Land absetzten, gleichzeitig aber keinen Bedarf an Agrarprodukten aus Argentinien hatten. Demgegenüber war die Zahlungsbilanz mit Großbritannien negativ, und jene mit den USA positiv, da von dort nun große Investitionen einflossen. Die etablierte Arbeitsteilung zwischen Großbritannien und Argentinien geriet durch die wirtschaftliche Expansion der Vereinigten Staaten ins Wanken. Vor diesem Hintergrund versuchten britische Interessengruppen zusammen mit argentinischen Agrarproduzenten diese Bindung mittels bilateraler Verträge zu stützen und übten Druck in diesem Sinne auf die Regierung aus.

Während der 20er Jahre konsolidierte sich in der Pamparegion die *estancia mixta*, eine Unternehmensform, bei der Viehzucht und Getreideanbau kombiniert wurde und die dadurch sehr flexibel und mit geringem Risiko auf die Marktschwankungen reagieren konnte. In der Praxis ging die Umwandlung von Acker- zu Weideflächen mit der Entlassung und Umsiedlung vieler Pächter einher. Die Flexibilität der Großeigentümer basierte auf der Aufrechterhaltung von prekären Lebensbedingungen für die Pächter und ihre Familien, die darüber hinaus als verhältnismäßig billige Arbeitskräfte auf den Estancias eingesetzt werden konnten. Da gleichzeitig auch die Grenze der territorialen Expansion erreicht wurde, konnten die Engpässe nicht mehr durch weitere Erschließungen gemildert werden.

In den Anbaugebieten außerhalb der Pamparegion kündigte sich eine andere Entwicklung an. Nach einem kurzfristigen Rückgang während der Kriegsjahre setzte ein langsamer, aber stetiger Wachstumsprozess in der Zuckerproduktion in den nördlichen Regionen Salta, Jujuy und Tucumán ein; ebenso prosperierte der Weinanbau in Mendoza und San Juan, der Obstanbau in Río Negro sowie die Matekultur im Nordosten. Diese Produkte, die fast alle eine industrielle Verarbeitung zu Konsumgütern benötigten, waren auf die Bedürfnisse einer erweiterten Binnennachfrage ausgerichtet und wurden vor der internationalen Konkurrenz durch Außenzölle geschützt. In Río Negro und dem Nordosten führte die Regierung Kolonisierungsprojekte durch, die eine Erweiterung der Anbauflächen zur Folge hatten, und im Chaco kam es zu einer raschen Ausdehnung der Baumwollplantagen, die vornehmlich für den britischen Markt produzierten. Allerdings ging diese mit der Verdrängung der indigenen Bevölkerung einher.

Zwischen Kriegsende und der Weltwirtschaftskrise von 1929 verbuchte der Industriesektor ein stärkeres Wachstum als die Landwirtschaft. Der größte Teil der Investitionen kam allerdings weiterhin aus dem Ausland. Deutsche und US-amerikanische Unternehmen waren vor allem im Energiesektor (Elektrizität und Erdöl) beteiligt. Auch in der Bauwirtschaft wuchs der Anteil des ausländischen Kapitals, vor allem bei Großprojekten wie der Konstruktion von Fernstraßen und Hafenanlagen. Zwischen 1914 und 1930 errichteten zahlreiche US-Firmen Niederlassungen in Argentinien, vornehmlich in den Bereichen der Autoindustrie, der Telekommunikation, der Elektrizität und der Kühltechnik. Am stärksten wuchs jedoch die Leichtindustrie, die zum Großteil aus der Lebensmittelproduktion bestand. Insgesamt aber blieb der Industriesektor stark vom Ausland abhängig, denn Technologie, Produktionsmittel und wichtige Rohstoffe mussten importiert werden.

Auf den ersten Blick scheint es, als hätte der Ausbruch des Ersten Weltkrieges keinen bedeutenden Einschnitt für die wirtschaftliche Entwicklung des Landes dagestellt. Die Agrarexporte blieben der maßgebliche Faktor des exportorientierten Wirtschaftsmodells, das vor der Krise von 1930 nicht ernsthaft in Frage gestellt wurde. Bis dahin wuchsen das Bruttoinlandsprodukt sowie die Exporte stetig um jeweils 3,5 bis 3,9% im Jahresdurchschnitt. Eine genauere Betrachtung zeigt jedoch, dass sich schon zu dieser Zeit einige Veränderungen bemerkbar machten. Die Wachstumsraten fielen niedriger aus als in den Jahrzehnten zuvor, und die weltwirtschaftlichen Interaktionen (Kapitalflüsse, Migrations- und Handelsströmungen) büßten in Vergleich zu vorher an Dynamik ein. Durch den Krieg verlor Großbritannien seine Hegemonialstellung in der Region, und die

Vereinigten Staaten wurden zum weltweit wichtigsten Kreditgeber und Investor. Für Argentinien bedeutete das nicht einfach den Tausch einer Hegemonialmacht durch die andere, sondern vielmehr eine radikale Veränderung seiner Interaktion mit den Finanzmächten. Anders als im Falle Großbritanniens waren die wirtschaftlichen Beziehungen zwischen Argentinien und den USA nicht durch Komplementarität gekennzeichnet.

### *Kultur(leben) zwischen Nationsbildung und Alltag*

Seit Argentinien 1910 das hundertjährige Jubiläum der Unabhängigkeit gefeiert hatte, war die Frage der nationalen Identität und des Selbstbewusstsein in den Vordergrund der öffentlichen Diskussion gerückt. Das hatte auch die Entwicklung eines regen Kulturlebens zur Folge, das sich besonders in einer wachsenden literarischen Produktion ausdrückte. Die Alphabetisierung der Bevölkerung durch ein modernisiertes Schulsystem bildete die Basis für die Entstehung eines breiten Publikums und die Professionalisierung der Schriftsteller. Auch der Staat förderte die literarische Betätigung durch Preise, Zuschüsse für die Drucklegung und sogar direkte Finanzierung bestimmter Autoren. Manch andere erlangten durch eine Einstellung bei staatlichen Einrichtungen – wie zum Beispiel Bibliotheken, Archiven, höheren Schulen oder im diplomatischem Dienst – eine sichere finanzielle Grundlage, auf deren Basis sie ihren intellektuellen Interessen nachgehen konnten.

Für eine gewisse Zeit blieben die Ästhetik der gebildeten Kreise und die Interessen der höheren Schichten maßgeblich, aber schon in den 20er Jahren kamen auch andere Strömungen zum Tragen. So hielten zum Beispiel mit den Werken von Roberto Arlt auch die Schattenseiten der Veränderungen, die vor allem das Leben in der Großstadt prägten, in die Literatur Einzug. Gleichzeitig kreierte die Generation von Roberto J. Payró, Alberto Gerchunoff und Horacio Quiroga eine eigene Tradition der Erzählung. Die Lyrik Alfonsina Stornis, einer weiblichen Stimme in einer von Männern beherrschten Literatur, bildete die Brücke zwischen Modernismus und Avantgarde. In den Literaturzeitschriften *Martín Fierro* und *Proa* (Letztere begründet von Jorge Luis Borges und Macedonio Fernández) entspannten sich polemische Debatten, und dem Ästhetizismus der Avantgarde-Gruppe »Florida« stellte die Gruppe »Boedo« die Betonung der sozialen Funktion von Literatur entgegen.

Die Gegenüberstellung zwischen akademischer und Populärkultur versperrte allerdings den Blick für die Durchlässigkeit und die Vermischungsprozesse beider Sphären. In den 20er Jahren wurde auch für die Literatur die Orientierung am Markt immer stärker. Gute Verkaufszahlen galten als ein Zeichen für die Qualität eines Werkes, was wiederum seinem Autor zu Berühmtheit verhalf. Dabei spielte die Presse eine wichtige Rolle. Größere Zeitungen boten Verdienstmöglichkeiten für Journalisten mit schriftstellerischem Talent. Die traditionellen Medien wie die Zeitungen *La Prensa* (gegründet 1869) und *La Nación* (gegründet 1870) in Buenos Aires, *La voz del Interior* in Córdoba und *Los Andes* in Mendoza behielten eine gehobene Sprache mit vielen kastilischen Ausdrücken bei und eine Themenauswahl, die sowohl Skandalmeldungen wie auch die Lebenswelt der ärmeren Bevölkerungsschichten ausblendete. Aber es kamen eine ganze Reihe neuere Zeitschriften und Zeitungen hinzu wie *Crítica* (gegründet 1913) und *El Mundo* (gegründet 1928), die die neuen Leser mit einer sehr direkten Sprache zu erreichen suchten, so dass auch die Presselandschaft diversifiziert und erweitert wurde. Format und Rubriken veränderten sich in dieser Zeit ebenfalls. Die populären Zeitungen wählten kleinere Formate und größere Überschriften; die Annoncen wurden immer wichtiger und strukturierter. Die Presse registrierte nicht nur die großen Ereignisse im In- und Ausland, sondern auch das Leben der Stadt: Kino- und Theaterprogramm, Tanzveranstaltungen, Sportereignisse und Freizeitangebote wurden angekündigt und kommentiert.

Das Theater fand sowohl im Zentrum von Buenos Aires als auch in den anderen Stadtteilen großen Anklang. Das Repertoire reichte von international bekannten Werken bis hin zu lokalen Formen wie dem gauchesken Drama und vor allem dem *sainete*, einem komisch-realistischen Genre, das Sprache und Alltagsschicksal großer Teile der Bevölkerung wiedergab. Die zumeist aus Europa importierte Oper fand auch in Buenos Aires ihr Publikum. Das Kino breitete sich schnell aus, eine nationale Filmproduktion entstand jedoch erst mit den Tonfilmen in den 30er Jahren.

Zum wahren Symbol der Großstadt aber avancierte ein Genre der Populärkultur, das am Rande der Stadt und der Gesellschaft entstanden war: der Tango. Er verbreitete sich nun überall, wurde in Theaterstücke integriert und per Rundfunk ausgestrahlt. Selbst die höheren Schichten begannen sich mit dem Tango zu identifizieren, nachdem er in Paris Erfolge hatte feiern können. Die steigende Verbreitung ging mit zwei wichtigen Veränderungen einher: der Etablierung einer bestimmten Instrumentenformation (Klavier, Geige, Bandoneon und Bass) sowie der Aufwertung von Texten und Sängern. Es entstand eine neue Form der literarischen Produktion, die den *letrista de tango*, den Autor von Tangotexten, zu einem professionellen Dichter machte, der sich in bewusster Distanzierung von der traditionellen Elitekultur in die neue Kulturindustrie integrierte. In den Texten dieser Tangos wurde eine Reihe von gesellschaftlichen Typen und Szenen aus dem Alltagsleben in den Stadtvierteln präsentiert, der Ton wurde zunehmend nostalgisch, aber auch gesellschaftskritisch. Manche Autoren wählten jedoch bewusst einen gehobenen Wortschatz und elegante Versformen, wodurch sie eine Brücke zwischen klassischer Bildung und Populärkultur schlugen. Berühmtester Tangoautor und -sänger wurde Carlos Gardel, der mit seinen Auftritten in Paris und den USA den Rang eines Weltstars erreichte und 1935 auf dem Höhepunkt seiner Karriere bei einem Flugzeugunfall das Leben verlor. Noch heute behauptet man in Argentinien, dass »er mit jedem Tag besser singt«.

Neben der Musik bestimmte der Sport zunehmend das allmählich mögliche Freizeitvergnügen auch der Unterschichten. Viele Sportarten, die im Laufe des 19. Jahrhundert von den Briten eingeführt wurden, waren mittlerweile im ganzen Land adaptiert worden. Die größte Verbreitung genoss der Fußball, der eine wichtige Rolle bei der Identitätsbildung spielte. Gegenüber der Disziplin und Stärke, die die englischen Clubs vermeintlich charakterisierten, zeichnete sich ein argentinischer Spieler im Wesentlichen durch sein Talent für die *gambeta (dribbling)* aus, die als besonderes Merkmal des nationalen Stils galt. Mit dem Bau größerer und moderner Stadien sowie der Rundfunkübertragung avancierte der Fußball in den 20er Jahren zu einem Massenspektakel und dem maßgeblichen Sonntagsereignis. Damit verbunden war auch die Professionalisierung der Spieler. Zu Beginn der 30er Jahre gründete sich die *Asociación de Fútbol Argentino*, die von fünf großen Clubs aus Buenos Aires und Umgebung beherrscht wurde.

Kulturelle und sportliche Aktivitäten drangen bald in viele Haushalte ein. Dafür sorgte ein neues Medium: das Radio. Im August 1920 fand die erste Rundfunkübertragung in Buenos Aires statt; gesendet wurde eine Aufführung des *Parsifal* von Richard Wagner. Der Erfolg der neuen Technik und die rasche Verbreitung ließ die Radioproduktion zu einem lukrativen Geschäft werden. Dabei spielte die Werbung für Alltagsprodukte, die hauptsächlich an Hausfrauen adressiert war, eine große Rolle. Aus der Vermischung des neuen Mediums mit Altbekanntem entstand ein neues Genre, das *Radioteatro*, das sich ab den 30er Jahren weit verbreitete und das Lebensgefühl einer ganzen Generation von Zuhörerinnen und Zuhörern prägte.

### *Das Ende der radikalen Regierungen*

Aus den Wahlen von 1928 ging wieder Hipólito Yrigoyen als Sieger hervor. Den *Antipersonalistas* war es nicht gelungen, seinen Einfluss innerhalb der UCR zurückzudrängen, daher hatten sie einen eigenen Präsidentschaftskandidaten aufgestellt, Leopoldo Melo, der auch von den Konservativen unterstützt wurde. Die Wahlergebnisse waren eindeutig: Yrigoyen setzte sich in allen Provinzen mit Ausnahme von San Juan durch; insgesamt bekam er 840 000 Stimmen, während Melo lediglich 440 000 auf sich vereinigen konnte. Dies sollte nicht darüber hinweg täuschen, dass die oppositionellen politischen und wirtschaftlichen Kräfte des Landes trotz der Wahlniederlage weiterhin großen Einfluss ausübten.

Die Regierung versuchte daher erneut, ihre Basis durch gezielten Einsatz des Patronagesystems auszubauen, was Anlass zu Korruptionsvorwürfen bot. Die Opposition, zu der auch die Sozialisten zählten, attackierte die Regierung mit harschen Tönen und verbreitete das Bild eines senilen Präsidenten, der seinen Aufgaben nicht mehr gewachsen war. Als 1930 die Auswirkungen der Weltwirtschaftskrise in Argentinien spürbar wurden, wendete sich das Blatt. Im Vorfeld der Parlamentswahlen kam es zu gewalttätigen Auseinandersetzungen. Zwar erhielt bei den Wahlen die Regierungspartei noch 655 000 Stimmen, 695 000 gingen auf die Oppositionsparteien insgesamt. In Buenos Aires fiel die UCR sogar hinter die beiden sozialistischen Parteien zurück. Eine weitere oppositionelle Kraft waren die Nationalisten. Diese waren nicht parteipolitisch organisiert, artikulierten und verbreiteten ihre politischen Vorstellungen aber durch die Presse. Nationalistische Ideen gewannen in der Öffentlichkeit an Einfluss und waren insbesondere bei den Militärs stark verbreitet. Prominente Intellektuelle wie Leopoldo Lugones riefen die Streitkräfte geradewegs zum Eingriff in die Politik auf. Am 6. September 1930 setzte General Uriburu eine Truppe in Bewegung, die angesichts der Passivität der Amtsinhaber sowie der Bevölkerung bis zum Regierungspalast vorrücken konnte. Umgeben von einer Reihe führender konservativer Politiker verlangte Uriburu den Rücktritt der gesamten Regierung. Wenige Stunden später wurde ihm die von Präsident Yrigoyen unterschriebene Rücktrittserklärung überreicht. Damit war erstmals seit 1862 die verfassungsmäßige Ordnung außer Kraft gesetzt worden.

### *Die »Infame Dekade«*

Das Hauptergebnis des Militärputschs, der die UCR aus der Regierung vertrieb, war eine konservative Restauration. Während der sogenannten *década imfame* (1930-1940), einer Zeit, die im internationalen Kontext durch die Folgen der Weltwirtschaftskrise und den Ausbruch des Zweiten Weltkriegs geprägt war, hielten sich in Argentinien die Konservativen durch fragwürdige Methoden an der Macht, bis sie selbst 1943 von einer erneuten militärischen Intervention verdrängt wurden.

Zwar bekannte sich Uriburu unmittelbar nach dem Militärputsch zur Verfassung und zur Wiederherstellung der demokratischen Grundordnung, kurz danach löste er jedoch den Kongress auf, verhängte den Ausnahmezustand und verfolgte die UCR-Aktivisten. Er war Repräsentant einer rechtsradikalen, nationalistischen Fraktion, die darauf zielte, die Verfassung zu reformieren und korporatistische Elemente einzuführen. Seine Anhänger organisierten sich in der *Legión Cívica*, einer Bewegung mit faschistischen Zügen. Stärker war jedoch der liberal-konservative Flügel unter der Führung von General Agustín P. Justo. Das neue Kabinett setzte sich vornehmlich aus Konservativen zusammen, die sich nach den Zeiten vor dem Wahlsieg der Radikalen zurücksehnten und glaubten, den alten Zustand wieder herbeiführen zu können.

Am 5. April 1931 fanden erste Wahlen in der Provinz Buenos Aires statt, aus denen die Radikalen als Sieger hervorgingen, woraufhin die Wahlen von der Regierung für ungültig erklärt wurden. Für die nächsten Nationalwahlen sollte Marcelo T. de Alvear wieder für die UCR kandidieren, die Regierung ließ dies jedoch nicht zu. So konnte General Justo die Wahlen von 1932 gewinnen, die darüber hinaus durch massiven Wahlbetrug gekennzeichnet waren. Er war Kandidat eines Wahlbündnisses, das sich aus Konservativen, Antipersonalisten und einem rechtsgerichteten Flügel der Sozialisten zusammensetzte.

Die erste Antwort der Regierung Uriburus auf die wirtschaftlichen Probleme war eine radikale Ausgabenkürzung, die unter anderem massive Entlassungen im öffentlichen Dienst mit sich brachte. Im Oktober 1931 ging Argentinien zur Devisenkontrolle über, wobei der Begleichung der Außenschulden oberste Priorität eingeräumt wurde. Weitere Maßnahmen waren eine Regulierung der Einfuhren und die Erhöhung der Importzölle. Ab 1932 erholte sich die Wirtschaft allmählich, und das Bruttosozialprodukt erreichte bereits 1935 wieder den Stand von vor der Krise. Größere Schwierigkeiten bestanden aufgrund der internationalen Situation im Exportsektor. Um die bestehenden Absatzmärkte zu behalten, ließen sich die konservativen Regierungen der 1930er Jahre auf bilaterale Abkommen ein. Das wichtigste war der Roca-Runciman-Vertrag mit Großbritannien (1933), in dem das Königreich zusicherte, in Zukunft weiterhin so viel argentinisches Fleisch wie zum Jahresstand von 1932 abzunehmen. Im Gegenzug verpflichtete sich Argentinien dazu, die Einführzölle für britische Produkte zu senken, den britischen Unternehmen eine Vorzugsbehandlung bei den Devisenkontrollen zu gewähren und die erwirtschafteten Exportgewinne nur für Importe aus dem Königreich auszugeben. Das Leitprinzip »nur von dem zu kaufen, der bei uns kauft« legte dem Importhandel ein enges Korsett an. Dadurch stieg vor allem der Handel mit Großbritannien, während die Importe aus den USA, die nicht bereit waren, ihren Markt für die argentinischen Agrarerzeugnisse zu öffnen, rapide sanken.

Darüber hinaus schuf die Regierung eine Reihe von Verwaltungsorganen mit dem Ziel, die Produktion, die Vermarktung und den Preis verschiedener Produkte zu regulieren. In der Fleischwirtschaft war das Hauptanliegen, die Position der Erzeuger gegenüber der in Kartellen organisierten ausländischen Gefrierindustrie zu stärken. Der Wirtschaftsplan des Ministers Pinedo zielte darauf, den Produzenten zu helfen, die durch den Preisverfall der vorangegangenen Jahre in Schwierigkeiten geraten waren. Dafür wurde eine Kommission zur Getreideregulierung geschaffen, die Weizen, Leinsaat und Mais zu festgesetzten Mindestpreisen kaufen sollte, die deutlich über den damaligen Weltmarktpreisen lagen. Da sich die internen und externen Preise bald erholten, waren die geplanten Großabnahmen jedoch zunächst nicht nötig.

Die Einschränkung der Importe bewirkte eine Aktivierung der lokalen Industrieproduktion und stellte den Beginn einer importsubstituierenden Industrialisierung dar, die sich während des Zweiten Weltkrieges noch verstärken sollte. Zu dieser Zeit wurde die Textilindustrie zu einer wichtigen Branche, die ein durchschnittliches Jahreswachstum von 11% erreichte, während die Sektoren, die auf importierten Rohstoffen basierten, eine langsamere Entwicklung verzeichneten. Die Werkstätten und Fabriken konzentrierten sich nach wie vor auf die Hauptstadt Buenos Aires und ihre Umgebung. 1939 waren dort 60% der Firmen und 70% der Industriearbeiter angesiedelt. Ein beträchtlicher Anteil von ihnen waren neue Migranten, die aus den ländlichen Gebieten des Litorals auf der Suche nach Arbeit in die Hauptstadt kamen.

Diese Entwicklung hatte auch Konsequenzen für die Arbeiterbewegung. Nach der Verfolgung unter Uriburu verbesserte sich die Lage der Gewerkschaften unter der Präsidentschaft von Agustín P. Justo zumindest für jene Organisationen, die in den Augen der Regierung keine Bedrohung darstellten. Die größten Gewerkschaften gehörten dem Transportsektor an. Eine besondere Rolle kam dabei den Eisenbahngewerkschaften zu, die schon bei den radikalen Regierungen als zuverlässige Partner galten. Eine weitere Berufsgruppe, die sich in den 30er Jahren zunehmend gewerkschaftlich organisierte, waren die Handelsangestellten. Ihre Gewerkschaft, die in Verbindung mit der Sozialistischen Partei stand, konnte bedeutende Erfolge wie zum Beispiel eine Arbeitszeitverkürzung erzielen und wuchs zwischen 1932 und 1936 von 1000 auf 18 000 Mitglieder.

Bereits 1930 wurde ein Dachverband, die *Confederación General del Trabajo* (CGT), gegründet, der aus der Vereinigung zweier größerer Gewerkschaftsverbände hervorging. Die anarchistisch und kommunistisch orientierten Gewerkschaften traten dem neuen Verband allerdings nicht bei. 1935 spaltete sich die CGT in zwei Zentralen. Die sozialistische CGT, die die mitgliederstärkste war, verzeichnete bald weiteren Zuwachs aus kommunistischen Gewerkschaften, deren Verband sich aufgelöst hatte. Die Kommunisten strebten vor allem eine gewerkschaftliche Organisierung der unqualifizierten Arbeiterinnen und Arbeiter in der Textil- und Lebensmittelindustrie sowie in der Bauwirtschaft an und erreichten dies bald. Sie zielten auf die Durchsetzung von Branchentarifverträgen. Insgesamt vergrößerte sich in den 30er Jahren der Einflussbereich der Gewerkschaften, wenn auch ihr Schwerpunkt weiterhin in Buenos Aires und Umgebung lag. Sie konnten einige Erfolge erzielen, allerdings hakte es bei der praktischen Umsetzung der Abkommen und Gesetze erheblich. Ein weiteres Problem waren die ständigen ideologischen und personellen Streitigkeiten, unter denen die Arbeiterbewegung litt.

Als Nachfolger von General Justo trat 1938 Roberto M. Ortiz die Präsidentschaft an. Er war zu Kompromissen mit der UCR bereit und wollte dem Wahlbetrug ein Ende setzen. Bald nach seinem Amtsantritt musste er jedoch aus gesundheitlichen Gründen zurücktreten. Der äußerst konservative Vizepräsident Ramón Castillo übernahm die Regierung und distanzierte sich von den Plänen seines Vorgängers. Zu diesem Zeitpunkt stand Argentinien wieder einmal vor einer Außenhandelskrise, denn die Verbindungen zu Kontinentaleuropa waren durch den Zweiten Weltkrieg unterbrochen. Minister Pinedo entwarf einen neuen Wirtschaftsplan. Wie schon zuvor zielte der Plan darauf, die Agrarproduzenten zu unterstützen. Darüber hinaus enthielt er Maßnahmen zur Förderung des Industrie- und Bausektors. Wichtige und neue Elemente waren die Suche nach einer Annäherung an die USA und die Bemühungen um eine wirtschaftliche Integration mit den Nachbarländern. Der Plan scheiterte jedoch an der Opposition der Radikalen im Abgeordnetenhaus, die dort kurz zuvor wieder die Mehrheit erlangt hatten und sich weigerten über wirtschaftliche Reformen zu verhandeln, solange die Regierung Castillo an ihrem innenpolitischen Kurs festhielt. Auch die Annäherung an die USA scheiterte wenig später, da das Land – vom argentinischen Neutralitätskurs irritiert – weiterhin seinen Markt für die argentinischen Produkte sperrte.

Die Frage, wie Argentinien sich in dem internationalen

Konflikt positionieren sollte, wurde angesichts der starken Präsenz von europäischen Migranten und ausländischen Interessen in der Öffentlichkeit heftig diskutiert. Zwar konnten die Alliierten die größte Sympathie auf sich vereinigen, die unausgeglichenen Beziehungen zu Großbritannien, vor allem nach dem Roca-Runciman-Vertrag, und die Haltung der USA, die sogar ein Waffenembargo gegen Argentinien verhängten, riefen jedoch vor allem in nationalistischen Kreisen heftige Ablehnung hervor. Andererseits war die Aufrechterhaltung der Neutralität in der Praxis an das Fortbestehen des besonderen Verhältnisses zu Großbritannien gekoppelt, und mittlerweile war abzusehen, dass die Achsenmächte den Krieg nicht gewinnen würden. Auch innerhalb des Militärs waren die Meinungen geteilt: Während die höheren Ränge dazu tendierten, die Beziehungen zu den Achsenmächten abzubrechen, standen viele jüngere, nationalistisch gesinnte Offiziere für die Aufrechterhaltung der Neutralität und eine dezidierte Ablehnung der US-amerikanischen Politik.

Gegen Ende der Regierungszeit Castillos wurde eine zunehmende Entfremdung der gesamten politischen Elite gegenüber den Interessen der Bevölkerung und der veränderten sozialen Realität sichtbar, und sogar die liberalkonservativen Kreise um Pinedo hatten mittlerweile zur Opposition gewechselt. Im Juni 1943 sollte der prominente Konservative und »Zuckerbaron« Robustiano Patrón Costas zum Präsidentschaftskandidaten gekürt werden, was in den Augen der Mehrheit der Bevölkerung nichts anderes bedeutete als die Fortsetzung des Wahlbetrugs und die Perpetuierung einer korrupten Klasse an der Macht. Seine Sympathie für die Vereinigten Staaten stieß außerdem bei den Vertretern der Neutralitätspolitik und in nationalistischen Kreisen auf Ablehnung. Vor diesem Hintergrund setzte eine neue Intervention des Militärs der Ära der konservativen Regierungen ein Ende.

# Der Peronismus (1943-1955)

## *Die »Revolution« von 1943*

Die Richtung, die die neuen Machthaber einschlagen würden, war zunächst unklar. General Rawson, der den Putsch angeführt hatte, trat wenig später zurück. Neuer Präsident wurde der bisherige Kriegsminister der Regierung Castillo, General Pedro Ramírez. Es zeigte sich aber, dass die Hintermänner eine Gruppe von mittleren Offizieren waren, die sich kurz zuvor in der Loge *Grupo de Oficiales Unidos* (GOU) organisiert hatten und wichtige Posten im Kriegsministerium bekleideten. Die Mitglieder der GOU traten für die Aufrechterhaltung der Neutralität und eine grundlegende Änderung der politischen Strukturen ein. Ihre Politik wandte sich als Erstes gegen die Gewerkschaften und die linken Organisationen. Auch die bürgerlichen Parteien wurden verboten, die Universitäten unter direkte Kontrolle der Regierung gestellt und der Ausnahmezustand verhängt. Das Regime wurde von der Opposition als faschistisch wahrgenommen, seine Ideologie war jedoch stark von rechts-katholischem Gedankengut geprägt.

Angesichts des Kriegsverlaufs in Europa und des verstärkten Drucks der USA beschloss Ramírez in Januar 1944, die Beziehung zu den Achsenmächten abzubrechen. Dies provozierte wiederum eine Gegenreaktion innerhalb des Militärs. Der bisherige Kriegsminister General Edelmiro Farrell übernahm die Präsidentschaft. Mit ihm avancierte Oberst Perón zum starken Mann der neuen Regierung. Juan Domingo Perón wurde 1895 in Lobos, Provinz Buenos Aires, geboren. Einen Teil seiner Kindheit verbrachte er in Patagonien, wo sein Vater als Verwalter einer Estancia tätig war. Mit fünfzehn Jahren begann er seine Ausbildung in der Kadettenanstalt (*Colegio Militar*), die er 1913 mit dem Grad eines Leutnants abschloss. Zwischen 1926 und 1929 setzte er seine Ausbildung an der Kriegsakademie (Escuela Superior de Guerra) fort. Später lehrte er dort Militärgeschichte und konnte im Rahmen dieser Tätigkeit seine rhetorischen Fähigkeiten trainieren und ausbauen. In den 30er Jahren sammelte er politische Erfahrungen im Umkreis von General Justo im Kriegsministerium, 1936 als Militärattaché in Chile, eine Mission, zu der auch Spionageaktivitäten gehörten. Nach dem Tod seiner ersten Frau Aurelia Tizón wurde er 1939 als Militärbeobachter nach Europa entsandt. Er verbrachte einige Monate bei den italienischen Gebirgsjägern und ging dann als Militärattaché nach Rom, wo er das faschistische Experiment Mussolinis miterleben konnte. Weitere Reisen führten ihn nach Berlin, Budapest, Albanien und in das deutsch-russische Grenzgebiet sowie, auf der Rückreise, nach Spanien. Zurück in Argentinien arbeitete er als Ausbilder in Mendoza, bis Farrell ihn nach Buenos Aires holte.

Als Mitte 1944 offensichtlich wurde, dass die Militärregierung kein politisches Konzept besaß, konnte einzig Perón Abhilfe schaffen, der aus einer bis dahin relativ unbedeutenden Behörde eine Schlüsselstelle für seine politische Strategie gemacht hatte. Als Staatssekretär für Arbeit kümmerte er sich um die Beziehungen zwischen Regierung und Arbeiterschaft. Ein wichtiges Anliegen der nationalistischen Militärs war die Bekämpfung des Kommunismus. Anders als die Mehrheit seiner Kameraden, die auf gewalttätige Repression setzten, wählte Perón einen anderen Weg: Er sorgte einerseits dafür, dass die Forderungen der Arbeiter gehört wurden, andererseits schaltete er die nicht kooperativen, vor allem die kommunistischen Gewerkschaftsführer aus. Nunmehr trat der Staat als Regulator in die Arbeitskonflikte ein und förderte sogar die Organisierung der Arbeiter und den Abschluss von Tarifverträgen. Arbeitsschutz, die Regelung der Arbeitsverhältnisse im ländlichen Bereich und wichtige Vergünstigungen wie bezahlter Urlaub und ein erweitertes Rentensystem wurden gesetzlich verankert.

Peróns politische Erfolge legten die Grundlage für seinen weiteren Aufstieg. Im Februar 1944 übernahm er auch die Leitung des Kriegsministeriums und im Juli das Amt des Vizepräsidenten. Er organisierte einen Nationalen Nachkriegsrat (*Consejo Nacional de Posguerra*), der ein Wirtschaftsprogramm entwarf. Aufgrund der Erfahrungen nach dem Ersten Weltkrieg ging man davon aus, dass der Frieden in Europa eine Rezession in Argentinien hervorrufen würde, die wiederum die sozialen Spannungen verschärfen würde. Um dieser Situation angemessen zu begegnen, sollte ein Industrialisierungsprogramm einen Anstieg der Arbeitslosigkeit verhindern. Angesichts des bevorstehenden Kriegsendes und der daraus resultierenden national wie international immer stärker werdenden Demokratisierungsforderungen bereitete Perón zu Beginn des Jahres 1945 die Öffnung des Regimes vor: Parteien wurden wieder zugelassen und freie Wahlen für 1946 angekündigt. Er suchte auch Kontakt zu radikalen und konservativen Politikern, die diesen jedoch ablehnten.

Nach der Kapitulation des nationalsozialistischen Deutschland ging die Opposition in Argentinien, die sich aus Konservativen, Radikalen, Sozialisten und Kommunisten zusammensetzte, in die Offensive. Für diejenigen, die die argentinische Realität aus der Perspektive des internationalen Konflikts zwischen Faschismus und Demokratie sahen, war die Sozialpolitik Peróns reine Demagogie. Auch die Unternehmer wandten sich gegen seine Sozialpolitik. Sie fürchteten weniger den Kommunismus, den sie nicht für eine reelle Gefahr in Argentinien hielten, als vielmehr die konkrete Einmischung des Staatsekretärs zugunsten der Arbeiter. Perón geriet somit von zwei Seiten unter Druck, suchte Rückhalt bei der Arbeiterschaft und schlug einen etwas anderen Kurs ein als ursprünglich geplant. In flammenden Reden verkündete er nun das Ende der Herrschaft der Bourgeoisie und rief die Arbeiter zur Verteidigung der »Junirevolution« auf.

Am 19. September 1945 organisierte die Opposition eine Massenkundgebung in Buenos Aires, bei der ca. 240 000 Menschen die Übertragung der Macht an das Oberste Gericht forderten. Die Regierung verhängte daraufhin den Ausnahmezustand, doch stellte sich auch eine Fraktion des Militärs gegen Perón und erzwang seinen Rücktritt. Kurz danach wurde er verhaftet und in das Gefängnis auf der Insel Martín García gebracht. Dann geschah etwas völlig Unerwartetes. Nach vielen Diskussionen rief der Gewerkschaftsdachverband zum Generalstreik für den 18. Oktober auf. Noch bevor die Nachricht durch die üblichen Kanäle verbreitet werden konnte, kam es am 17. zu Arbeitsniederlegungen in Werkstätten und Fabriken. Die Innenstadt füllte sich mit Frauen und Männern, die aus den Arbeitervierteln des Stadtrands von Buenos Aires und Umgebung angereist waren, um die Freilassung Peróns zu fordern. Auch in anderen Städten gingen die Arbeiter auf die Straßen und nahmen den öffentlichen Raum, der bisher für die Ober- und Mittelschichten reserviert war, für sich in Anspruch. Peróns Gegner innerhalb des Militärs mussten erkennen, dass ohne ihn die Situation nicht zu kontrollieren war. Noch am selben Abend erschien er auf dem Balkon des Regierungspalastes, um die Menge, die auf der Plaza de Mayo versammelt war, zu begrüßen und zu beruhigen. Dies gilt als Geburtsstunde der peronistischen Bewegung.

Nach dieser unvorhersehbaren Wende begann der Wahlkampf, in dem sich zwei heterogene Bündnisse herausbildeten. Perón, dem es nicht gelungen war, die Unterstützung der traditionalen Parteien zu erlangen, kandidierte für den neu gegründeten *Partido Laborista*, der für »soziale Gerechtigkeit« warb. Er konnte dabei auch auf einen Flügel der Radikalen (die *UCR*-Junta Renovadora) und die katholischen Nationalisten zählen. Dagegen schlossen sich die meisten Radikalen, die Sozialisten, die Liberalen und die Kommunisten mit der Unterstützung der Unternehmerverbände zu einer *Unión Democrática* zusammen, deren Motto »Freiheit und Demokratie« war. Die Konservativen waren in beiden Lagern vertreten. Als der ehemalige US-amerikanische Botschafter Spruille Braden mit dem Ziel, Perón zu diskreditieren, in den Wahlkampf eingriff und ein *Blaues Buch* mit vermeintlichen Nachweisen über die Verbindung des Regimes mit dem Nationalsozialismus veröffentlichte, erreichte er den gegenteiligen Effekt. Mit Hinweis auf eine imperialistische Einmischung appellierte Perón an den Nationalstolz und stellte die Wählerschaft vor die Alternative »Braden oder Perón«, was ihm zusätzliche Stimmen bescherte und die Polarisierung weiter schürte.

Das peronistische Bündnis setzte sich bei den Wahlen vom 24. Februar mit 1 486 866 Stimmen gegenüber 1 288 880 Stimmen für die Unión Democrática durch. In den Großstädten votierten die Arbeiter für Perón und die Ober- und Mittelschichten für die Unión Democrática. Die Sozialisten, die an einen sicheren Sieg in der Hauptstadt geglaubt hatten, verloren ihre Basis und konnten kein einziges Mandat erringen. In vielen ländlichen Gebieten konnte Perón auf der einen Seite durch die Unterstützung der lokalen Konservativen, die sich für ihn entschieden hatten, andererseits durch die Wirkung seiner Sozialpolitik und das Versprechen einer Agrarreform an Stimmen gewinnen. Wenn somit auch der Stimmenunterschied zwischen den beiden Kräften nicht sehr groß ausgefallen war, so war aufgrund des Mehrheitswahlrechts die Machtverteilung jedoch eindeutig: Die Peronisten kontrollierten 70% der Abgeordnetenmandate, 28 Sitze im Senat (von insgesamt 30) und alle Provinzregierungen mit Ausnahme der von Corrientes.

Mit dem Wahlsieg Peróns hatte sich die politische Landschaft Argentiniens innerhalb kürzester Zeit grundlegend verändert. Perón stand an der Spitze einer Regierung, die sich nicht auf eine erprobte politische Struktur stützen konnte. Die meisten peronistischen Abgeordneten (107 von 109) hatten keine parlamentarische Erfahrung; 70 waren Gewerkschaftler, die sich in dem Partido Laborista zusammengeschlossen hatten; 30 kamen aus der UCR-Junta Renovadora. Kurz vor seiner Amtseinführung beschloss Perón die Auflösung der Parteien, die das Wahlbündnis gebildet hatten, und rief zur Gründung einer neuer Partei auf, die Partido Peronista genannt wurde. Als einige Gewerkschaftsführer versuchten, die Eigenständigkeit der Gewerkschaftszentrale gegenüber der Regierung zu wahren, mussten sie ihre Posten räumen. Perón avancierte auf diese Weise zum Führer einer Bewegung, die sich weniger über politische Ziele als über die Loyalität gegenüber seiner Person definierte.

Die Streitkräfte bildeten eine wichtige Stütze des neuen Präsidenten, und zahlreiche Offiziere bekleideten hohe Regierungsämter. In diesen Jahren wuchs die Bedeutung des Militärs, das erweitert und modernisiert wurde. Auch die Kirche trug zur Festigung der Regierung bei. Die Einführung des Religionsunterrichts an öffentlichen Schulen, die 1944 dekretiert worden war, wurde nun per Gesetz bestätigt. Die staatlichen Zuwendungen für die Kirche wurden erhöht und die Annäherung zwischen Regierung und Kirche öffentlich zelebriert.

Die Kontrolle über die beiden Kammern des Parlaments und die Provinzregierungen sowie die Unterstützung wichtiger Institutionen sicherten der Regierung eine solide Machtposition. Doch ging sie in ihren Machtansprüchen weiter. Die Mitglieder des Obersten Gerichts wurden abgesetzt; tausende Universitätsdozenten entlassen, die studentischen Organisationen verboten und die Errungenschaften der Universitätsreform von 1918 zurückgenommen. Oppositionelle Medien wurden geschlossen oder enteignet, so dass es zur Bildung eines staatlichen Medienmonopols kam. Unter diesen Bedingungen konnte sich die Opposition lediglich als Minderheit in den Kammern artikulieren, und dort wurde sie meist durch die Mehrheit zum Schweigen gebracht.

Während der ersten Regierungsphase Peróns herrschten günstige wirtschaftliche Bedingungen. Bei Kriegsende war Argentinien frei von Schulden und besaß zahlreiche Devisenreserven. Seine Exportprodukte waren nachgefragt und die Preise hoch, gleichzeitig befanden sich mehrere Industriezweige in einem Wachstumsprozess. Auf der Grundlage der guten Konjunktur konnte die Regierung die Ausgaben erhöhen, Maßnahmen zur Einkommensverteilung ergreifen und die binnenmarktorientierte Agrar- und Industrieproduktion fördern. Darüber hinaus wurde eine Nationalisierungspolitik implementiert, wodurch der Staat eine wichtige Rolle im Produktions- und Dienstleistungssektor übernahm. Diese Kombination von staatlicher Intervention, Einkommensverteilung und einer Strategie der Importsubstitution war in den 40er Jahren nicht nur in Lateinamerika verbreitet, sondern stand vielmehr im Einklang mit der Einführung keynesianischer Strategien in Westeuropa.

Die Wirtschaftspolitik der ersten Regierung Perón war nicht nur Ergebnis ökonomischer Überlegungen, sie entsprach auch den Interessen bestimmter sozialer Gruppen. Die Priorität lag nicht bei der Entwicklung der Schwerindustrie, sondern bei der Ausweitung der schon vorhandenen Kapazitäten durch die Stärkung der Binnennachfrage, die wiederum durch Erhöhung der Löhne angekurbelt wurde. In Erwartung höherer Gewinne waren auch die Unternehmen dazu bereit, neue Investitionen zu tätigen. Die Verstaatlichung der Eisenbahnen, der Kommunikationsgesellschaften, der Gasversorgung, der Handelsflotte und der Fluggesellschaft waren nur auf der Grundlage der Devisenreserven, die während des Krieges akkumuliert worden waren, möglich. Dazu kam der Anstieg der internationalen Preise für Agrarprodukte sowie die direkte Abschöpfung des Außenhandelsgewinns durch den Staat, der sich über den IAPI (*Instituto Argentino de Promoción de Intercambio*) eine Monopolstellung in diesem Bereich sicherte.

Diese Maßnahmen, die in einer gewissen Kontinuität mit der Politik der konservativen Regierung standen, stellten sich jedoch für die Zeitgenossen eher als Bruch dar. Dieser Eindruck wurde durch die Regierungspropaganda noch verstärkt. So wurden zum Beispiel die Nationalisierungen durch eine pompöse »Erklärung der wirtschaftlichen Unabhängigkeit« propagiert, die Perón am 9. Juli 1947 am Ort der Unabhängigkeitserklärung von 1816 persönlich verlas und die im Rundfunk übertragen wurde.

Die besondere Kombination von günstigen internationalen Bedingungen, hohen staatlichen Einnahmen, hohen Investitionen und Löhnen war zwar nur von kurzer Dauer, sie prägte jedoch das Bild eines »peronistischen Argentiniens«, in dem soziale Mobilität für viele wieder greifbar wurde. Zwischen 1945 und 1949 stiegen die Reallöhne um 62%. Hinzu kamen wohlfahrtsstaatliche Maßnahmen wie das Verbot von Mieterhöhungen, die Festlegung von Mindestlöhnen und niedrige Preise für Verbrauchsartikel, billige Kredite und Wohnungsbauprogramme, der Ausbau der Gesundheitsversorgung und die Einführung eines Sozialversicherungssystems. All diese Maßnahmen sowie die offizielle Anerkennung der Rechte und Würde der Arbeiter festigten die Loyalität der Arbeiterschaft gegenüber Perón weiter. Alle Hoffnungen der unterlegenen Gewerkschaftsführer sowie der politischen Opposition, dass diese Verbindung, einmal auf die Probe gestellt, nicht halten würde, erwiesen sich als falsch.

## *Perón und die deutsche Einwanderung nach 1945*

Als letzter Staat der Welt hatte Argentinien im April 1945 den Achsenmächten den Krieg erklärt. Die Regierung Perón stand im Verdacht, die Forstsetzung eines pro-faschistischen Regimes zu sein, das mit den Nazis kooperiert hatte, was auch Thema der Intervention der USA im Wahlkampf gewesen war. Perón selbst hatte schon früher mit Deutschland sympathisiert. Mehrere seiner Instrukteure an der Kriegsakademie waren Deutsche. Er selbst hatte sich mit der deutschen Taktik im Ersten Weltkrieg beschäftigt und unterhielt lange Zeit enge Beziehungen zur deutschen Botschaft.

Zu Beginn der 30er Jahre belief sich der Zahl der in Argentinien ansässigen Deutschen auf ca. 45 000. Hinzu kamen politisch Exilierte und ca. 40 000 deutsch-jüdische Emigranten, die in der Zeit des Nationalsozialismus in Argentinien Zuflucht fanden. Bereits vor der Machtergreifung Hitlers gab es in Argentinien nationalsozialistische Gruppierungen. Nach 1933 waren die Deutschen in Argentinien in zwei Lager gespalten. Sympathisanten und Gegner des Regimes beanspruchten jeweils für sich, das wahre Deutschland zu vertreten, schlossen sich gegenseitig aus, gründeten ihre eigenen Organisationen und Schulen und besaßen jeweils eigene Presseorgane.

Zwischen 1945 und 1955 fanden ca. 30 000 bis 50 000 neue Einwanderer aus Deutschland und Österreich Zuflucht in Argentinien. Die Situation in Mitteleuropa gab vielen Menschen Anlass zur Auswanderung. Es herrschte Wohnungs-, Arbeits- und Nahrungsmangel; die massiven Reparationsforderungen ließen für die Zukunft wenig Gutes erwarten. Vor allem für Wirtschaftsflüchtlinge, Wissenschaftler und Techniker waren die Zukunftsperspektiven düster. Angehörige von SS und Wehrmacht sowie ehemalige Funktionsträger des nationalsozialistischen Regimes flohen vor der drohenden Verurteilung und Gefangenschaft.

Organisationen wie das Rote Kreuz und die katholische Kirche halfen vielen ehemaligen Funktionsträgern des Dritten Reiches bei ihrer Ausreise aus Europa. Die meisten von ihnen wählten den Weg über Italien und schifften sich in Genua ein. Perón schuf eine verdeckte Organisation, um diese Gruppe von Personen ins Land zu holen. So betrieb der argentinische Staat parallel eine offene und eine verdeckte Einwanderungsförderung. Eingeschleust wurden nicht nur Deutsche, sondern auch französische Kollaborateure, kroatische *Ustascha*-Anhänger und SS-Mitglieder aus verschiedenen europäischen Staaten. In Buenos Aires wurden sie von einer Sonderkommission der Einwanderungsbehörde in Empfang genommen. Das gesetzlich vorgeschriebene Einwanderungsverfahren wurde in diesem Fall umgangen. Über die Annahme entschied vielmehr das Votum einer Prüfungskommission, die aus zwanzig Delegierten verschiedenen Nationalitäten bestand.

Der Anteil der profilierten Nationalsozialisten unter den Auswanderern, die nach Argentinien gelangten, beläuft sich auf 1 bis 2%. Dazu zählten etwa 70 Funktionsträger des Dritten Reiches, unter ihnen Schlüsselfiguren des nationalsozialistischen Terrors wie Adolf Eichmann, Joseph Mengele, Erich Priebke und Klaus Barbie. Die Anzahl der Nationalsozialisten niedrigen Ranges sowie der Mitläufer und Sympathisanten, lässt sich weniger eindeutig bestimmen. Insgesamt gilt jedoch als gesichert, dass der größte Teil der deutschen Neuankömmlinge dem Dritten Reich positiv gegenüber gestanden hatte.

Argentinien galt als ein verlockendes Ziel für Rüstungsexperten, die danach strebten, den angestammten Beruf weiter ausüben zu können. Aber auch für die überwiegende Mehrzahl der Einwanderer war die Chance auf Weiterbeschäftigung das treibende Motiv für ihre Entscheidung, das in Trümmern liegende Deutschland zu verlassen und in Argentinien ein neues Leben zu beginnen. Sie besaßen in der Regel gute Qualifikationen, die meisten auch eine abgeschlossene Berufsausbildung, und viele integrierten sich rasch in das argentinische Wirtschaftsleben. Ab Mitte 1946 begann die Regierung Perón eine Offensive zur Förderung der Immigration. Da die Besatzungsmächte der Emigration aus Deutschland strenge Grenzen gesetzt hatten, erfolgte die Ausreise oft auf illegalem Weg. Argentinien war bestrebt, sich zu industrialisieren und eine eigenständige Rüstungsindustrie zu entwickeln. So wurden vor allem Ingenieure und Rüstungsexperten gesucht. Damit trat Argentinien in Konkurrenz zu den Siegermächten um die Abwerbung hochqualifizierter deutscher Fach- und Führungskräfte. Um die Organisation der Ausreise kümmerte sich eine Gruppe von Agenten, die in Europa die Anwerbung übernahmen. Eine argentinische Delegation in der Schweiz empfing die Anfragen deutscher Wissenschaftler, prüfte die Fähigkeiten der Bewerber und ermittelte verschiedene Möglichkeiten, um nach Buenos Aires zu gelangen. Rund 100 Rüstungsexperten kamen auf diese Weise nach Argentinien. Zur selben Zeit rekrutierten die Sowjetunion, die USA, Großbritannien und Frankreich allerdings wesentlich mehr deutsche Techniker und Ingenieure als Argentinien.

Zu den prominentesten Experten, die damals nach Argentinien gelangten, zählte Kurt Tank, ehemaliger technischer Leiter der Focke-Wulf-Werke, der mit seinen 45 deutschen Mitarbeitern in der *Fábrica Militar de Aviones* in Córdoba an der Entwicklung eines Düsenflugzeugs arbeitete. 1951 gelang es ihm, den ersten einsatzfähigen Düsenjäger eines südamerikanischen Landes, den *Pulqui II*, der

Öffentlichkeit zu präsentieren. Zwar konnte die Regierung Perón dies als Erfolg für die eigene Selbstdarstellung verbuchen, die Entwicklung kam jedoch nicht über diejenige eines Prototyps hinaus. Verschiedene Initiativen zur Anwerbung hochkarätiger deutscher Nuklearphysiker scheiterten am US-amerikanischen Widerstand. Auf Empfehlung Kurt Tanks wurde Ronald Richter eingeladen und mit der Entwicklung eines Kernfusionsprojekts zur Energiegewinnung auf der Insel Huemul in Patagonien beauftragt. Das Projekt, das vom Präsidenten als besonders wichtig eingestuft wurde, band beträchtliche finanzielle Mittel und wurde unter strikter Geheimhaltung vorangetrieben. Anfang 1951 wurde bekannt gegeben, dass eine kontrollierte thermonukleare Reaktion in Argentinien gelungen war. Bald entpuppten sich jedoch die angeblichen Erfolge als Bluff und das Experiment musste 1952 so diskret wie möglich beendet werden.

### *Eine außergewöhnliche Frau: Evita Perón*

Anders als andere populistische Regime Lateinamerikas, die einen einzigen Führer anerkannten, entwickelte der Peronismus die Besonderheit, sich an zwei Persönlichkeiten zu orientieren: an Juan Domingo Perón und an seiner Frau Evita. Eva Perón wurde 1919 in einem Dorf in der Provinz Buenos Aires geboren, das unter dem Namen einer zuvor eingerichteten Bahnstation, Los Toldos, bekannt war. Sie war das fünfte uneheliche Kind von Juana Ibarguren und Juan Duarte und erhielt den Nachnamen der Mutter. Der Vater verstarb wenige Jahre später, Mutter und Kinder siedelten 1930 in die Stadt Junín über, wo sich die finanzielle Situation der Familie leicht verbesserte. Dort konnte Eva ihre Grundschulausbildung beenden. Bald zeigte sie Interesse für das Schauspiel und beteiligte sich an einer Theatergruppe. Mit knapp 16 Jahren zog sie nach Buenos Aires mit der Absicht, ihre Berufsziele zu verwirklichen. 1943 war sie Protagonistin einer Radioserie, die das Leben vorbildlicher Frauenfiguren darstellte und vom wichtigen Sender Radio Belgrano ausgestrahlt wurde. Im Rahmen einer Solidaritätsveranstaltung lernte sie 1944 Perón kennen und wurde seine Geliebte. Im Unterschied zu den damaligen Gewohnheiten und Moralvorstellungen machte er keinen Hehl aus dieser Beziehung. Beide wohnten zusammen und zeigten sich als Paar in der Öffentlichkeit, was zu Irritationen in den Kreisen der höheren Offiziere führte. Sie heirateten unmittelbar nach den Ereignissen von Oktober 1945 und reisten dann während des Wahlkampfs zusammen durch das ganze Land.

Im September 1946 bezog Eva Perón ein Büro im Arbeitsministerium. Seit dem Regierungsantritt ihres Gatten übernahm sie als seine persönliche Vertreterin eine Vermittlungsfunktion zwischen dem neuen Regierungschef und der Arbeiterschaft. Dafür gab es keinen Präzedenzfall und kein Amt. Als Staatspräsident konnte Perón nicht mehr ohne Weiteres die Rolle eines Volkstribunen spielen. Andererseits war ihm klar, dass er die Führung der Arbeiterschaft nicht aus der Hand geben durfte, da diese sich sonst gegen ihn wenden könnte. Er war bereit, Evita diese Rolle anzuvertrauen, denn sie handelte als seine Frau und war als solche keine Rivalin. Zunächst beschränkte sie sich darauf, den Sorgen und Wünschen der Arbeiter Gehör zu schenken und sie an ihren Gatten weiterzugeben. Bald jedoch zeigte sie eigene Initiative bei der Lösung konkreter Probleme. Ihre Rolle wuchs mit der allgemeinen Entwicklung der peronistischen Regierungspolitik. Die alten Gewerkschaftsführer, die versucht hatten, die Autonomie der Arbeiterbewegung gegenüber der Regierung aufrechtzuerhalten, wurden marginalisiert. Der massive Zulauf neuer Mitglieder, die sich aus den peronistischen Reihen rekrutierten, verstärkte diesen Trend. Als Ende 1947 José Espejo den Posten des Generalsekretärs der CGT übernahm, begann eine Phase enger Kooperation zwischen Eva Perón und der Gewerkschaftsführung.

Ihre Arbeit brachte mehr als die erhofften Resultate für ihren Mann. Durch den ständigen Dialog mit den Arbeitervertretern war sie in der Lage, geeignete Kandidaten aus den mittleren Kadern zu rekrutieren, die mit der Unterstützung der Regierung die nicht ganz gefügigen Gewerkschaftsführer bald ersetzen konnten. Für die Arbeiter wiederum ließ sich Evitas Einsatz sehr konkret an seinen Ergebnissen bemessen. Sie unterstützte die Gründung neuer Gewerkschaften und sorgte dafür, dass deren Anerkennung durch das Ministerium zügig voranging. Durch ihre Interventionen konnten die Gewerkschaften bessere Tarifverträge aushandeln und kamen in den Genuss zahlreicher Vergünstigungen, die Eva Perón durch ihr Sozialwerk vorantrieb. Es ist daher nicht verwunderlich, dass die Arbeiter in ihr die Vertreterin ihrer Interessen sahen. Damit war die informelle Brückenfunktion erfüllt: Sie repräsentierte Perón vor den Arbeitern, aber auch die Arbeiter vor Perón.

Nachdem im Jahr 1947 das Frauenwahlrecht eingeführt wurde, übernahm Eva Perón auch die Führung der peronistischen Frauen. Sie stellte klar, dass die weibliche Sektion der Partei ausschließlich einen Führer (Juan Perón), eine Doktrin (den Peronismus) und eine Führung (durch Evita persönlich) haben sollte. Alle bis dahin existierenden peronistischen Frauenvereinigungen wurden aufgelöst. Eva Perón rekrutierte 23 Frauen, die zunächst im ganzen Land ein Verzeichnis der möglichen aktiven Mitglieder erstellen sollten, um mit ihrer Unterstützung die Gründung von Basisorganisationen – *Unidades Básicas* – voranzutreiben. Diese weiblichen Parteizellen hatten ähnliche Funktionen wie die männlichen – d. h. die Indoktrinierung der Mitglieder und ihres Umfelds –, sie übernahmen jedoch in stärkerem Maße Aufgaben im Bereich der Sozialarbeit. Die Organisierung der peronistischen Frauen schritt rasch voran. Bereits ein Jahr nach der Gründung sollen 3600 Ortsgruppen ihre Aktivitäten aufgenommen haben. Dies verstärkte wiederum Eva Peróns eigenes politisches Gewicht. Sie sorgte dafür, dass die weibliche Organisation von der Einmischung durch die von Männern dominierten Parteiorgane verschont blieb.

Evitas drittes Betätigungsfeld war die soziale Fürsorge. Zu den Legenden, die über Eva Perón zirkulieren, gehört, dass sie für die Auflösung der *Sociedad de Beneficencia* verantwortlich war. Diese Wohltätigkeitsorganisation, die im Jahre 1823 gegründet worden war, bekam erhebliche Mittel vom Staat und wurde ausschließlich von Frauen der Elite geleitet. Ihr gehörten große Kranken-, Waisen- und Armenhäuser an. Diese Institution mit dem ihr zugrundeliegenden Modell der Wohltätigkeit war jedoch nicht kompatibel mit der Politik einer Regierung, die die soziale Gerechtigkeit auf ihre Fahne geschrieben hatte und sich von der traditionellen karitativen Haltung früherer Zeiten ausdrücklich distanzieren wollte. So wurde die *Sociedad* 1946 unter Regierungsaufsicht gestellt und ein Jahr später aufgelöst. Die einzelnen Anstalten kamen je nach Tätigkeitsfeld unter die Kontrolle verschiedener Ministerien, jedoch nicht unter die Obhut von Eva Perón. Diese betrieb vielmehr den Aufbau einer eigenen Struktur, um ihre ständig wachsenden Fürsorgeaktivitäten zu professionalisieren. So wurde 1948 die *Fundación Ayuda Social María Eva Duarte de Perón* als juristische Person anerkannt; zwei Jahre später bekam sie den prägnanteren Name *Fundación Eva Perón* und übernahm zahlreiche Aufgaben, darunter die finanzielle Hilfeleistung für Bedürftige jeder Art, den Wohnungsbau für ärmere Familien und den Bau von Wohlfahrtseinrichtungen und Krankenhäusern im ganzen Land. Die Leistungen der Stiftung kamen vor allem jenen Bevölkerungsgruppen zugute, die durch die allgemeine Sozialpolitik nicht erreicht werden konnten, da sie nicht im gesicherten Arbeitsverhältnis standen, wie zum Beispiel viele Frauen, Kinder und ältere Menschen. Darüber hinaus sorgte die Stiftung für eine intensive Bautätigkeit: 1000 Schulen, 15 modern ausgestattete Krankenhäuser und zahlreiche Unterkünfte für alleinerziehende Mütter, Kinder und Jugendliche sowie Altenheime sind ihr zuzuschreiben. Sie förderte auch sportliche Aktivitäten vor allem für Kinder und bot ihnen verschiedenartige Erholungsmöglichkeiten.

Wie sie es schon mit den Arbeiterdelegationen tat, empfing Eva Perón auch die unzähligen Bittstellenden persönlich und unterhielt sich mit jedem Einzelnen. Sie nahm die Kinder in die Arme und ließ sich von Kranken küssen. Diejenigen, die sie aufsuchten, sahen in ihr das menschliche Antlitz der peronistischen Politik in der Gestalt einer sich stets aufopfernden Heiligen. Sie legte darauf Wert, dass die Einrichtungen der Stiftung luxuriös ausgestattet wurden. Den Armen sollte endlich das zukommen, was die Reichen ihnen genommen hatten. Die Mittel, die dafür eingesetzt wurden, stammten aus verschiedenen Quellen: dem öffentlichen Haushalt, Lottoeinnahmen sowie freiwilligen und vermutlich auch erzwungenen Spenden. Der Beitrag der Gewerkschaften zur Finanzierung der Stiftung war besonders hoch. Ein bestimmter Prozentsatz der ausgehandelten Lohnerhöhungen wurde systematisch für die Stiftung reserviert und musste direkt von den Arbeitgebern an diese entrichtet werden. Als Stiftungspräsidentin war Eva Perón niemandem rechenschaftspflichtig. Ihre Aktivitäten ergänzten die Sozialpolitik der Regierung und festigten das Band zwischen dem Peronismus und den unteren Schichten.

Die ursprünglich spontanen Loyalitätsbekundungen wurden in den nächsten Jahren formalisiert und ritualisiert. Der 17. Oktober wurde zum Nationalfeiertag erklärt, wodurch die Geburtsstunde des Peronismus mit den historischen Gründungsakten der argentinischen Nation symbolisch gleichgesetzt wurde. Die Feierlichkeiten wurden durch einen modernen Propagandaapparat vorbereitet und gelenkt. Evita spielte dabei eine immer stärkere Rolle. Auch der Tag der Arbeit am 1. Mai, der 1890 als Zeichen des Internationalismus der Arbeiterbewegung geboren war, wurde nun nationalisiert und peronisiert.

Auf dem Höhepunkt des Erfolges der Regierung Perón wurde 1949 eine Verfassungsreform durchgeführt. Dabei wurden einerseits die neu eingeführten sozialen Rechte sowie das Eigentum des Staates an den Energieressourcen als Bestandteil der Verfassung verankert. Andererseits wurden institutionelle Veränderungen eingeführt, die vornehmlich darauf zielten, Peróns Macht zu festigen. Dazu zählten die Abschaffung des Wahlmännergremiums und die Einführung der direkten Wahl des Präsidenten, die Verlängerung der Amtszeit der Abgeordneten von vier auf sechs Jahre, die Stärkung der Exekutive durch das partielle Vetorecht sowie die Abschaffung des Verbots der Wiederwahl des Präsidenten.

Damit wurde der Weg für die Wiederwahl Peróns frei. In diesem Zusammenhang kamen die Sonderrolle Evitas, aber auch deren Grenzen in aller Deutlichkeit zum Vorschein. Nachdem die CGT und die Delegierten der weiblichen Sektion der Partei den Wunsch geäußert hatten, sie zur Vizepräsidentschaftskandidatin küren zu lassen, fand in Buenos Aires am 22. August 1951 eine Massenkundgebung statt, die von der CGT organisiert wurde und an der sich fast eine Million Menschen aus dem ganzen Land beteiligte. Zuerst trat Perón mit seinen Ministern, dem Parteivorstand und prominenten Abgeordneten vor die Menge. Es war José Espejo, der Generalsekretär des Gewerkschaftsdachverbandes, der Evita aufs Podium führte. In ihrer Rede betonte sie nochmals ihre Rolle als Brücke zwischen Perón und dem Volk, sprach jedoch nicht über ihre Kandidatur.

Daraufhin erläuterte der Generalsekretär der CGT, dass Evita der Kandidatur noch nicht zugestimmt hatte. Er kündigte an, dass die CGT die definitive Antwort bis zum nächsten Tag erwarte und erklärte die Kundgebung für beendet. Nun rief die Menschenmenge ein lautes »nein«. Es folgte ein Dialog zwischen Eva Perón und ihrer Anhängerschaft. Am Ende versprach sie zu tun, was das Volk von ihr verlange, was nur als Zustimmung interpretiert werden konnte. Neun Tage später erklärte sie dennoch ihren definitiven Verzicht in einer Rede, die diesmal hinter verschlossene Türen gehalten und per Rundfunk ausgestrahlt wurde.

Möglicherweise spielte ihr Gesundheitszustand eine wichtige Rolle bei dieser Entscheidung, denn zu diesem Zeitpunkt war sie bereits schwer krank. Andererseits wäre der Aufstieg Eva Peróns zum zweitwichtigsten Staatsträger für mächtige Sektoren der argentinischen Gesellschaft, vor allem für die Militärs, völlig inakzeptabel gewesen. Eine Gruppe hoher Offiziere nahm dies zum Anlass, einen Aufstand gegen die Regierung zu wagen. Am 28. September, also nach der Verzichtserklärung Evitas, kam es zu einer Erhebung. Nach ihrer Entscheidung hatten jedoch mehrere der ursprünglich an der Konspiration Beteiligten wieder die Seite gewechselt, so dass die Bewegung schnell kontrolliert werden konnte. Die Erhebung bot der Regierung aber die Möglichkeit, den Ausnahmezustand auszurufen, widerspenstige Offiziere aus dem Dienst zu entlassen und den Spielraum der oppositionellen Parteien im Vorfeld der Wahlen noch weiter einzuschränken. Hinzu kam eine Umstrukturierung der Wahlbezirke, die ebenfalls zugunsten der Regierung ausfiel.

Bei den Wahlen von 1951, die ersten an denen die Frauen teilnehmen durften, bekam Perón 4 745 000 Stimmen, fast doppelt so viel wie die UCR. Darüber hinaus erhielten die Peronisten alle Sitze im Senat sowie zwei Drittel der Abgeordnetenmandate. Damit kontrollierte die Regierung alle institutionellen Machtressourcen und fühlte sich legitimiert, die ganze Gesellschaft zu peronisieren. Der »Justizialismus«, wie man nun das peronistische Gedankengut nannte, wurde in einfache Formeln gefasst und per Gesetz zur Nationaldoktrin erhoben. Die Parteimitgliedschaft wurde zur Bedingung für eine Anstellung im öffentlichen Dienst. Bilder von Perón und Evita sowie Zitate aus ihren Reden füllten die Schulbücher. Im neuen peronistischen Argentinien war der politische Dissens unerwünscht. Ziel war vielmehr die Etablierung einer »organisierten Gemeinschaft« (*comunidad organizada*), in der sich die Interessengruppen unter staatlicher Aufsicht einigten. Als Pendant zur CGT wurden die CGE (*Confederación General Económica*) als neuer Unternehmerverband gegründet. Es folgten die *Confederación General Universitaria* und die *Unión de Estudiantes Secundarios* als Vertretung von Studierenden und Sekundarschülerinnen und -schülern.

Unter diesen Bedingungen wuchs die Unzufriedenheit all derjenigen, die sich mit dem Peronismus nicht identifizierten. Dazu zählten u. a. Anhänger der UCR, deren Artikulationsmöglichkeiten beschnitten wurden, Lehrer, die verpflichtet wurden, die neue Staatsdoktrin zu unterrichten, Journalisten, die von der Zensur kontrolliert wurden, Professoren, die aus den Universitäten entlassen wurden, Angestellte des öffentlichen Dienstes, die gezwungen wurden, sich der Partei anzuschließen, Studenten, die die Unterdrückung der universitären Freiheiten miterleben mussten, sowie Offiziere, die mit der Politisierung ihrer Institution nicht einverstanden waren. Zu der Ablehnung der allgegenwärtigen Propaganda, des Personenkults und der autoritären Züge des Regimes gesellte sich die Abneigung gegenüber der massiven Präsenz der Unterschichten, die die Basis des Peronismus bildeten, im öffentlichen Raum. Ihre neue fordernde Haltung war eine ständige Irritationsquelle für die Personenkreise, die sich von dieser Form der sozialen Mobilisierung bedroht fühlten. Das Bedürfnis, sich von der »peronistischen Masse« abzusetzen, wurde für die Mittelschichten immer stärker. Der massive Konsum von mittelmäßigen Filmen, die Ausbreitung von populären Musikgenres wie Tango und Folklore, die kostenlosen Opernaufführungen und die Verbreitung wenig anspruchsvoller Literatur galten in den Augen intellektueller Kreise als Zeichen einer von der Regierung herbeigeführten kulturellen Dekadenz. Das Alltagsleben wurde von der Politik immer mehr vereinnahmt; aus der antiperonistischen Haltung verschiedener Bevölkerungsgruppen entwickelte sich eine Identität, die – genauso wie die peronistische – nicht nur von politischen Überlegungen, sondern vielmehr stark von emotionalen Elementen geprägt wurde.

Vor allem auf Evita konzentrierte sich sowohl die Ablehnung der Antiperonisten als auch die Verehrung der Peronisten. Je weiter ihre Krankheit voranschritt, desto mehr Ehrungen wurden ihr von offiziellen Stellen gewidmet. Mehrere Städte wurden in »Eva Perón« umbenannt. Das Parlament beschloss die Errichtung eines Monuments in Buenos Aires und die Aufstellung von Reproduktionen in allen Provinzhauptstädten. Tausende beteten auf den Straßen für ihre Genesung. Am 26. Juli 1952 verstarb sie im Alter von 33 Jahren. Ihr Körper wurde in der Nacht für die Einbalsamierung vorbereitet und fast zwei Wochen lang im Arbeitsministerium ausgestellt. Es bildeten sich kilometerlange Schlangen von Menschen, die geduldig warteten, um ihr die letzte Ehre zu erweisen. Das Heer stand Spalier, als die Gewerkschaftsführer und die weiblichen Delegierten der Partei den Sarg zum Kongressgebäude trugen. Dort wurde Eva Perón von den Parlamentariern wie ein Staatspräsident geehrt. Am 10. August wurde der Sarg in die Gewerkschaftszentrale gebracht. Dort sollte er aufgebahrt bleiben, bis das Monument fertiggestellt würde. Ihr Tod hinterließ eine Lücke in der politischen Konstellation, die von niemand anderem ausgefüllt werden konnte.

Zur Beginn der zweiten Amtsperiode stand die wirtschaftliche Konjunktur unter anderen Zeichen als in den Jahren zuvor. Seit 1949 waren die Weltmarktpreise für Agrarprodukte wieder gesunken. Die Annahme, dies würde sich durch einen neuen internationalen Konflikt bald ändern, erwies sich als falsch, da der Korea-Krieg nicht solche Dimensionen annahm wie ursprünglich vermutet. Auch die Hoffnung, vom Marshall-Plan für den europäischen Wiederaufbau zu profitieren, wurde enttäuscht, weil die USA lediglich eine minimale Quote für argentinische Lebensmittel einräumten. All dies verursachte eine neue Krise der exportorientierten Wirtschaftssektoren. Die darauf folgende Verknappung der Devisen bewirkte eine Drosselung der Importe von Maschinen und anderen Gütern, die für die Industrieproduktion benötigt wurden, was wiederum in eine allgemeine Preiserhöhung mündete. Hinzu kamen zwei Jahre Missernten. Im Winter 1952 gab es nicht genug Fleisch zu kaufen, und viele Argentinier mussten sich mit dunklem Brot begnügen.

Vor diesem Hintergrund setzte der neuer Wirtschaftsplan ganz andere Akzente: Nun hatte die Stabilität Vorrang vor dem Wachstum, die Landwirtschaft vor der Industrie, die Privatinvestitionen und das ausländische Kapital vor dem öffentlichen Sektor. All dies implizierte Rationalisierungsmaßnahmen in den nationalisierten Unternehmen, Flexibilisierung der Währungskurse, Reduzierung von Krediten und staatlichen Ausgaben sowie die Aufgabe der Umverteilung zugunsten der Anpassungspolitik. Sogar die Beteiligung ausländischer Unternehmen im Erdölsektor wurde – trotz anders lautender Verfassungsklausel – gefördert.

Der neue Kurs bedeutete eine Abkehr von den Prinzipien, die in den Jahren zuvor propagiert wurden, brachte eine Annäherung der Unternehmer an die Regierung mit sich und stellte die Beziehung zwischen dieser und der Arbeiterschaft auf die Probe. Nachdem 1951 ein Streik der Eisenbahner, die den Anweisungen der regierungstreuen Gewerkschaftsführung nicht folgten, auf große Resonanz stieß, gelang es 1952 einen Kompromiss zwischen Arbeitgebern und Arbeiternehmern herbeizuführen: Preise und Gehälter wurden neu festgelegt und eingefroren; für die kommenden zwei Jahre wurden neue Tarifverhandlungen untersagt. Die Betonung der Notwendigkeit der Produktivitätssteigerung gab den Unternehmern Anlass, eine Flexibilisierung der Arbeitsbedingungen zu fordern. Im Rahmen der Tarifverhandlungen von 1954 gelang es jedoch den Gewerkschaften, den im Jahr 1950 erreichten Stand zu verteidigen. Insgesamt wirkten sich die Regierungsmaßnahmen positiv auf die wirtschaftliche Konjunktur aus, die sich ab 1953 wieder erholte.

In den Wahlen von 1954 konnte die Regierung zwei Drittel der landesweit abgegebenen Stimmen für sich verbuchen. Die Opposition sah sich in einer ausweglosen Situation und die Polarisierung nahm weiter zu. Nachdem am 15. April während einer peronistischen Kundgebung zwei Bomben explodierten, wurden am selben Abend die Zentralen oppositioneller Parteien attackiert und der elitäre Jockey Club verwüstet. Mehrere Tausende von Oppositionellen wurden in den nächsten Tagen verhaftet. Zwar erließ die Regierung im Dezember eine Amnestie, die Situation blieb jedoch angespannt. Gleichzeitig trat offen zutage, dass sich die Beziehungen zwischen der Regierung und der Kirche mittlerweile stark verändert hatten. Eigentlicher

Grund der Missstimmung war das Vordringen der staatlichen Macht in Bereiche, in denen die Kirche traditionell über besonderen Einfluss verfügte und die sie unter ihrer moralischen Obhut behalten wollte, wie zum Beispiel die Lebenswelten der Frauen, Kinder und Jugendlichen. In diesem Zusammenhang schien das Verhalten des Präsidenten, der sich nun gerne mit jungen Mädchen in der Öffentlichkeit zeigte, äußerst irritierend. Darüber hinaus bedeuteten der Evita-Kult sowie die Erhebung des Justizialismus zur Staatsdoktrin und seine Deutung als »wahres Christentum«, die von Regierungsstellen propagiert wurde, eine Herausforderung für die Kirche. Zwar reagierten die Bischöfe eher zurückhaltend, in den katholischen Kreisen machten sich jedoch Unmut und die Bereitschaft, Kontakte mit der politischen Opposition zu knüpfen, breit.

Ende 1954 ging die Regierung in die Offensive. In kürzester Zeit wurden die Einflussmöglichkeiten der Kirche im Erziehungswesen zurückgeschraubt. Im Parlament wurden mehrere Gesetzvorlagen eingebracht, die den Interessen der Kirche stark zuwiderliefen, wie etwa die Gleichstellung außerehelicher Kinder, die Einführung der Ehescheidung und das Verbot des Religionsunterrichts an den Schulen. In dieser Konstellation gestaltete sich die Fronleichnamsprozession am 11. Juni 1955, an der mehrere tausend Menschen teilnahmen, zu einem Protestakt, an den sich sowohl die *Acción Católica* als auch laizistische Radikale, Sozialisten und Kommunisten beteiligten. Daraufhin wurden zwei Bischöfe des Landes verwiesen.

Wenige Tage später erhob sich ein Teil der Marine und der Luftwaffe. Ihr Plan war, Perón zu töten, indem sie den Regierungspalast und die Plaza de Mayo bombardierten. Dabei kamen 300 Menschen ums Leben, weitere 600 wurden verletzt. Am selben Abend brannten mehrere Kirchengebäude in der Innenstadt, nicht jedoch in den Arbeitervierteln. Dem Rat der Heeresleitung folgend, versuchte Perón einen versöhnenden Kurs einzuschlagen. Entgegen seinen Erwartungen reagierte die Opposition mit höheren Forderungen, woraufhin er nochmal den Kurs wechselte. In einer von der CGT einberufenen Massenkundgebung gab sich Perón nun kämpferisch. Die Eskalation war nicht mehr aufzuhalten. Der militärische Aufstand, der letzten Endes den Machtwechsel herbeiführte, begann in Córdoba am 16. September unter der Führung von General Eduardo Lonardi und verbreitete sich bald über das ganze Land. Ein Teil der Armee blieb der Regierung gegenüber angeblich loyal, zeigte sich jedoch nicht bereit, schnell einzugreifen, und gab damit der Marine, die am entschiedensten gegen Perón handelte, Zeit, um vor Buenos Aires Stellung zu beziehen. Unter Admiral Rojas blockierte die Kriegsflotte die bonaerensische Küste und drohte damit, die Erdöllager zu bombardieren. Perón gab nach und suchte Schutz in der paraguayischen Botschaft. Entgegen allen kämpferischen Beteuerungen der letzten Jahre rief die CGT die Arbeiter nicht zum bewaffneten Kampf auf. Am 23. September bat sie sie vielmehr, Ruhe zu bewahren. Am selben Tag füllte sich die Plaza de Mayo wieder, diesmal von einer anderen Menge, die den Sieg über den Peronismus feierte.

Die Hoffnung, dass die Konflikte bald der Vergangenheit angehören würden, erwies sich als falsch. In den peronistischen Jahren war die politische Landschaft Argentiniens nachhaltig verändert worden. Der Gegensatz Radikale versus Konservative wurde von der Rivalität zwischen Peronisten und Antiperonisten abgelöst. Darin kamen einerseits unterschiedliche Positionen zur Person und zum Führungsstil Peróns zum Ausdruck, andererseits verbargen sich dahinter weitreichende Konflikte um die Rolle der politischen Parteien und Institutionen, die Macht der Gewerkschaften, die Beziehungen zwischen Staat und Gesellschaft und schließlich um das Verständnis von Demokratie. Parteien, Gewerkschaften, Militär und katholische Kirche waren unterschiedliche Akteure, die sich in einer neu konfigurierten politischen Arena trafen und sowohl um ihre Interessen als auch um ihre gesellschaftliche Legitimation konkurrierten. Diese Konstellation bestimmte die Auseinandersetzungen der nächsten Jahrzehnte, die immer schärfer wurden.

## Instabilität und Gewalt (1955-1983)

Dem Niedergang des Peronismus folgten fast drei Jahrzehnte politischer Instabilität. Zwischen 1955 und 1982 wurde das Präsidentenamt von insgesamt sechzehn Personen bekleidet. Zivile und militärische Regierungen wechselten sich ab, ohne dass es einer von ihnen gelang, eine echte Stabilisierung herbeizuführen. Auch die Rückkehr Peróns an die Macht in den 70er Jahren brachte keine Ruhe. Die wiederholten Gewaltaktionen verschiedener Gruppen verschlimmerten die Situation zusätzlich. Die Eskalation mündete 1976 in die Machtübernahme durch eine Militärjunta, die den Staatsterror etablierte. Darüber hinaus kam es 1982 zum Krieg um die *Islas Malvinas*, die Falklandinseln, mit dem NATO-Mitgliedsstaat Großbritannien.

Parallel zur politischen Entwicklung fand auch eine Veränderung der wirtschaftlichen Struktur des Landes statt. Die technische Modernisierung und die Diversifizierung der Agrarproduktion erlaubten zunächst eine Produktivitätssteigerung, die jedoch nicht ausreichte, um den Abstand zu den hochentwickelten Volkswirtschaften zu verringern. Die landwirtschaftlichen Großbetriebe verloren an Bedeutung zugunsten der mittleren Betriebe, die zwischen 500 und 5000 Hektar umfassten. Als Schlüssel zur Modernisierung galt nunmehr die Industrie, deren Entwicklungsmöglichkeiten mehrere kontroverse Fragen aufwarfen. Sollte die Leicht- oder die Schwerindustrie vorrangig gefördert werden? War eine Binnen- oder eine Außenmarktorientierung die richtige Strategie? Welche Rolle sollte dem Staat und dem ausländischen Kapital zukommen? Dies waren keine rein technischen, sondern hoch politisierte Fragen, die sich mit jeder politischen und wirtschaftlichen Krise neu stellten. Zunächst hielt das Wachstum des Industriesektors bis in die 70er Jahre an, was maßgebliche Auswirkungen auf die Entwicklung des Landes hatte. Ein Beispiel dafür ist die bis dahin beschauliche Stadt Córdoba, die zum Zentrum der Automobilindustrie avancierte. Größer als in der Industrie war das Beschäftigungswachstum im Handels- und Dienstleistungssektor, und das hatte wiederum eine starke Zunahme der lohnabhängigen Mittelschichten zur Folge.

Insgesamt verlief die wirtschaftliche Entwicklung in einem *stop-and-go*-Zyklus. Die Importsubstitution war nur auf der Basis von Technik und Kapitalgütern möglich, die aus dem Ausland stammten und einen hohen Anteil der Importe ausmachten. Man brauchte also Devisen, die das Land aus dem Export landwirtschaftlicher Produkte erwirtschaften musste. Da das Wachstum der Landwirtschaft jedoch an seine Grenzen stieß, kam es regelmäßig zu Engpässen in der Außenhandelsbilanz. Um diese zu stabilisieren, griff man zur Abwertung der Landeswährung, die dann unter anderem den Anstieg der Lebensmittelpreise im Lande und somit eine Senkung der Reallöhne zur Konsequenz hatte. Diese wiederum provozierte einen Rückgang des Konsums, was in eine Rezession mündete. Die dadurch ausgelöste Verminderung der Importe trug zum Ausgleich der Handelsbilanz bei. Da diese Entwicklung jedoch mit sozialen Konflikten und Forderungen seitens der Arbeiter sowie der Industrieunternehmer und der Mittelschichten verbunden war, versuchte die Regierung, die Industrialisierung wieder anzukurbeln, und der Zyklus begann von Neuem.

## *Das unmögliche Spiel*

Mit dem Putsch gegen Perón begann eine Epoche, die man als »unmögliches Spiel« bezeichnet hat, denn für die politischen Parteien war es ebenso unmöglich, die Wahlen ohne

Unterstützung des Peronismus zu gewinnen, wie sich ohne die Unterstützung des Militärs, das das Verbot des Peronismus erzwang, an der Macht zu halten. Zwar dachten die neuen Machthaber, der Peronismus würde sich bei Abwesenheit seines Führers rasch auflösen, sie wurden jedoch bald eines anderen belehrt. Einerseits galt die Etablierung einer tragfähigen Demokratie unter Einbeziehung dieser nun verfemten politischen Kraft als undenkbar, ohne sie war sie jedoch unmöglich.

Der Putsch von September 1955 wurde von einem breiten politischen Spektrum begrüßt. Radikale und Konservative, Sozialisten und Christdemokraten sowie die nationalistischen Gruppen waren sich jedoch keineswegs einig, wie mit dem Erbe des Peronismus umzugehen sei. General Lonardi, der an der Spitze des Putsches stand, gehörte zu den katholischen Nationalisten. Er kündigte eine Politik »ohne Sieger und Besiegte« an und dachte an die Möglichkeit, die Basis des Peronismus in eine politische Bewegung nationalistischer Prägung überzuleiten. Dies war jedoch für die extremen Antiperonisten in der Kriegsmarine, die eher auf die totale Auflösung des Peronismus zielten, inakzeptabel, so dass Lonardi nach 60 Tagen zurücktreten musste. Sein Nachfolger, General Pedro Eugenio Aramburu, leitete eine Politik der »Entperonisierung« ein. Dazu gehörte die Unterstellung der CGT unter die Regierung, die Absetzung der Gewerkschafter, die nach 1952 eine Führungsposition bekleidet hatten, die Auflösung des Partido Peronista und der Ausschluss seiner ehemaligen Mitglieder von den öffentlichen Ämtern. Dabei wurde selbst die Veröffentlichung der Namen von Juan Domingo und Eva Perón verboten. Während der Amtszeit Aramburus wurde der Leichnam Evitas im Auftrag der militärischen Führung aus der CGT entfernt und heimlich außer Landes geschafft.

Als Reaktion auf diese Politik kam es im Juni 1956 zu einem zivil-militärischen Aufstand, der jedoch scheiterte.

Die Regierung verhängte das Kriegsrecht, das unter anderem die Todesstrafe vorsah. Der Führer des Aufstands, General Juan José Valle, sechs weitere Offiziere und achtzehn Zivilisten wurden hingerichtet und eine weitere Gruppe von Personen, deren Beteiligung am Aufstand nicht eindeutig geklärt war, wurde auf einer Müllhalde erschossen.

1957 fanden Wahlen zum Verfassungskonvent statt. Da die Peronistische Partei von einer Beteiligung ausgeschlossen war, gaben ihre Anhänger leere Stimmzettel ab und konnten dadurch zeigen, wie stark sie immer noch waren. Diese indirekte Machtdemonstration veranlasste den UCR-Politiker Arturo Frondizi, für die nächsten Präsidentschaftswahlen einen Kompromiss mit Perón zu suchen. Zu diesem Zeitpunkt war die alte Radikale Partei zersplittert: Frondizi war Kandidat der UCRI (*Unión Cívica Radical Intransigente*), während seine Gegner sich in der UCRP (*Unión Cívica Radical del Pueblo*) versammelten. Zwar kam es nicht zur Unterzeichnung eines schriftlichen Abkommens zwischen Frondizi und Perón, der sich in der Dominikanischen Republik in Exil befand, Perón wies aber seine Anhänger an, für den Kandidat der UCRI zu stimmen.

Am 1. Mai 1958 übernahm Frondizi unter dem Motto »Integration und Entwicklung« die Regierungsgeschäfte. Entwicklung durch Aufbau einer nationalen Industrie galt als Zauberformel, um die sozialen Spannungen abzubauen und eine demokratische Koexistenz zu etablieren. Das vermeintliche politische Kapital der Regierung war jedoch seine Ambivalenz, die sich nicht lange aufrechterhalten ließ. Die Antiperonisten erwarteten, dass Frondizi dem Peronismus einen Riegel vorschieben würde, die Peronisten hingegen rechneten damit, dass er die Antiperonisten in die Schranken verweisen würde. Unter solchen Bedingungen war das Scheitern der Regierung Frondizi vorprogrammiert.

Da die Möglichkeiten der politischen Betätigung für die

Peronisten eingeschränkt blieben, verstärkten sie die gewerkschaftlichen Aktivitäten. Bald waren sie in der Lage, die Wirtschaftspolitik der Regierung, die auf Stabilisierung und Ansiedlung ausländischen Kapitals durch Zugeständnisse an die Investoren zielte, durch eine Welle von Streiks zu stören. Der Machtzuwachs der Gewerkschaften bedeutete auch die Stärkung von schillernden Führungsfiguren wie die des Vorsitzenden der Metallarbeiter, Augusto Vandor, der zwar seine Loyalität zu Perón bekundete, gleichzeitig jedoch eine eigene Machtbasis aufbaute. Zur Bekämpfung des Widerstandes, der sich in Streiks und Sabotageakten äußerte, setzte die Regierung zunehmend auf die Streitkräfte.

Innerhalb des Militärs zeichnete sich jedoch eine neue Spaltung ab: Die Fraktion der *Colorados* (Rote) verharrte im klassischen Antiperonismus, während die *Azules* (Blauen) vor allem einer möglichen Verbindung zwischen Peronismus und Kommunismus, den sie in Gefolge der kubanischen Revolution auf dem Vormarsch in Lateinamerika wähnten, vorbeugen wollten. In diesem Kontext nahm der Druck des Militärs auf die Regierung zu. Als sich die Peronisten in den meisten Provinzen bei den Gouverneurs- und Parlamentswahlen in März 1962 durchgesetzt hatten, wurde Frondizi abgesetzt. Da die Vizepräsidentschaft vakant war, weil Alejandro Gómez schon 1958 zurückgetreten war, übernahm der Präsident des Senats, José María Guido, mit der Unterstützung der *Azules* die Regierungsgeschäfte.

Aus den darauf folgenden Wahlen von 1963, die wiederum unter Ausschluss der Peronistischen Partei abgehalten wurden, ging der UCR-Kandidat Arturo Illia als Sieger hervor, allerdings konnte er nicht mehr als 25% der Stimmen auf sich vereinigen. Schon bald geriet er ins Kreuzfeuer verschiedener Interessen. Die Annullierung der Verträge mit den ausländischen Ölgesellschaften trug ihm den Unmut der USA ein, und ein Gesetzentwurf zur Eindämmung der Preise für Medikamente missfiel der Schweiz, so dass diese die Verhandlungen zur Refinanzierung der argentinischen Außenschulden zu blockieren versuchte. Einen Gesetzentwurf zur Umstrukturierung der Gewerkschaften rief wiederum die CGT auf den Plan. Es kam zu Massenprotesten und zur Besetzung von ca. 11 000 Fabriken und Werkstätten. Zwar riefen die Unternehmen die Regierung auf, den Ausnahmezustand zu erklären und hart durchzugreifen, deren Handlungen blieben jedoch im Rahmen des Gesetzes. Der Präsident sah sich infolgedessen dem Vorwurf der Unentschlossenheit ausgesetzt.

Diese Situation wurde im Juni 1966 durch einen neuen Staatsstreich beendet, der als *Revolución Argentina* bezeichnet wurde. Der zu den *Azules* zählende General Juan Carlos Onganía wurde von den Streitkräften als Präsident bestellt und leitete eine autoritäre Phase ein. Die Parteien wurden aufgelöst und jede politische Betätigung untersagt. Auch die Selbstverwaltung der Universitäten wurde einmal mehr aufgehoben, wobei in der *Noche de los bastones largos* (Nacht der langen Schlagstöcke) am 29. Juli 1966 die Polizei gegen Studenten und Professoren, vor allem in den Fakultäten für Naturwissenschaften und Philosophie der Universität Buenos Aires, brutal vorging. In den folgenden Monaten wurden Hunderte von Professoren entlassen oder traten zurück; viele von ihnen verließen das Land.

Dem Wirtschaftsminister Adalbert Krieger Vasena gelang es zunächst, die Inflation unter Kontrolle zu bringen, und die Regierung konnte für eine gewisse Zeit Pluspunkte sammeln. Da die Leidtragenden der Stabilisierungspolitik jedoch vor allem die Arbeiter waren, formierte sich schon bald die Opposition der Gewerkschaften. Das insgesamt repressive Verhalten der Regierung trug zu einer stärkeren Linksorientierung der Mittelschichten, vor allem der Jugend, bei. Als die Provinzregierung in Córdoba den Samstag als vollen Arbeitstag wiedereinführen wollte, kam es im Mai 1969 im Geist der internationalen 1968-Bewegung zu gemeinsamen Protesten von Studenten und Arbeitern. Die Repression der Proteste durch die Polizei führte zu einem Aufstand, der als der *Cordobazo* in die Geschichte einging. Von nun an war die Regierung Onganía sichtbar geschwächt; sie blieb jedoch noch ein weiteres Jahr im Amt, weil die Streitkräfte nicht in der Lage waren, sich auf einen Nachfolger zu einigen.

Gegen Ende der sechziger Jahre kamen auch im peronistischen Diskurs zunehmend linke Positionen zu Wort und man näherte sich rhetorisch der kubanischen Revolution. Dies führte dazu, dass eine neue Generation von Aktivisten dem Justizialismus beitrat und die *Juventud Peronista* (JP, Peronistische Jugend) bildete. Sie nahm wesentlich radikalere Positionen als die Gründergeneration ein. Auch zahlreiche Intellektuelle schlossen sich dem Peronismus an und begannen in ihm eine revolutionäre Kraft zu sehen. Die Studentenschaft, in der Vergangenheit eines der Bollwerke des Antiperonismus, war nunmehr mehrheitlich peronistisch und setzte ihr ganzes Vertrauen auf den Führer, der sich in Franco-Spanien im Exil aufhielt. Einem großen Teil dieser Jugend diente die militante Eva Perón mit ihrer Parole »das Leben für Perón« als Leitfigur. Gleichzeitig wurde das »sozialistische Vaterland« proklamiert.

Diese ideologischen Verschiebungen wurden auch in Taten umgesetzt. Kurz nach dem *Cordobazo* folgte die Ermordung von Augusto Vandor, der für seine Kooperationsbereitschaft mit der militärischen Führung von den Linksperonisten stark kritisiert worden war. Ein Jahr später wurde General Aramburu entführt und getötet. Diese spektakuläre Aktion war der erste Auftritt der *Montoneros*, einer peronistischen bewaffneten Organisation, die diese Tat mit dem Hinweis auf die Hinrichtungen von 1956 und auf das Verschwindenlassen des Leichnams von Eva Perón zu legitimieren versuchte.

Derweil löste General Levingston Onganía als Präsident ab. Auch er konnte keine nachhaltige Lösung für die politische Eskalation und die wirtschaftliche Verschlechterung anbieten. 1971 kam es erneut zu gewalttätigen Auseinandersetzungen in Córdoba. Daraufhin übernahm General Lanusse, der Oberkommandierende der Armee, die Regierungsgeschäfte. Die Erfahrungen mit der Repression und der politischen Inneffektivität der Militärregierungen hatten die politischen Parteien im November 1970 zu einer Übereinkunft geführt, der sie den Namen *Hora del Pueblo* (Stunde des Volkes) gaben. Peronismus und Radikalismus reklamierten nunmehr gemeinsam die Wiedereinführung der Demokratie ohne jegliche Einschränkung. Lanusse suchte darauf nun seinerseits nach einer Kompromisslösung, die es ihm erlauben sollte, mit der Unterstützung der beiden großen Parteien an der Macht zu bleiben. Dazu sollte es jedoch nicht kommen.

Inzwischen waren in Argentinien mehrere bewaffnete Guerilla-Organisationen aktiv. Zu den wichtigsten zählten die *Montoneros*, die *Fuerzas Armadas Revolucionarias* (FAR) – beide mit peronistischen Wurzeln – und der *Ejército Revolucionario del Pueblo* (ERP), der trotzkistisch orientiert war. Entgegen den Erwartungen der Militärregierung ließ sich Perón in seinem spanischen Exil nicht auf eine Verurteilung der bewaffneten Gruppen ein, vielmehr ermunterte er sie, ihre Aktivitäten zu verstärken, um so den Rückzug der Militärs zu erzwingen. Dies brachte den revolutionären Organisationen starken Zulauf und die Zustimmung breiter Teilen der Zivilbevölkerung ein, die mittlerweile Gewaltanwendung als legitimes Mittel gegen das autoritäre Regime billigten. Parallel dazu vollzog sich eine starke Peronisierung des an sich heterogenen linken Lagers. Die linken Flügel der Gewerkschaften, kritische Intellektuelle und Künstler, viele Jugendliche sowie sozial engagierte Christen forderten die Rückkehr Peróns als unabdingbare Voraussetzung für die soziale und politische Umgestaltung des Landes. Selbst jene politische Gruppen, die nicht zu den Anhängern des Peronismus zählten, waren inzwischen zu der Überzeugung gelangt, dass eine Befriedung des Landes ohne die Anwesenheit Peróns nicht möglich war.

### *Die Rückkehr Peróns*

In November 1972 kehrte Perón für einen Monat nach Argentinien zurück. Dort traf er sich mit den Führern der anderen politischen Parteien und brachte damit zum Ausdruck, dass er nunmehr zu Gesprächen mit den anderen Kräften bereit war. Dabei gelang es Perón, ein Wahlbündnis zu bilden, der *Frente Justicialista de Liberación Nacional* (FREJULI), an dem sich die UCR jedoch nicht beteiligte. Da Perón die Kandidatur weiterhin untersagt blieb, wählte er Héctor Cámpora zu seinem Stellevertreter. Dieser galt als absolut loyal und wurde gleichzeitig von der stark mobilisierten Jugend sehr geschätzt. Mit der Parole: »Cámpora al gobierno, Perón al poder« (Cámpora an die Regierung, Perón an die Macht) konnte er in den Wahlen vom 11. März 1973 49,5% der Stimmen auf sich versammeln und ging somit als eindeutiger Sieger hervor. Nach den vielen Jahren der Proskription gelangte der Peronismus nun durch demokratische Wahlen wieder an die Macht.

Perón stellte daraufhin von Madrid aus klar, dass er nach diesem Triumph das Ende der Guerilla-Aktivitäten und die Unterordnung der Aktivisten unter die politische Führung erwartete. Im neuen Kabinett der Regierung Cámpora waren die verschiedenen Sektoren des Peronismus vertreten. José López Rega, der bis dahin als persönlicher Sekretär Peróns fungiert hatte, übernahm das Ministerium für Wohlfahrt. Nach dem Modell der ersten peronistischen Regierungen versuchten Cámpora und sein Wirtschaftsminister José Ber Gelbard, die Wirtschaft durch staatliche Interventionen anzukurbeln und die sozialen Konflikte einzudämmen. Es kam zur Unterzeichnung eines Sozialpakts zwischen Regierung, Arbeitgebern und Arbeitnehmern, der nur durch den massiven Druck Peróns auf die Gewerkschaftszentrale und ihren Generalsekretär José Rucci möglich wurde, denn die Lohnerhöhungen fielen niedriger aus als erwartet. Doch die soziale Mobilisierung verselbständigte sich und in kurzer Zeit kam es zu zahlreichen Besetzungsaktionen im ganzen Land. Sie betrafen öffentliche Einrichtungen wie Schulen, Krankenhäuser und Universitäten ebenso wie Fernsehanstalten, Zeitungen und Fabriken.

Juan Domingo Perón kehrte am 20. Juni 1973 definitiv ins Land zurück, doch dadurch wurden die tiefgreifenden Konflikte innerhalb des Peronismus auf tragische Weise erst richtig sichtbar. Während die Linksperonisten dem Mythos eines revolutionären Perón anhingen, sahen die rechtsradikalen Gruppen die Chance gekommen, die Bewegung zu säubern. In der Nähe des Flughafens Ezeiza warteten an diesem Tag über zwei Millionen Menschen auf die Maschine, die Perón ins Land bringen sollte. Die peronistischen Gruppen rivalisierten um eine günstige Position, um den alten Führer zu sehen und gleichzeitig vor ihm die eigene Stärke zu demonstrieren. Rechtsgerichtete Gruppen, die als Sicherheitsdienst für die Kundgebung beauftragt worden waren, eröffneten vom Podium aus das Feuer, um dem massiven Druck der Linken standzuhalten. Es gab zahlreiche Tote und Verletzte. Das Flugzeug, in dem der so sehnsüchtig erwartete Perón saß, musste zu einem anderen Flughafen umgeleitet werden, und das erhoffte Fest wurde zu einem Trauertag.

Kurz nach diesen Ereignissen traten Cámpora und der Vizepräsident Solano Lima zurück. Der verfassungsmäßige

Nachfolger, der Präsident des Senats, war kurz zuvor auf Auslandsreise geschickt worden. Raúl Lastiri, Präsident des Abgeordnetenhauses und Schwiegersohn López Regas, übernahm provisorisch die Regierungsgeschäfte und rief zu Neuwahlen auf. Ziel der ganzen Operation war, den Platz für Perón freizumachen. Dieser gewann die Wahlen vom 23. September mit 62% der Stimmen und wurde im Alter von fast 78 Jahren zum dritten Mal zum Präsidenten gekürt. Vizepräsidentin wurde seine dritte Ehefrau, María Estela Martínez de Perón, bekannt unter dem Namen Isabel. Zwei Tage nach der Wahl wurde der Generalsekretär der CGT, José Rucci, von den Montoneros ermordet.

Erneut an der Regierung, versuchte Perón den Sozialpakt aufrechtzuhalten. Dabei ging es nicht nur um eine kurzfristige Stabilisierung der Wirtschaft, vielmehr um den Versuch, den Umverteilungskampf zwischen Arbeitgebern und Arbeitnehmern zu mäßigen und die argentinischen Unternehmen gegenüber den multinationalen Konzernen zu stärken. Dafür stützte sich Perón unter anderem auf die Gewerkschaftsfunktionäre und die »alten Peronisten«, die nun sowohl in den Reden als auch in der politischen Praxis gegenüber der Jugend aufgewertet wurden. Die Gouverneure von Buenos Aires und Córdoba, die mit der Linken sympathisierten, wurden aus ihren Ämtern verdrängt. Linke Abgeordnete, die die Gesetzentwürfe zur internen Disziplinierung der Gewerkschaften und zur Strafverfolgung aller Aktivitäten von nicht offiziell anerkannten Organisationen nicht unterstützen wollten, wurden aus der Partei ausgeschlossen. All dies hatte zum Ziel, den Einfluss der Linken innerhalb der Regierung und des Peronismus zurückzudrängen, was die Linksperonisten dazu veranlasste, Perón selbst herauszufordern. Im Rahmen einer großen Mai-Kundgebung auf der Plaza de Mayo versuchten die jungen Peronisten in einen Dialog mit ihrem Führer zu treten, woraufhin dieser sie kategorisch und öffentlich abqualifizierte. Die Episode endete mit dem spontanen Rückzug Tausender von Anhängern der *Montoneros* und der Peronistischen Jugend, die unter der Parole »Das Volk wird kämpfen« den Platz verließen. Am 25. Mai wurde die Peronistische Jugend aufgelöst.

Bald zeigte sich, dass die Regierung der Situation auch in wirtschaftspolitischer Hinsicht nicht mehr gewachsen war. Die internationale Erdölkrise bewirkte eine allgemeine Preiserhöhung, wodurch die Reallöhne stark sanken. Da bei den Lohnverhandlungen, die im März 1974 stattfanden, keine Übereinkunft erzielt werden konnte, verfügte die Regierung eine allgemeine Lohnerhöhung von 13%. Entgegen der Verfügung der Regierung übertrugen die Unternehmen die höheren Kosten auf die Preise, was eine weitere Ankurbelung der Inflation zur Folge hatte. Die von der Regierung verordnete Preiskontrolle scheiterte am Schwarzmarkt und der Entnahme wichtiger Lebensmittel aus dem Markt seitens der Produzenten, wodurch die Preise weiter stiegen.

Am 1. Juli 1974 starb Perón und hinterließ eine zutiefst gespaltene politische Bewegung in einem zutiefst polarisierten Land. Seine Ehefrau und verfassungsmäßige Nachfolgerin war die erste Frau, die das Präsidentenamt in Argentinien bekleidete. Sie war jedoch den Herausforderungen der Stunde nicht gewachsen. Unter dem Einfluss von José López Rega, des »Rasputin der Pampas«, glitt die Regierung immer weiter ins rechte Lager. Der Minister organisierte die *Triple A* (Argentinische Antikommunistische Allianz), eine paramilitärische Organisation unter Beteiligung von Polizeikräften, die darauf zielte, die politischen Gegner physisch zu vernichten. Zahlreiche politische Aktivisten, Gewerkschafter, Intellektuelle, Künstler und Journalisten fielen ihr zum Opfer.

Der letzte Konflikt innerhalb der peronistischen Regierung entfaltete sich zwischen López Rega und der Führung der Gewerkschaften. Als die CGT 1975 Gelbard die weitere Unterstützung verweigerte, sah sich der Wirtschaftsminister zum Rücktritt gezwungen. Unter seinem Nachfolger Alfredo Gómez Morales handelten Arbeitergeber und Gewerkschaften im Mai 1975 eine allgemeine Lohnerhöhung von 38% aus, die weit über den Vorstellungen des Ministers lag. Dieser trat zurück, bevor die Ergebnisse der Tarifrunde unterschrieben wurden. Celestino Rodrigo, der neue Minister, der aus dem inneren Kreis um Isabel Perón und López Rega stammte, verfügte eine drastische Anpassungspolitik durch die Abwertung der Landeswährung um 100% und die Erhöhung der Tarife für öffentliche Dienstleistungen, die teilweise die 200%-Marke erreichte. Dies bedeutete eine radikale Umkehr der Politik des Interessenausgleichs, einen Annäherungsversuch an die mächtigen Großunternehmen und den Ausschluss der Gewerkschaften als privilegierte Partner der Regierung. Dennoch gelang es der Gewerkschaftsführung, als Kompensation eine Lohnerhöhung von durchschnittlich 160% mit den Arbeitgebern auszuhandeln, deren Abzeichnung durch die Regierung jedoch zunehmend unsicher wurde. Als die Präsidentin die Annullierung der Tarifrunde verkündete, wurde die CGT-Führung durch die Basis zum entschiedenen Handeln gezwungen. Am 7. und 8. Juli kam es zum ersten Generalstreik gegen eine peronistische Regierung. Die auf der Plaza de Mayo versammelte Arbeiterschaft verlangte den Rücktritt von Rodrigo und von López Rega, der kurz danach das Land verließ.

Von nun an geriet die Präsidentin immer mehr in die politische Isolation, während die Gewalt weiter grassierte: Allein im Jahr 1975 gab es über 800 politisch motivierte Morde. Daran beteiligt waren sowohl rechtextreme Organisationen, die von der Regierung gefördert wurden, als auch linksorientierte Gruppen. Im September erklärte die Führung der Montoneros, dass sie sich nun als geheime Organisation verstand, woraufhin die Regierung sie als illegal erklärte.

Der Ejército Revolucionario del Pueblo (ERP), der außerhalb des peronistischen Spektrums handelte, zielte vor allem auf eine Eskalation, die eine revolutionäre Situation herbeiführen sollte. Die Organisation agierte als Landguerilla in der Provinz Tucumán, bis die Regierung im Mai 1975 per Dekret den Einsatz des Militärs zur »Neutralisierung bzw. Vernichtung« der Guerilla anordnete. Damit wurde eine Repression eingeläutet, die sich zunehmend illegaler Praktiken wie der Entführung und der Folter bediente. Der ERP unternahm einen großangelegten Versuch, eine Kaserne zu besetzen, der aber scheiterte, wodurch der ERP einen Großteil seiner Kampfkraft verlor. Das Militär erklärte sich seinerseits immer mehr zum Verteidiger des Vaterlandes, wobei die Gefahr, die es zu bekämpfen hatte, stark aufgebauscht wurde. So wurde beispielsweise in Tucumán zur Bekämpfung von 160 Guerilleros ein Kontingent von ca. 4000 Mann eingesetzt.

Zum Jahresbeginn 1976 versuchte Isabel Perón die Kontrolle zurückzuerlangen, indem sie ein neues Kabinett berief. Dadurch manövrierte sie sich jedoch noch mehr in die Isolation. Inmitten der Krise erwies sich die politische Elite als unfähig, eine institutionelle Lösung zu finden. Die von allen Seiten als unabwendbar angesehene militärische Intervention wurde zur sich selbsterfüllenden Prophezeiung.

## *Die letzte Militärdiktatur*

Nach dem Staatsstreich vom 24. März 1976 lag die Macht bei einer Militärjunta, die sich aus den Oberkommandierenden der drei Teilstreitkräfte, Jorge Rafael Videla (Heer), Emilio Massera (Kriegsmarine) und Ramón Agosti (Luftwaffe), zusammensetzte. Videla übernahm kurz danach auch die Präsidentschaft, ohne dabei auf sein Amt als Oberbefehlshaber des Heeres zu verzichten. Mitglieder des Heeres übernahmen die Regierung von zwölf Provinzen, während die Kriegsmarine die Gouverneure von nur fünf Provinzen sowie des Nationalen Territoriums Feuerland, der Antarktis und der Südatlantischen Insel stellte, und die Luftwaffe sich mit der Regierungsgewalt in den übrigen fünf Provinzen und der Stadtverwaltung von Buenos Aires zufriedengab.

Die Handlungen der neuen Machthaber orientierten sich an der »Doktrin der Nationalen Sicherheit«, die seit den 60er Jahren als ideologische Grundlage mehrerer südamerikanischer Diktaturen diente. Diese Doktrin verbreitete sich in Lateinamerika unter Einfluss der Sicherheitsvorstellungen der USA im Kontext des Kalten Krieges. Weitere externe Einflüsse sind in der Strategie zur Bekämpfung der Aufständischen auszumachen, die von den Franzosen im Algerienkrieg angewandt wurde, während die radikalen Varianten des argentinischen katholischen Nationalismus hispanischer Prägung als lokale Quellen gelten. Für die Verfechter der »Doktrin der Nationalen Sicherheit« waren die Aktivitäten der bewaffneten Organisationen in Argentinien Teil eines internationalen Krieges, den eine »vaterlandslose Subversion« mit allen Mitteln gegen die »westliche christliche Welt« führte. Ziel der Militärregierung war nicht lediglich, die linksgerichteten bewaffneten Organisationen zu besiegen, deren Kampfkraft bereits Ende 1975 sehr geschwächt war. Vielmehr strebte sie nach der Auslöschung jeden Protestpotentials sowie der Disziplinierung der gesamten Gesellschaft durch den Terror. Die Repression hatte klare Prioritäten und zielte vor allem auf militante Gewerkschafter, kritische Journalisten, Studenten und Intellektuelle.

Der »schmutzige Krieg« wurde rational organisiert und erstreckte sich über das ganze Land. Dafür wurde das Territorium in fünf großen Zonen aufgeteilt, die jeweils einem der fünf Heereskorps unterstanden, während Luftwaffe und Kriegsmarine kleinere Gebiete kontrollierten. Offiziell war der Sicherheitsapparat als pyramidale Struktur organisiert, deren Spitze durch die Militärjunta besetzt war. Da die Zonen in kleinere Einheiten unterteilt wurden, verfügten jedoch die mittleren Ränge über einen relativ großen Spielraum. Sie bildeten die sogenannten *grupos de tareas*, d.h. Einsatzeinheiten, die die Operationen durchführten, an denen auch Polizisten und Zivilpersonal beteiligt waren.

Kernelement der repressiven Strategie war das systematische »Verschwindenlassen« von Personen. Dies begann mit der Entführung der Opfer, ohne dass ein ordentlicher Haftbefehl erlassen worden wäre oder die Angehörigen über das weitere Schicksal der Entführten informiert wurden. Meistens brachen die *grupos de tareas* spät in der Nacht oder im Morgengrauen in die Wohnungen ein, nahmen unter Gewaltanwendung eine oder mehrere Personen sowie auch Wertsachen mit, die als Kriegsbeute zur Motivation der Einsatztruppe eingesetzt wurden. In Autos ohne Identifikationsnummern wurden die Gefangenen zu geheimen Haftzentren transportiert. Es gab damals mehrere hundert geheime Haftorte, in denen zahlreiche Menschen – Männer wie Frauen, Jung wie Alt – physisch und psychisch brutal gefoltert wurden mit dem angeblichen Ziel, schnell Informationen über weitere »Subversive« zu erhalten, um diese wiederum auf dieselbe Art und Weise zu behandeln. Wenn keine brauchbaren Informationen mehr zu erwarten waren, wurden die Gefangengen ermordet. Die Körper derjenigen, die man erschoss, wurden entweder verbrannt oder ohne Identifikation kollektiv begraben. Das Schicksal Tausender von Opfern war noch grausamer: Sie bekamen lediglich ein Schlafmittel, bevor sie lebend aus Flugzeugen ins Meer oder in den Río de La Plata geworfen wurden. Schwangere Frauen wurden bis zur Entbindung am Leben gehalten und dann gleich ermordet. Die Babys, die in den Haftzentren geboren wurden, sowie die Kleinkinder, die mit ihren Eltern entführt worden waren, wurden ihrer Identität beraubt und an fremde Familien, in vielen Fällen Angehörige der Sicherheitskräfte, abgegeben.

Die Gesamtzahl der Menschen, die auf dieser Weise »verschwanden« ist bis heute nicht eindeutig geklärt. 1984 konnte die *Comisión Nacional sobre la Desaparición de Personas* (CONADEP, Nationale Kommission über das Verschwinden von Personen) ca. 9000 Fälle registrieren; seitdem sind weitere Fälle dokumentiert, aber die Dunkelziffer ist nicht ganz eindeutig zu bestimmen. Die Menschenrechtsorganisationen sprachen von 30 000 Verschwundenen, weshalb sich diese Zahl seit den 80er Jahren als maßgeblich in das öffentliche Bewusstsein eingeprägt hat.

Die Methode des systematischen »Verschwindenlassens« hatte Wirkungen auf die ganze Gesellschaft. Den Toten zu begraben ist ein Gebot, das für alle Religionen gilt. Indem die Diktatur Tausende von Bürgern insgeheim ermorden und sogar ihre sterblichen Überreste verschwinden ließ, erzeugte sie einen Zustand von Ungewissheit und allgemeiner Unsicherheit. Wenn man nicht einmal weiß, ob die verschwundene Person tot oder lebendig ist, kann man nicht trauern. Unter solchen Bedingungen bleiben die Angehörigen im Ungewissen, wie sie handeln sollen, denn sie müssen immer fürchten, dass ihre Bemühungen eventuell eine Verschlechterung der Situation der Opfer mit sich bringen können. Wer nicht direkt betroffen war, wollte auch nichts davon hören, denn dies allein könnte lebensgefährlich werden.

Gegen diese Form des Terrors wagten die Wenigsten etwas zu unternehmen. Bei ihrem Gang durch die Behörden, die sie auf der Suche nach ihren verschwundenen Kindern aufsuchten, schlossen sich einige Frauen zusammen. Im April 1977 traten sie mit ihren Forderungen an die Öffentlichkeit und demonstrierten vor dem Regierungspalast. Mit weißen Kopftüchern bedeckt, versammelten sich die Mütter jeden Donnerstag auf der Plaza de Mayo, trugen Plakate mit Fotos und Namen ihrer Angehörigen und fragten nach deren Verbleib. Sie stammten aus verschiedenen Schichten, die meisten waren Hausfrauen, die bisher nicht unbedingt politisch tätig gewesen waren und jetzt aufgrund des Verschwindens ihrer Kinder aktiv wurden. Die Versuche der Militärs, ihre Versammlungen aufzulösen, beantworteten sie mit passivem Widerstand und diskretem Hinweis auf ihre Mutterrolle. Mit der Zeit wurde aus dem individuellen Schmerz eine kollektive Identität und eine klare Forderung: »Lebend hat man sie mitgenommen, lebend wollen wir sie wiederhaben.« Als ihnen untersagt wurde, auf dem Platz stehen zu bleiben, begannen sie um die Pyramide mit der Statue der Republik im Kreise zu gehen. Drei Mütter wurden im Dezember 1977 entführt und sind seitdem verschwunden. Vor allem während der Fußballweltmeisterschaft 1978 wurden die Mütter der Plaza de Mayo im Ausland bekannt. 1979 konnten sie sich als Verein registrieren lassen, und 1981 rief die Vorsitzende Hebe de Bonafini zur ersten »Marsch des Widerstands« auf, der bis 2006 einmal jährlich stattfand. Die Mütter entwickelten sich zu einer politisch-moralischen Instanz und zum Symbol des Widerstandes gegen den Staatsterror.

Die Ausrichtung der Fußballweltmeisterschaft gab der Diktatur die Gelegenheit, ein großes Fest für alle Argentinier zu inszenieren. Dafür investierte man 500 Millionen Dollar in den Bau von neuen Stadien und Verkehrsverbindungen sowie für eine großangelegte Medienkampagne. Diese hatte zum Ziel, sowohl nach innen wie nach außen das Bild eines friedlichen Landes zu vermitteln, zumal die Menschenrechtsverletzungen zunehmend im Ausland bekannt wurden. Während der Spiele, die im Juni 1978 stattfanden, ließen sich die Argentinier von den Erfolgen der eigenen Mannschaft zunehmend begeistern, selbst wenn nicht immer sicher war, dass sie mit sauberen Methoden erreicht wurden. Das Publikum spielte im Wesentlichen die ihm zugedachte Rolle eines fröhlichen und zufriedenen Volkes. Der allgemeine öffentliche Jubel über den Sieg bei der Weltmeisterschaft ließ sich von einer breiten Unterstützung für das Regime nicht ohne weiteres unterscheiden. Inmitten der Euphorie waren die meisten Argentinier dazu bereit zu glauben, dass der Terror nun der Vergangenheit angehörte. Andererseits war gerade diese aufwendige Inszenierung ein Zeichen dafür, dass die gewollte Unterstützung nicht ganz selbstverständlich war.

Noch vor der Fußballweltmeisterschaft wurde Videla bis März 1981 als Präsident bestätigt. Nach einer langen Auseinandersetzung zwischen den drei Teilstreitkräften ernannte er im Juli 1978 General Roberto Viola zu seinem Nachfolger an der Spitze des Heeres. Kurz danach löste Armando Lambruschini Massera in der Führung der Kriegsmarine ab, und im folgenden Jahr übernahm Omar Graffigna die Leitung der Luftwaffe. Damit war die vollständige Erneuerung der Militärjunta abgeschlossen. Anlass zu Meinungsverschiedenheiten innerhalb der Streitkräfte gab vor allem bei der Wirtschaftspolitik. Wie schon oft in der Vergangenheit herrschte auch diesmal über diese Frage Uneinigkeit unter den Militärs. Während die eine Fraktion das Übel im Populismus und in der Einmischung des Staates in das Wirtschaftsgeschehen auszumachen glaubte und eine orthodox-liberale Wirtschaftspolitik einleiten wollte, favorisierte die andere einen nationalistischen Kurs mit Staatsunternehmen unter militärischer Führung.

Flankiert durch die Repression wurde eine Wirtschaftspolitik durchgeführt, die eine tiefgreifende Veränderung der ökonomischen Struktur des Landes einleitete. Zentrale Ziele der Wirtschaftspolitik, die zwischen 1976 und 1981 von Minister José Alfredo Martínez de Hoz verantwortet wurde, waren die Bekämpfung der Inflation, die Förderung des Wachstums und die Beseitigung des Staatsdefizits. Die von ihm ergriffenen Maßnahmen führten jedoch zu ganz anderen Ergebnissen. Der unmittelbarste Effekt seiner Politik war ein drastischer Rückgang der Arbeitnehmerkaufkraft, da in einem inflationären Kontext die Freigabe der Preise bei gleichzeitigem Einfrieren von Löhnen und Gehältern im ersten Amtsjahr Reallohnverluste von etwa 40% provozierte. Die Reallöhne sanken nicht nur in absoluten Zahlen, auch ihr Anteil am Bruttosozialprodukt ging zurück. Dies bedeutete eine beträchtliche Umverteilung der Einkommen zugunsten der Oberschichten.

In der Praxis wurden die antiinflationären Maßnahmen und die Reduzierung des Haushaltsdefizits anderen Interessen geopfert. Zwischen 1976 und 1981 kam es nicht zu einer Verkleinerung des öffentlichen Sektors, sondern im Gegenteil zu seiner Ausweitung; die staatlichen Ausgaben waren weit davon entfernt zu sinken, sie stiegen im Gegenteil an. Gleichzeitig wurde eine eigenartige Privatisierungspolitik durchgeführt. Einige große Staatsbetriebe wurden zergliedert und in Teilen verkauft; andere wurden samt und sonders aufgelöst. Die realen Einnahmen des Staates waren bei diesen Transaktionen, wenn überhaupt, sehr gering. Die tatsächlich erzielten Verkaufspreise waren bedeutend niedriger als die Summen, die bei der ersten Ausschreibung als Basis festgesetzt worden waren. Außerdem übernahm der Staat in vielen Fällen die Schulden der transferierten Unternehmen. Die Vergabe von Dienstleistungsaufträgen an Private ermöglichte die stufenweise Teilprivatisierung bestimmter Bereiche, in denen sich unmittelbar danach ein schnelles Wachstum der beteiligten Unternehmer abzeichnete. Sie erzielten große Gewinne bei sehr niedrigen Kosten und hatten fast kein Risiko. So förderte diese Wirtschaftspolitik eine Kapitalkonzentration zugunsten weniger Unternehmen, ohne dass dies zu einer Entlastung des öffentlichen Haushalts oder zu einer Steigerung der Investitionen führte. Die staatlichen Betriebe wurden aufgesplittet und geschwächt, wodurch sie ihre frühere Rolle als Entwicklungsmotor verloren.

Die hohen Zinssätze, die Überbewertung der Landeswährung gegenüber dem Dollar, die durch einen im Voraus offiziell festgelegten Wechselkurs hervorgerufen wurde, die umfangreichen Spekulationsgeschäfte sowie die uneingeschränkte Außenöffnung der Volkswirtschaft wirkten zusammen und lösten einen Rezessions- und Verschuldungsprozess aus, der jedoch nicht für alle Produzenten die gleichen Folgen hatte. Die kleinen und mittleren Betriebe waren am meisten betroffen, denn sie waren nicht in der Lage, sich gegenüber der Konkurrenz von Billigimporten zu behaupten. Sie verfügten auch nicht über genügend Kapital, um erfolgreich an Finanz- und Wechselkursspekulationen teilzunehmen. Dagegen erreichten die diversifizierten oder integrierten multinationalen Unternehmen und die großen argentinischen Unternehmensgruppen eine Erweiterung ihrer Marktanteile.

Die Politik von Martínez de Hoz führte zur Entstehung eines Finanzmarktes mit kurzfristigen Anlagen und hoher Liquidität sowie zur Abschaffung aller bisher existierenden Beschränkungen für grenzüberschreitende Kapitalbewegungen. Gleichzeitig wurde ein beachtlicher Teil der Finanztransaktionen von einer relativ kleinen Zahl von Unternehmen getätigt, die zu Marktführern wurden. Ihre Vorgaben dienten den kleinen und mittleren Sparern als Orientierungspunkte für Finanzspekulationen, wodurch sich ihre Wirkungen mit ungeheurer Geschwindigkeit multiplizierten und sich jeglicher Kontrolle entzogen. Auf diese Weise bildete sich ein Kapitalmarkt neuer Prägung, dessen Funktionsweise jeden Versuch, wieder zu den ursprünglichen Bedingungen der Kapitalverwendung zurückzukehren, zum Scheitern verurteilte.

Gemäß einer früher erfolgten Absprache übernahm General Roberto Viola im März 1981 die Präsidentschaft. Seine kurze Regierungszeit (März-Dezember 1981) zeichnete sich durch den Versuch der *Softliner* innerhalb des Regimes aus, eine kontrollierte Öffnung einzuleiten und den Kurs der wirtschaftlichen Entwicklung zu modifizieren. Die neue Regierung war jedoch erfolglos und wurde durch einen Palastputsch von der Macht verdrängt, in dessen Folge General Leopoldo Galtieri die Präsidentschaft übernahm. Dieser bemühte sich um die Unterstützung der konservativen zivilen Führungspersönlichkeiten einiger Provinzparteien, um eine politische Organisation zu bilden, die die Fortsetzung der von den Militärs verfolgten Politik und die Beibehaltung ihres Einflusses gewährleisten sollte. Mit dieser Absicht ernannte er einige von ihnen zu Provinzgouverneuren, was zu Protesten seitens der nicht einbezogenen Politiker führte, vor allem der Peronisten und Radikalen. Gleichzeitig mehrten sich die Zeichen für eine Zunahme der politischen Aktivitäten innerhalb der Bevölkerung: Im März 1982 rief die *Multipartidaria*, ein Zusammenschluss mehrerer politischer Parteien, zu Protestaktionen auf, während die CGT einen Generalstreik ankündigte. Die drohende Repression durch die Polizei konnte diese Aktionen nicht mehr verhindern. Angesichts der wachsenden sozialen Mobilisierung wurde eine von oben kontrollierte Öffnung immer unwahrscheinlicher, und der Handlungsspielraum der autoritären Machthaber, deren interne Konflikte von Tag zu Tag zunahmen, reduzierte sich zusehends.

In dieser Situation ordnete die Militärregierung die Invasion der von Großbritannien seit 1833 besetzten Malvinas-Inselgruppe an und beschwor damit einen internationalen Krieg herauf. Diese Entscheidung, die einer »Flucht nach vorn« gleichkam, veränderte das innenpolitische Panorama von einem Tag auf den anderen grundlegend. Die *Multipartidaria* solidarisierte sich mit der Regierung. Die

Führer der wichtigsten Parteien nahmen gemeinsam mit den militärischen Autoritäten an der Amtseinführung von General Menéndez als Gouverneur der Inseln teil, und bekannte Politiker begleiteten die diplomatischen Missionen ins Ausland mit dem Ziel, für den argentinischen Standpunkt zu werben. Keine der bedeutenden Parteien zeigte sich in der Lage, inmitten der nationalistischen Euphorie, die fast die gesamte Gesellschaft ergriffen hatte, eine eigene Position zu formulieren. Auf diese Art und Weise ordnete sich die politische Elite erneut den Wünschen der Streitkräfte unter.

Der Krieg im Südatlantik endete am 14. Juni 1982 mit der Kapitulation der argentinischen Truppen. Die triumphalistische Stimmung machte dem Gefühl einer schmerzlichen Niederlage Platz. International war das Land isoliert. Die Streitkräfte waren nunmehr sogar in ihrer ureigensten Funktion gescheitert. In dieser Situation büßten die Militärs einen Großteil ihrer politischen Handlungskapazität ein, nicht zuletzt, weil sie ihre Kräfte in Schuldzuweisungen zwischen den verschiedenen Teilstreitkräften aufzehrten. Als sich das Militärregime schon im Auflösungsprozess befand, beschloss der damalige Präsident der Zentralbank, Domingo Cavallo, eine Ausweitung des Systems der Wechselkursgarantien, durch die die nationale Regierung die Garantie für die Zahlung von Schulden gegenüber ausländischen Gläubigern gewährte, ohne etwas im Gegenzug zu erhalten. Auf diese Art und Weise wurden aus privaten Schulden staatliche Schulden, deren Rückzahlung der nachfolgenden demokratischen Regierung ebenso wie der gesamten Nation aufgebürdet wurde.

Als Galtieri zurücktrat, konnten sich die drei Teilstreitkräfte nicht auf einen Nachfolger einigen. Gegen den Willen der Luftwaffe und der Marine ernannte das Heer Reynaldo Bignone, einen General im Ruhestand, zum neuen Präsidenten. Die Militärjunta löste sich auf, nachdem sie verkündet hatte, dass die neue Regierung nur eine Übergangslösung sei und dass die »Institutionalisierung des Landes« bis März 1984 vollzogen werden sollte. Die mangelnde Unterstützung seitens der Teilstreitkräfte schwächte die Position Bignones und zwang ihn dazu, das Verbot der politischen Aktivitäten aufzuheben und Gespräche mit Parteien und Gewerkschaften zu suchen. Die fehlende Initiative der politischen Parteien verhalf wiederum den Streitkräften zu einer gewissen Atempause.

Zu Beginn des Jahres 1983 wurde jedoch offensichtlich, dass die Streitkräfte nicht dazu in der Lage sein würden, den Demokratisierungsprozess zu bremsen und ihm ihre Bedingungen aufzudiktieren. Am 1. März 1983 kündigte die Regierung für den 30. Oktober allgemeine Wahlen auf der Grundlage der Verfassung von 1853 an. Gedrängt von den wachsenden Beschwerden der Menschenrechtsorganisationen und dazu entschlossen, eine Untersuchung ihrer Taten zu verhindern, versuchten die Streitkräfte durch die Vorlage eines von ihnen als endgültig betrachteten Dokuments die Diskussion zu beenden. Darin wollten sie mögliche »Fehler« mit dem Argument rechtfertigen, die Vorgehensweise der terroristischen Gruppen habe sie zu nie zuvor angewandten drastischen Maßnahmen gezwungen. Nur »das Urteil der Geschichte« könne darüber entscheiden, welche Aktionen unter solchen Bedingungen angemessen waren.

Das Dokument stieß auf Ablehnung in großen Teilen der Zivilgesellschaft. Die Menschenrechtsorganisationen veranstalteten eine große Protestdemonstration. Während die Streitkräfte und führende Parteipolitiker sich an das Thema nur rhetorisch annäherten, wurden in den Gerichten die ersten Anklagen gegen Verantwortliche eingereicht. Zudem mehrten sich die Anzeigen von nationalen und internationalen Organisationen. Die kurz vor der Ablösung stehende Regierung entschied sich dazu, vollendete Tatsachen zu schaffen, und erließ ein Amnestiegesetz, das als salomonische Lösung präsentiert wurde und die straf- und zivilrechtliche Verfolgung sowohl von subversiven Delikten wie von bei ihrer Bekämpfung begangenen Straftaten verhindern sollte. Die politischen Parteien waren zum damaligen Zeitpunkt bereits mit dem Wahlkampf beschäftigt. Die *Multipartidaria* löste sich auf, ohne dass die parteipolitischen Kräfte einen gemeinsamen Standpunkt zu dieser gravierenden Frage erarbeitet hatten.

## *Die Kultur zwischen Modernisierung, Rebellion und Gewalt*

Die politische Entwicklung hatte auch Einfluss auf das kulturelle Leben in Argentinien. In den Jahren nach Peróns Sturz wurden seine Anhänger aus den staatlichen Kultureinrichtungen entfernt, und die zuvor vertriebenen antiperonistischen Akademiker konnten an die Universitäten zurückkehren. Im Einklang mit den neuen Entwicklungsvorstellungen sollten nunmehr auch die Wissenschaften zur Modernisierung des Landes beitragen. In diesem Geist wurden neue Lehrstühle, u. a. für Soziologie und Psychologie, eingerichtet, und eine Reihe von wissenschaftlichen und kulturellen Institutionen gegründet, allen voran der *Consejo de Investigaciones Científicas y Técnicas* (CONICET), der mehr und mehr eine aktive Rolle zur Förderung der Forschung übernahm.

Im Bereich der Populärkultur veränderte sich während der 50er Jahre kaum etwas. Tango, Fußball, Rundfunk und Kino genossen so viel Zulauf wie in den Jahrzehnten zuvor. Allmählich jedoch zeigten sich erste Veränderungen, wie z. B. das zunehmende Interesse für Jazz. Nicht zuletzt durch die Verbreitung von Plattenspielern in den Haushalten nahm die Präsenz der Musik im Alltagsleben breiter Bevölkerungsteile zu. In den 60er Jahren kamen auch in Argentinien Rockmusik und Hippiebewegung in Mode, zwei Phänomene, die einerseits international verbreitet waren, andererseits von einheimischen Musikern weiterentwickelt wurden. Darüber hinaus nahm die Folklore-Bewegung neuen Aufschwung und verband nunmehr einen romantischen Nativismus mit Sozialkritik. Auch der Tango erlebte eine Neuausrichtung. Er verlor die Anziehungskraft als Tanz, während die instrumentellen Elemente in den neuen Avantgardetangos von Astor Piazzolla aufgewertet wurden. Die Texte wurden mehr und mehr von Lokalkolorit befreit und brachten eher universelle Werte und Befindlichkeiten zum Ausdruck.

Gleichzeitig änderte sich das Verständnis der Rollen von Frauen und Männern. Themen wie die sexuelle Selbstbestimmung der Frauen oder die Ehescheidung beschäftigten die Öffentlichkeit zunehmend, und eine große Anzahl junger Menschen distanzierte sich von den Vorstellungen der Elterngeneration. Eine intellektuelle Avantgarde artikulierte ein neues Selbstverständnis, das in der Suche nach Erneuerung in Gesellschaft und Politik sowie in der Aufwertung der Jugend zum Ausdruck kam. Zu einem wichtigen Zentrum experimenteller Kunst avancierte das *Instituto Di Tella*, wo innovative Formate erprobt wurden, die auf eine Verbindung zwischen künstlerischer Avantgarde und Populärkultur zielten. Die neue Rolle der Jugend zeigte sich in unterschiedlicher, aber komplementärer Weise. Sie hatte einerseits ein rebellisches Gesicht, wurde andererseits jedoch zunehmend in die Mechanismen des Marktes und der Kulturindustrie eingebunden.

Die Suche nach Erneuerung durchzog alle Bereiche. Zu den schon bekannten Medien – Kino, Radio und Zeitschriften – nahm das Fernsehen eine immer größere Rolle im Alltagsleben breiter Bevölkerungsgruppen ein. Gleichzeitig kam zu einer starken Zunahme der Zeitschriftenproduktion, von Comics bis zu anspruchsvollen Kulturzeitschriften. Für jedes Genre fand sich ein entsprechend aufnahmebereites Publikum. Die Grenzen zwischen Populär- und Hochkultur wurden durchlässig. So begann zum Beispiel der Verlag der Universität Buenos Aires, EUDEBA, ein innovatives Programm, das sowohl durch hohe inhaltliche Qualität beeindruckte, gleichzeitig jedoch durch niedrige Preise ein breites Publikum ansprach. Als Onganía diesem erfolgreichen Kulturprojekt ein Ende setzte, gründeten die Verantwortlichen einen neuen Verlag, den *Centro Editor de América Latina*, womit sie das Überleben ihres Konzepts zunächst einmal sichern konnten.

Unter der Regierung Onganía, die einen wirtschaftsmodernisierenden Diskurs pflegte, erhielten rechtskatholische und nationalistische Kulturansätze, die auch in der kirchlichen Hierarchie stark vertreten waren, Rückenwind. Es setzte eine starke Politisierung der Kunst ein, so dass ab Mitte der 60er Jahre jedes Kulturphänomen vornehmlich als politische Aussage gelesen und bewertet wurde.

Die kulturelle Produktion der 70er Jahre wurde stark geprägt von den politischen Debatten über Themen wie »Abhängigkeit« oder »Revolution«. So wurden zum Beispiel 1974 über 30 Filme gezeigt, die sich durch ihre klare politische Positionierung auszeichneten, wie zum Beispiel *La hora de los hornos (Die Stunde der Hochöfen)* von Fernando Solanas und Octavio Getino. Der Film, der 1968 teilweise im Exil gedreht wurde und jahrelang nur im Untergrund gezeigt werden konnte, verstand sich nicht als Unterhaltung, sondern als Anstoß zu einer Debatte, die den politischen Aktivismus fördern sollte. Parallel dazu zirkulierten zahlreiche politische Publikationen sowohl aus dem linken wie dem rechten Spektrum. Die neue peronistische Regierung unter Cámpora brachte zunächst einen kurzen Frühling, dann jedoch entschied sich Perón zu einer Wende auch im kulturpolitischen Bereich. Er führte die Zensur (wieder) ein, während die Triple A gewaltsam gegen Linksintellektuelle vorging. 1974 wurden 4000 Universitätsdozenten von ihren Posten entfernt und über 1500 Studierende verhaftet.

Die massive Politisierung der Kultur führte dazu, dass das kulturelle Leben unter den Diktaturen zum vornehmlichen Ziel der Repression wurde. In rechtsradikalen Kreisen galten sowohl ein harmloses *happening*, die Rockmusik wie auch eine bewaffnete Organisation als Angriff auf die Integrität der Gesellschaft. Schon während der peronistischen Regierung wurden Intellektuelle verfolgt und ins Exil getrieben. Nach dem Staatsstreich 1976 suchte die Militärregierung alle »subversiven« Ideen aus dem Kulturleben zu verbannen. An die Stelle des äußeren Feindes trat nunmehr der Feind im Innern. Unter Berufung auf die Doktrin der »Nationalen Sicherheit« wurden zahlreiche Dozenten aus den Universitäten und Sekundarschulen entfernt, viele auch entführt. Zahlreiche Journalisten und Künstler wurden Opfer des Regimes, wichtige Verlage wurden geschlossen und umfangreiche Bücherbestände verbrannt. Die Fernsehsender stellte man unter die Kontrolle der Teilstreitkräfte; Filmproduktionen und selbst Kinderliteratur unterlagen der Zensur.

So erdrückend all diese Maßnahmen waren, konnten sie doch das Kulturleben nicht auf Dauer ersticken. Sowohl Gruppen von Exilierten, die sich vor der Verfolgung ins Ausland hatten retten können, als auch die im Land verbliebenen Intellektuellen arbeiteten weiter, teilweise im Untergrund. Literatur- und Kulturzeitschriften fungierten nunmehr als Ort der kritischen Produktion und Kommunikation jenseits der offiziellen Kultur. Viele Jugendliche suchten Zuflucht in der Rock-Szene, deren Veranstaltungen zunehmend zum Ort des (indirekten) Protestes wurden.

## Von der Demokratisierung bis heute (1983-2010)

Mit der Demokratisierung begann 1983 eine neue Phase der argentinischen Geschichte. Viele Argentinier sowie internationale Beobachter waren damals der Ansicht, dass das Land schnell zu einer demokratischen Entwicklung zurückfinden würde, von der es nur durch den gewaltsamen Einbruch einer Militärdiktatur abgekoppelt worden war. Es zeigte sich jedoch, dass die früheren Erfahrungen mit der Demokratie nicht unproblematisch gewesen waren und es in Wirklichkeit um die Einführung eines politischen Regimes ging, dessen Grundprinzipien im Lande zwar nicht ganz unbekannt waren, die aber noch nie richtig funktioniert hatten. Hinzu kamen die Hinterlassenschaften der Diktatur, allen voran der drastische Rückgang der Arbeitnehmereinkommen, die Zunahme der Armut, die Schwächung oder gar Zerstörung staatlicher Mechanismen zur Steuerung der Wirtschaft, die Last einer enormen Auslandsverschuldung und die traumatischen Nachwirkungen des Staatsterrors. Mit diesen Problemen, auf die mehrere Regierungskrisen in den letzten Jahrzehnten unter anderem zurückzuführen sind, hatten alle demokratischen Regierungen von 1983 bis heute zu kämpfen.

### *Die Regierung Alfonsín*

Wichtigste Kontrahenten bei den Wahlen von 1983 waren die Peronisten und die Radikalen, das heißt dieselben politischen Kräfte, die schon in den Jahren vor der Diktatur eine maßgebliche Rolle in der argentinischen Politik gespielt hatten. Die politische Kultur schien sich jedoch verändert zu haben. Anders als in den siebziger Jahren, als die politischen Debatten um Schlagwörter wie Entwicklung, Abhängigkeit oder Revolution kreisten, waren Pluralismus, Menschenrechte und demokratische Institutionen die neuen Themen. Der Kandidat der UCR, Raúl Alfonsín, der am glaubwürdigsten die Demokratie und die Durchsetzung der verfassungsmäßigen Ordnung als sein Programm verkündete, setzte sich gegen seinen peronistischen Konkurrenten Italo Luder durch und gewann die Wahlen vom Oktober mit 52% der Stimmen. Im Abgeordnetenhaus erhielt die UCR die absolute Mehrheit. Innerhalb der Justizialistischen Partei, wie die parteipolitische Organisation des Peronismus hieß, dauerten die internen Streitigkeiten zwar an, sie konnte jedoch wichtige Machtpositionen erobern. In zwölf Provinzen stellte sie die Regierung und verfügte daher im Senat über mehr Stimmen als die Regierungspartei. Darüber hinaus stand die Zentrale der Gewerkschaften nach wie vor unter der Kontrolle des Peronismus. Für eine erfolgreiche Bewältigung der schwerwiegenden Probleme, die auf dem Land lasteten, war eine enge Kooperation zwischen den beiden großen Parteien nahezu unabdingbar. Doch dazu kam es nicht.

Die Tatsache, dass zum ersten Mal in der argentinischen Geschichte der Peronismus in freien Wahlen von der UCR besiegt worden war, wurde als eine positive Veränderung der politischen Kultur begrüßt. Eine starke Fraktion in der Regierungspartei glaubte nun, die Stunde für die endgültige Auflösung des Peronismus sei gekommen. Der neue Präsident gab sich bald als Begründer einer »dritten historischen Bewegung« aus, die eine Synthese zwischen Yrigoyenismus und Peronismus sein sollte, doch er überschätzte seinen Einfluss sträflich. Unter solchen Bedingungen war ein kooperatives Verhalten der peronistischen Opposition nicht mehr zu erwarten.

Die Leistungsfähigkeit der Regierung wurde vor allem in

zwei Politikfeldern auf die Probe gestellt: im Umgang mit den Streitkräften und der Wirtschaftspolitik. Was den ersten Bereich betrifft, ordnete der neue Präsident unmittelbar nach seinem Amtsantritt eine Reihe von Maßnahmen an, die die Unterordnung der Streitkräfte unter die zivilen Institutionen, konkret das Verteidigungsministerium, sicherstellen sollten. Das von der letzten Militärregierung erlassene Amnestiegesetz wurde vom Parlament annulliert. Ein Dekret der Exekutive rief die »Nationale Kommission über das Verschwinden von Personen« (*Comisión Nacional sobre la Desaparición de Personas* – CONADEP) ins Leben. Diese Kommission, die sich aus angesehenen Persönlichkeiten des öffentlichen Lebens zusammensetzte, verfügte zwar nicht über Entscheidungskompetenzen, wohl aber über weitreichende Möglichkeiten zur Entgegennahme von Anzeigen, Durchführung von Nachforschungen und Weitergabe ihrer Untersuchungsergebnisse an die Justiz.

Die Regierung glaubte an den Willen der Streitkräfte zur Selbstreinigung und erdachte eine Verantwortlichkeitsskala mit drei Stufen: diejenigen, die die Entscheidungen getroffen, diejenigen, die bei den Ausführungen von Befehlen an »Exzessen« beteiligt gewesen waren und diejenigen, die lediglich Befehle ausgeführt hatten. Ausgehend von diesen Vorstellungen schrieb ein weiteres Dekret vor, dass der Oberste Militärrat ein summarisches Verfahren gegen die Mitglieder der drei ersten Militärjuntas wegen ihrer Verantwortung für Tötungsdelikte, illegitime Freiheitsberaubung und Anwendung von Foltermethoden einleiten müsse. Ein drittes Dekret der Regierung ordnete die Einleitung von Strafverfolgungsmaßnahmen gegen sieben bekannte Guerillaführer an.

Das Gewicht der von der CONADEP zusammengetragenen Beweise hinsichtlich der Schwere und des Ausmaßes der verbrecherischen Methoden, die zur Repression eingesetzt worden waren, entzog der Annahme, es habe sich lediglich um »individuelle Exzesse«, also um Einzelfälle gehandelt, endgültig jegliche Grundlage. Zudem zeigte sich bald, dass die Militärs nicht dazu bereit waren, die Klärung oder die Ahndung der von ihnen begangenen Menschenrechtsverletzungen zuzulassen. Der Oberste Militärrat weigerte sich, ein Urteil gegen die Angeklagten auszusprechen, und erklärte, dass die von den Juntas erlassenen Befehle und Dekrete nicht zu beanstanden seien. Vor diesem Hintergrund verlangte das Bundesgericht die Übertragung der Angelegenheit und entschied, sich ihrer anzunehmen.

Auf der Grundlage von ca. 700 Fällen, die aus der großen Anzahl der von der CONADEP vorgelegten Beweise ausgewählt worden waren, bereitete die Staatsanwaltschaft die Anklage gegen die Mitglieder der drei Juntas vor. Am 22. April 1985 begannen die öffentlichen mündlichen Verhandlungen, die große Aufmerksamkeit auf sich zogen und bei denen über 800 Zeugen auftraten. Die Verhandlungen wurden von wachsender Unruhe in den Reihen der Streitkräfte begleitet, die bis dahin nicht für möglich gehalten hatten, dass die ehemaligen Oberkommadierenden je vor der Zivilgerichtsbarkeit zur Rechenschaft gezogen werden könnten. Staatsanwalt Julio César Strassera beendete sein Plädoyer in Namen des Volkes mit den Wörtern des CONADEP-Berichtes: *Nunca más!* (Nie wieder).

Im Dezember verkündete das Gericht sein Urteil: Videla und Massera erhielten lebenslängliche, Agosti, Viola und Lambruschini mehrjährige Gefängnisstrafen. Omar Graffigna, Leopoldo Galtieri, Jorge Isaac Anaya und Basilio Lami Dozo wurden frei gesprochen. Selbst wenn das Urteil für manche der Angeklagten sehr mild ausfiel, hatte der Prozess große symbolische und vor allem praktische Bedeutung. Die Richter stellten klar, dass es sich insgesamt um massive kriminelle Handlungen gehandelt hatte. Darüber hinaus hielt das Urteil – entgegen der Vorstellungen der Regierung – fest, dass auch die Verantwortlichkeit weiterer Offiziere zu überprüfen sei, und verfügte, dass der Oberste Militärrat Verfahren gegen all jene Offiziere einzuleiten hatte, die die Kommandogewalt innegehabt hatten bzw. für die Durchführung von Aktionen zuständig gewesen waren.

Da der Oberste Militärrat wieder einmal eine Verzögerungstaktik anwendete, verlangten kurz darauf die jeweils zuständigen Gerichte die Übertragung der Verfahren. Dabei zeichnete sich ab, dass weit mehr als tausend Offiziere mit einem Verfahren rechnen mussten, woraufhin die Uniformierten die Regierung unter Druck setzten. In Windeseile verabschiedete das Parlament nun das »Schlusspunktgesetz«, das den Gerichten einen Zeitraum von lediglich 60 Tagen gewährte, um die Angeklagten vorzuladen. Daraufhin hoben die Kammern die Gerichtsferien auf und schafften es, bis zum festgelegten Termin über 400 Offiziere vorzuladen, darunter viele, die sich noch im aktiven Dienst befanden. Viele von ihnen weigerten sich, vor Gericht zu erscheinen. In der Osterwoche 1987 kam es zu einer Rebellion von Teilen der Streitkräfte. Die Truppen, an die der Befehl erging, sie niederzuschlagen, weigerten sich zu handeln. Die Bevölkerung, die sich der Brisanz der Situation bewusst war, ging auf die Straße, um ihre Unterstützung für die verfassungsmäßige Ordnung zu demonstrieren. Die Kundgebungen hielten mehrere Tage an, und die CGT kündigte einen Generalstreik an, der so lange dauern sollte, bis sich die Aufständischen ergäben. Von führenden Politikern gefolgt, begab sich der Präsident persönlich zum Militärstützpunkt Campo de Mayo, wo die aufständischen Offiziere sich verbarrikadiert hielten. Wenige Stunden später erklärte Alfonsín, die Rebellen hätten sich ergeben, während diese gegenüber der Presse erklärten, ihre Ziele erreicht zu haben. Letzteres kam der Wahrheit näher, denn kurz danach erfolgte die Verabschiedung des »Befehlsnotstandsgesetzes«, wodurch alle Militärangehörigen vom Dienstgrad eines Oberleutnants abwärts, die in Straftaten verwickelt waren, von der gerichtlichen Verfolgung ausgenommen wurden. Auch die höherrangigen Offiziere, deren Entscheidungskompetenz nicht innerhalb von 30 Tagen gerichtlich bestimmt werden konnte, wurden ausgeschlossen, so dass schließlich nur diejenigen, die als Oberkommandierende, Zonen- oder Gebietskommandeure sowie als Befehlshaber der Polizei-, Sicherheits- oder Gefängnisaufsichtskräfte fungiert hatten, gerichtlich belangt werden konnten.

Die Umstrukturierungsversuche, die von der Heeresleitung im Einklang mit den Zielen der Regierung zu Lasten der aufständischen Mittelränge unternommen wurden, hatten zwei weitere Erhebungen zur Folge. Bezeichnenderweise wurde die Letzte durch eine militärinterne Übereinkunft beendet. Ohne Hinzuziehung der Regierung vereinbarte General Cáceres, der den Aufstand bekämpfen sollte, mit den Aufständischen, dass alle Offiziere, die an den Erhebungen teilgenommen hatten – bis auf den Anführer Seineldín – begnadigt und eine neue Heeresleitung ernannt werden sollte. Dies machte deutlich, dass eine Unterordnung der Streitkräfte unter den demokratischen Institutionen noch nicht erreicht war.

Die zweite große Herausforderung war die Stabilisierung der Wirtschaftslage. Eine langfristige Folge der Wirtschaftspolitik während der Diktatur bestand in der Anhäufung einer enormen Auslandsverschuldung. Die Schuldenlast, die 1977 14,7% des Bruttoinlandsprodukts entsprochen hatte, war 1983 auf 41,1% angestiegen und betrug 45 Milliarden US-Dollar. Bis 1979 diente die externe Kreditaufnahme der Reservenbildung. Danach wurden die Devisen dazu benutzt, die Nachfrage des privaten Sektors zu befriedigen. In einem Kontext der Marktöffnung und der Überbewertung der Landeswährung wurden sie zu externen Käufen und Finanzspekulationen verwendet. 1980 führte der Zusammenbruch einiger Kredithäuser und Umbesetzungen innerhalb der Führungsspitze der Militärregierung zu wachsendem Misstrauen in die Kontinuität der bisherigen Wirtschaftspolitik, was zur massiven Kapitalflucht führte. Die Inflation stieg weiter an, für die argentinische Wirtschaft war 1983 das achte Jahr in Folge mit einer dreistelligen jährlichen Inflationsrate, die zwischen 100 und 800% schwankte. Dieser Inflationsprozess brachte permanente Veränderungen der Preisrelation und der Realeinkommen der verschiedenen Bevölkerungssektoren mit sich.

Dieser Situation setzte die Regierung verschiedene Strategien entgegen. Nach einer Phase keynesianischer Politik unter Wirtschaftsminister Bernardo Grinspun, die mit zwei Generalstreiks des peronistischen Gewerkschaftsdachverbandes beantwortet wurde und in eine weitere Inflationskrise mündete, entschied sich der zweite Wirtschaftsminister, Juan Sourrouille, für einen unorthodoxen Stabilisierungskurs. Der im Juni 1985 gestartete *Plan Austral* sah einen Lohn- und Preisstopp vor, von dem nur Produkte, die Saisonschwankungen unterlagen, ausgenommen waren, sowie die Einführung einer neuen Währung, den Austral, und der Festlegung ihres Kurses. Eine Woche vor der Verkündung dieser Maßnahmen war ein Abkommen mit dem Internationalen Währungsfonds (IWF) über die Gewährung eines *stand-by*-Kredits erzielt worden. Der Plan war zunächst erfolgreich, doch bereits gegen Ende des Jahres kam es zu deutlichen Abweichungen von dem verordneten Preisstopp, insbesondere infolge der ständigen Verteuerung der Preise für Produkte mit Saisonschwankungen. Vor allem die Kaufkraft der Teile der Bevölkerung, die nur geringe Löhne und Renten bezogen, ging deutlich zurück, obwohl die Tarife für staatliche Dienstleistungen und die Industriepreise eingefroren waren. Bald wurde eine Lohnsteigerung nötig, und im März 1986 musste die Regierung durch eine Lockerung der Preispolitik den wirtschaftlichen Fakten Rechnung tragen. Im Juli 1987 war die Inflationsrate bereits wieder zweistellig. Erschwerend kam eine Verfall der Weltmarktpreise für Getreide und Ölsaaten hinzu.

Nach dem herben Verlust, den die UCR bei den Parlamentswahlen 1987 unter anderem infolge dieser Entwicklung erlitt, wurde ein neues Wirtschaftskonzept für die zwei verbleibenden Amtsjahre Alfonsíns verkündet. Doch schon Anfang des folgenden Jahres kam es zu finanziellen Krisen in mehreren Provinzen, deren Regierungen ihren Verpflichtungen ohne Hilfe aus dem Bundeshaushalt nicht nachkommen konnten.

In dieser Situation hing die Möglichkeit der Aufrechterhaltung der Wirtschaftspolitik hauptsächlich von den Deviseneinkünften ab. Im April 1988 sah sich die Regierung, die für die Zahlung der Auslandsschulden nicht mehr aufkommen konnte, zu einem stillschweigenden Zahlungsstopp gezwungen. Ein unerwarteter abrupter Anstieg der internationalen Preise für Getreide infolge einer Dürre in den Vereinigten Staaten traf die Regierung unvorbereitet. Da die Exportabgabe im Jahr zuvor abgeschafft worden war, führte der Anstieg der Weltmarktpreise unmittelbar zu einem Anstieg der Lebensmittelpreise auf den Binnenmarkt.

Unterdessen hatten sich die Verhältnisse innerhalb des Justizialismus geklärt. Nach anfänglichen Schwierigkeiten gelang es dem Flügel der Erneuerer, der Partei ein neues, modernes und demokratisches Gesicht zu verleihen und 1987 die Parlamentswahlen zu gewinnen. Dabei verlor die UCR ihre absolute Mehrheit im Abgeordnetenhaus, während der Justizialismus jetzt siebzehn Provinzen kontrollierte. Der Sieg der Erneuerer war jedoch von kurzer Dauer. In den parteiinternen Wahlen von 1988 setzte sich der Gouverneur von La Rioja, Carlos Menem, gegen Antonio Cafiero, den Führer der Erneuerer und Gouverneur der Provinz Buenos Aires, durch. Angesichts der bevorstehenden Präsidentschafts- und Parlamentswahlen verschärften die Peronisten ihre oppositionelle Haltung. Je schlechter die wirtschaftliche Situation wurde, desto weniger war die Opposition bereit, der Regierung bei der Umsetzung ihrer Politik behilflich zu sein. Das Parlament verabschiedete kein einziges der nach Juli 1988 eingereichten Wirtschaftsreformprojekte der Regierung. Vor allem bei den Privatisierungsplänen der Exekutive stellten sich die peronistischen Senatoren quer.

Anfang 1989 befand sich die Regierung in einer schwierigen Situation. Zu den wiederholten Militärerhebungen kam ein Angriff linksgerichteter bewaffneten Aktivisten, die dem *Movimiento Todos por la Patria* angehörten, auf das Infanterieregiment von La Tablada. Die Besetzung dauerte zwei Tage und endete nach einer gewalttätigen Auseinandersetzung mit den Sicherheitskräften mit der Aufgabe der Besetzer. Darüber hinaus ließen die Energiekrise und die internen und externen Widerstände gegen die Wirtschaftspolitik der Regierung kaum mehr Handlungsspielraum. Nachdem sich am 6. Februar die Zentralbank aus dem Devisenmarkt zurückzog, war der Anstieg des Dollarkurses nicht mehr zu bremsen. Wenig später kündigten die Unternehmerverbände ihren Rückzug aus dem Preiskontrollausschuss an, die Exporteure tauschten keine ausländischen Devisen mehr auf dem einheimischen Markt um, und die wenigen noch zur Verfügung stehenden US-Dollar wurden mehr und mehr nach Uruguay transferiert. Am 2. März kündigte die Weltbank an, die Kredite für Argentinien einzustellen. Zu diesem Zeitpunkt erzwang der UCR-Präsidentschaftskandidat Eduardo Angeloz den Rücktritt des Wirtschaftsministers, doch dies nutzte nichts mehr: Die Inflationsrate im Monat April betrug 33%.

Aus den Wahlen, die am 14. Mai stattfanden, ging der Peronismus als Sieger hervor. Menem erhielt 47,7% der Stimmen, während Angeloz auf lediglich 32,5% kam. Nach den Wahlen spitzte sich die Krise weiter zu. Im Mai stieg die Inflation auf 78%. Ende des Monats kam es in allen großen

Städten des Landes zu einer Welle von Plünderungen, vor der insbesondere Supermärkte und Lebensmittelläden betroffen waren. In diesen Tagen gab es 19 Tote, 174 Verletzte und 1852 Festnahmen. In der gleichen Woche gab Menem die Zusammensetzung seines zukünftigen Kabinetts bekannt, wodurch die noch amtierende Regierung endgültig jegliche Autorität einbüßte. Alfonsín versuchte daraufhin, eine vorgezogene Machtübergabe mit Menem auszuhandeln und versprach, dass seine Partei allen Gesetzentwürfen des neuen Kabinetts im Parlament zustimmen würde. Darüber hinaus verlangte Menem, dass die ausscheidende Regierung vor der Machtübergabe durch eine Begnadigung oder eine Amnestie die Forderungen der Streitkräfte erfüllte. Dazu war Alfonsín jedoch nicht bereit. Ohne dass eine Übereinkunft erreicht wurde, kündigte er seinen Rücktritt für Ende Juni an.

## *Zehn Jahre Menem*

Nach dem Rücktritt Alfonsíns übernahm Carlos Saúl Menem am 9. Juli 1989 vorzeitig das Amt des Staatspräsidenten. Am 14. Mai 1995 wurde er für weitere vier Jahre im Amt bestätigt, nachdem eine Verfassungsreform die einmalige Wiederwahl des Staatsoberhauptes ermöglicht hatte. Seine zehnjährige Regierungszeit, von Anfang an von Skandalen und Korruptionsvorwürfen begleitet, hat nach der Meinung vieler die argentinische Gesellschaft, Wirtschaft und Politik grundlegend verändert.

Vor allem die Wirtschaftspolitik, die sich durch die entschiedene Abkehr von einer binnenmarktzentrierten, importsubstituierenden Industrialisierungsstrategie auszeichnete, kam für viele Beobachter überraschend. Tatsache ist jedoch, dass schon vor den Wahlen die Wirtschaftsprogramme aller wichtigen politischen Konkurrenten sich von den keynesianischen Vorstellungen verabschiedet hatten und – in Übereinstimmung mit dem inzwischen international vorherrschenden Trend – eher zu einem neoliberalen Konsens tendierten. Bereits vor seinem Amtsantritt erklärte der gewählte Präsident, dass er das Wirtschafministerium Miguel Roig, einem Manager des Konsortiums Bunge & Born, anvertrauen würde, während das Außenministerium von Domingo Cavallo, dem ehemaligen Zentralbankpräsident, der 1982 die Verstaatlichung der privaten Schulden veranlasst hatte, geleitet werden sollte. Allein diese Ernennungen reichten aus, um die Unternehmer, die die Wiederauflage eines populistischen Zyklus befürchteten, zu beruhigen. Vor der Übernahme der Präsidentschaft gelang es Menem zudem, durch entsprechende Kabinettsbesetzungen im Verteidigungs- sowie im Kultur- und Erziehungsministerium potenzielle Konflikte mit den Militärs und der Kirchenhierarchie zu umgehen.

Anfänglich stand die Wirtschaftspolitik der Regierung Menem unter dem Vorzeichen des Krisenmanagements, denn mittlerweile waren die Auslandsschulden auf ca. 60 Milliarden US-Dollar angestiegen, während die monatliche Inflationsrate 200% betrug. Der Wirtschaftsminister verfügte als erste Stabilisierungsmaßnahmen eine drastische Abwertung der Landeswährung, eine Erhöhung der Preise für öffentliche Dienstleistungen, eine Ausgabenkürzung, einen Preisstopp für Konsumgüter und einen einmaligen Lohnzuschuss. Längerfristige Ziele wie etwa die Sanierung des Staatshaushaltes, die Deregulierung der Märkte und die Privatisierung der Staatsunternehmen standen unter dem Vorzeichen des Neoliberalismus und wurden durch drei Gesetze vom Kongress gebilligt, die der Exekutive weitreichende Zuständigkeiten in diesen Bereichen übertrugen. Die Maßnahmen stießen auf Anerkennung bei den Kreditgebern, so dass es zu einem Abkommen mit dem IWF kam.

Schon bald stiegen jedoch die Inflation und der Dollarpreis wieder an, was zu einem Wechsel im Wirtschaftsministerium führte. Roigs Nachfolger Antonio Erman González verschärfte den neoliberalen Kurs weiter und griff im Januar 1990 zu einer Maßnahme, die einer Konfiszierung gleichkam. Die gesamte verzinsliche interne Staatsschuld wurde in Bonds mit zehnjähriger Laufzeit umgewandelt und deren Wert in Dollar festgelegt, was, längerfristig betrachtet, der Dollarisierung der argentinischen Wirtschaft Vorschub leistete. Im Laufe des Jahres wurden die Importzölle gesenkt, eine Reihe von Schutzmaßnahmen für die heimische Industrie abgeschafft und die Privatisierung wichtiger Staatsbetriebe wie der Telefon- und Luftfahrtgesellschaft vorangetrieben. Diese Politik führte zu einer starken Rezession und endete mit einer Flucht in den Dollar und einem stetigen Kursverfall des Austral.

Am 1. April 1991 trat das Stabilisierungsprogramm des neuen Wirtschaftsministers Cavallo in Kraft. Kernstück des Planes war die Einführung eines fixen Wechselkurses (1 US-Dollar = 10 000 Australes) und die volle Konvertierbarkeit, da die Zentralbank sich dazu verpflichtete, eine 100-Prozent-Deckung der Geldbasis durch Devisen, Goldreserven und staatliche Wertpapiere zu garantieren. Dadurch sollten die Wirtschaftsakteure von der Gleichwertigkeit der beiden Währungen überzeugt werden. Anfang 1992 wurde eine neue Währung, der Peso (= 10 000 Australes), und somit die 1:1-Parität zum Dollar eingeführt, was die Illusion der Gleichwertigkeit noch erhöhte.

Diese Strategie zeigte zunächst große Erfolge. Die Inflation ging deutlich zurück und die Verhältnisse stabilisierten sich. Parallel dazu wurden die Umstrukturierung des öffentlichen Sektors und die Deregulierungspolitik weiter vorangetrieben. Die Privatisierungspolitik stand vor allem im Dienste der kurzfristigen Haushaltsstabilisierung. Mittelfristig fiel die Bilanz jedoch weniger positiv aus. Vor allem in der ersten Phase vor 1991 waren die Staatsunternehmen unter ihrem Realwert verkauft worden, während der Staat den Käufern Steuererleichterungen gewährte und die Altschulden sowie die Kosten des Stellenabbaus übernahm. Nach der Veräußerung der öffentlichen Unternehmen musste der Staat als Konsument der nun privatisierten Güter und Dienstleistungen höhere Preise und Tarife als zuvor zahlen. Ähnliches galt für die Reform der Rentenversicherung, die 1994 durchgeführt wurde. Da die Staatskassen weiterhin für den Großteil der aktuellen Rentenleistungen aufkommen mussten, während viele Rentenversicherungsbeiträge an die privaten Fonds entrichtet wurden, wuchs die Belastung für den öffentlichen Sektor beträchtlich.

Diese Maßnahmen waren zwar einer kurz- und mittelfristigen Stabilisierung dienlich, langfristig erwiesen sie sich jedoch als Entwicklungsblockade. Extreme Deindustrialisierungsprozesse sowie eine Schrumpfung technologie- und arbeitsintensiver Branchen mit negativen Konsequenzen für Wachstum und Beschäftigung waren die Schattenseiten einer Politik, aufgrund deren Argentinien in den 90er Jahren als »Musterschüler« der internationalen Finanzorganisationen galt. Zudem zeichnete sich die soziale Situation des Landes unter der Regierung Menem durch gravierende Defizite im Hinblick auf die Verteilungsgerechtigkeit sowie eine wachsende Marginalisierung breiter Teile der Bevölkerung aus.

Die radikalen wirtschafts- und sozialpolitischen Umgestaltungen hatten Auswirkungen auf die Handlungsfähigkeit der gesellschaftlichen Akteure. Besonders gravierend für die Gewerkschaften erwies sich die starke Zunahme der Arbeitslosigkeit. Die offizielle Arbeitslosenrate stieg Mitte der 90er Jahre auf 18%. Hinzu kamen ein wachsender Anteil von Unterbeschäftigten und die Zunahme prekärer Beschäftigungsverhältnisse. Die CGT, die noch unter der Regierung Alfonsín dreizehn Generalstreiks durchführte, wurde hierdurch stark geschwächt und konnte der neoliberalen Politik der peronistischen Regierung kaum etwas entgegensetzen.

Auch die Beziehungen zwischen Regierung und Streitkräften änderten sich unter Menem grundlegend. Kurz nach Regierungsantritt erließ er vier Dekrete, die die Begnadigung von ca. 290 Personen bewirkten. Das erste Dekret bezog sich auf die höheren Offiziere, die von dem Befehlsnotstandsgesetz ausgeschlossen blieben. Durch das zweite Dekret wurden mehrere Führer und Aktivisten von Guerilla-Organisationen und Personen, die wegen subversiver Aktivitäten angeklagt worden waren, begnadigt, wobei sich darunter absurderweise auch Tote und Verschwundene befanden. Das dritte Dekret kam den Offizieren, die gegen die Regierung Alfonsín rebelliert hatten, zugute. Schließlich begnadigte der Präsident auch die ehemaligen Kommandanten der Teilstreitkräfte Galtieri, Anaya und Lami Dozo, die wegen Verbrechen im Zusammenhang mit der Durchführung des Malwinen-Kriegs verurteilt worden waren.

Gegen Ende 1990 kam es zu einem neuen Aufstand radikalisierter mittlerer Offiziere, der jedoch von der Heeresleitung schnell und blutig unter Kontrolle gebracht wurde. Kurz danach, am 29. Dezember, traten weitere bereits angekündigte Begnadigungen in Kraft. Diesmal wurden die Mitglieder der Juntas, die 1985 verurteilt worden waren, sowie der prominenteste Montonero-Führer, Mario Firmenich, aus der Haft entlassen. Ergänzend wurden der ehemalige Wirtschaftsminister José Alfredo Martínez de Hoz und der Ex-General Guillermo Suárez Mason, die wegen Verbrechen gegen die Menschlichkeit angeklagt worden waren, freigelassen.

All diese Maßnahmen konnten jedoch die Diskreditierung des Militärs in der Öffentlichkeit nicht rückgängig machen. Als im Jahre 1994 ein Rekrut infolge von Misshandlungen durch Angehörige der Streitkräfte starb und sich herausstellte, dass solche Praktiken keineswegs einen Einzelfall darstellten, war die Empörung groß. Auch diesmal reagierte Menem schnell und hob per Dekret die Wehrdienstpflicht, die seit Anfang des 20. Jahrhundert in Kraft war, auf.

Gleichzeitig hatte die neoliberale Politik der Regierung auch andere Konsequenzen für die Streitkräfte. Die Zerschlagung und Teilprivatisierung des militärisch-industriellen Komplexes *Fabricaciones Militares* und die Kürzung des Militäretats reduzierten den Spielraum der Militärs, die sich teilweise umorientieren und an die neuen internen und externen Bedingungen anpassen mussten. In diesem Zusammenhang kam es zu einer ersten Wende im militärischen Diskurs, als General Balza die institutionelle Verantwortung des Heeres für die Menschenrechtsverbrechen während der Diktatur öffentlich anerkannte. Eine Fraktion der höheren Offiziere, die auf Professionalität setzten, war bereit, neue Aufgaben im Katastrophenschutz oder in internationalen Friedensmissionen zu übernehmen. Gleichzeitig beteiligten sich jedoch einige Militärs und zivile Funktionäre an illegalen Geschäften wie zum Beispiel dem Waffenverkauf an Ecuador und Kroatien, zu einem Zeitpunkt, als diese Länder sich im Krieg befanden. Um diese Machenschaften zu vertuschen, ließen sie im November 1995 eine Waffenfabrik in der Stadt Río Tercero explodieren. Dabei starben sieben Menschen, 300 wurden verletzt und weite Stadtteile stark beschädigt.

Mit der Verfassungsreform von 1994 gelang Carlos Menem eine weitere wichtige politische Veränderung. Vor dem Hintergrund der lang anhaltenden institutionellen Instabilität wurde in Argentinien bereits Mitte der 80er Jahre die Frage aufgeworfen, ob das präsidentielle Regierungssystem durch Elemente der parlamentarischen Regierungsform ergänzt werden sollte, um die Kooperation zwischen Exekutive und Legislative zu fördern. Dieser Auffassung war auch der ehemalige Präsident Alfonsín, der schließlich durch die

Unterzeichnung des »Paktes von Olivos« den Weg für eine Reform freigab, die Menem seinerseits vor allem mit Hinblick auf seine Wiederwahl betrieb. Die reformierte Verfassung reduzierte die Amtszeit des Präsidenten von sechs auf vier Jahre und eröffnete die Möglichkeit einer einmaligen unmittelbaren Wiederwahl. Präsident und Vizepräsident werden nach der neuen Verfassung nicht mehr von Wahlmännern, sondern direkt gewählt, wobei eine Stichwahl notwendig werden kann, wenn im ersten Wahlgang nicht eine Mehrheit von 45% erreicht wird oder mindestens 40% der Stimmen und ein Vorsprung von mindestens 10 Prozentpunkten gegenüber dem Zweitplatzierten. Diese Bestimmungen sichern dem Präsidenten eine klare Legitimation durch die Wählerschaft. Dagegen reicht die schwache Position des neu eingeführten Kabinettschefs, der den Weisungen des Präsidenten unterworfen ist, nicht aus, um die Verantwortlichkeit der Exekutive gegenüber dem Kongress zu stärken. Weitere wichtige Änderungen betrafen die Erhöhung der Anzahl der Senatoren auf drei pro Provinz, die ab 2001 direkt gewählt werden sollten.

Bei den Wahlen von 1995 wurde Menem mit fast 50% der Stimmen im Amt bestätigt. Die Erosion seiner Macht setzte jedoch bald ein, denn die negativen Begleiterscheinungen der Regierungspolitik traten immer deutlicher zutage. Zu den fragwürdigen Praktiken gehörten die Notstands- und Dringlichkeitsdekrete. Dieses Instrument, das in der Verfassung von 1853 nicht vorgesehen war und das im Wesentlichen dazu diente, am Parlament vorbei zu regieren, wurde zwischen 1853 und 1983 lediglich fünfzehn Mal, allein von Alfonsín bereits in acht Fällen, angewendet. Vor der Verfassungsreform von 1994 unterzeichnete Menem 336 solcher Dekrete, die unterschiedliche Angelegenheiten regelten und deren Not- und Dringlichkeitscharakter oft nicht zu erkennen war.

Ebenso fragwürdig war die Umstrukturierung der Justiz.

Wenige Monate nach Menems Amtsantritt wurde die Anzahl der Richter des Obersten Gerichtshofes von fünf auf neun erhöht. Das entsprechende Gesetz passierte das Abgeordnetenhaus in wenigen Sekunden, wobei an der Abstimmung Strohmänner ohne Mandat mitgewirkt haben. Die neuen Ernennungen fanden ebenfalls unter zweifelhaften Umständen statt, und in den folgenden Jahren deckte eine regierungstreue Mehrheit den Präsidenten und seine Verbündeten bei ihren fragwürdigen Machenschaften. Hochrangige regierungskritische Mitglieder der Justiz wurden von der Exekutive zum Rücktritt gedrängt oder versetzt. Unter solchen Bedingungen stellte die nicht normenkonforme Verwendung öffentlicher Mittel ein wichtiges Element der Machtsicherung dar. Zwar war die Korruption als Mittel zur Festigung politischer Loyalitäten in Argentinien nicht gerade ein Novum, doch erreichte sie unter Menem einen solches Ausmaß, dass das Problem am Ende doch zu einem entscheidenden Wahlkampfthema wurde, zumal die illegale Verwendung öffentlicher Mittel mit der Verarmung breiterer Bevölkerungsgruppen einherging.

Die veränderte Stimmung gab der Opposition Auftrieb und sie schloss sich zur *Alianza para la Justicia, el Trabajo y la Educación* (Allianz für Gerechtigkeit, Arbeit und Erziehung) zusammen, einem Bündnis zwischen der UCR und dem *Frente País Solidario* (FREPASO, Front für ein Solidarisches Land), das sich aus peronistischen Dissidenten sowie aus Sozialisten zusammensetzte. Bereits 1997 konnte die Allianz wichtige Erfolge bei den Parlamentswahlen verbuchen, während sich innerhalb des Peronismus Eduardo Duhalde, der Gouverneur der Provinz Buenos Aires, als neuer Kandidat profilierte. Bei den Wahlen 1999 siegten die Vertreter der Allianz, der UCR-Politiker Fernando de la Rúa und Carlos »Chacho« Álvarez, der profilierteste Vertreter des FREPASO, mit 48,5% der Stimmen über Duhalde (38,1%).

Menem hinterließ der neuen Regierung eine schrumpfende Wirtschaft, stagnierende Beschäftigungszahlen und Investitionen sowie eine staatliche Auslandsverschuldung, die nun fast 150 Milliarden US-Dollar erreicht hatte. In den folgenden Monaten verschärfte sich die Rezession weiter, während der Anteil der Armen an der Bevölkerung und die Arbeitslosenquote kontinuierlich stiegen. Die Veränderungen in der Sozialstruktur hatten auch eine Veränderung der Formen der sozialen Proteste zur Folge. Nicht die Streiks der organisierten Arbeiter bestimmten nun das Bild, sondern die Straßenblockaden, die bereits unter der Regierung Menem im Landesinnern eingesetzt hatten. Lediglich auf diese Weise konnten die Bevölkerungsgruppen, die vom Arbeitsmarkt ausgeschlossen blieben, ihrem Unmut Ausdruck verleihen und Aufmerksamkeit auf sich ziehen.

Das Krisenmanagement der Regierung ließ zu wünschen übrig. Die Allianz, die als Wahlbündnis entstanden war, verfügte über keine gefestigten Strukturen. Hinzu kam, dass die Peronisten nach wie vor den Senat kontrollierten. Als bekannt wurde, dass die Regierung mehrere Senatoren bestochen hatte, damit sie einer Reform des Arbeitsrechts zustimmten, die die Verhandlungsmacht der nationalen Gewerkschaften zugunsten von Tarifverträgen auf regionaler oder betrieblicher Ebene schwächen würde, verlor die Regierung jegliche Glaubwürdigkeit. Mitten in der Krise beschloss der Präsident eine Kabinettsumbildung, wobei ausgerechnet die belasteten Minister im Amt bestätigt wurden – und all dieses ohne den Koalitionspartner zu konsultieren. Aus Protest gegen diese Praktiken trat Vizepräsident Álvarez zurück.

In März 2001 wurde Ricardo López Murphy zum Wirtschaftsminister ernannt. Sein Versuch, eine drastische Ausgabenkürzung vor allem in Bildungsbereich durchzusetzen, provozierte Proteste der Studierenden und der Opposition. Die UCR weigerte sich ebenfalls diese Politik zu unterstützen, und der Minister sah sich nach knapp fünfzehn Tagen Amtsführung zum Rücktritt gezwungen. In einer Situation, die eigentlich nicht mehr zu retten war, berief der Präsident Domingo Cavallo zum Wirtschaftsminister. Bei den Parlamentswahlen im Oktober gewannen die Peronisten in 17 der 24 Wahlkreise, was die Position der Regierung noch zusätzlich schwächte.

Währenddessen erwies sich die Dollarparität mehr und mehr als Zwangsjacke; es war jedoch nicht möglich, das Wechselkurssystem zu ändern, ohne die Geldwertstabilität zu gefährden und einen Rückfall in die Inflation zu provozieren. Ende November verweigerte der IWF die Auszahlung einer Kredittranche und die Situation spitzte sich zu. Nach einem Massenansturm auf die Banken verfügte die Regierung am 1. Dezember eine Kontensperre, den sogenannten *corralito*, wodurch Bargeldabhebungen auf 1000 Pesos im Monat beschränkt wurden. Da nun das Bargeld aus dem Wirtschaftskreislauf verschwand, kamen die ökonomischen Aktivitäten zum Erliegen. Am härtesten traf die Krise die zahlreichen Armen und Unterbeschäftigten, die darauf angewiesen waren, täglich ein paar Pesos zu verdienen, um ihren Unterhalt zu bestreiten. Es kam zu zahlreichen Protestaktionen, in denen Bürgerinnen und Bürger auf Töpfen und Pfannen trommelten und den Rücktritt der Regierung verlangten. Plünderungen von Supermärkten und Straßenblockaden bestimmten wochenlang das Leben im ganzen Land. Nach einem Polizeieinsatz, bei dem mehrere Menschen getötet wurden, musste De la Rúa am 20. Dezember per Hubschrauber aus dem Regierungssitz fliehen. Damit waren die Proteste jedoch nicht beendet, denn auf den Straßen rief die Bevölkerung *Que se vayan todos* (»Weg mit allen!«). Damit waren alle Regierungsmitglieder sowie das gesamte politische Establishment gemeint.

Die Gesellschaft fühlte sich von einer korrupten politischen Elite betrogen, deren Machenschaften sie allerdings jahrelang geduldet hatte, um die Dollarparität und die damit verbundene Illusion, Teil der ersten Welt zu sein, nicht zu gefährden.

Am 1. Januar 2002 wählte der Kongress Eduardo Duhalde zum dritten Interimspräsidenten in weniger als zwei Wochen. Dabei befand sich der Staat am Rande der Auflösung. Lediglich die Provinzgouverneure, die meisten von ihnen Peronisten, waren in der Lage, halbwegs die Autorität in ihren Distrikten aufrechtzuerhalten. Manche Provinzen griffen zur Ausgabe von Bonds, um die Löhne der öffentlichen Angestellten überhaupt auszahlen zu können. Auch für die Privatwirtschaft verschlechterte sich die Situation weiter, und es kam zu massiven Entlassungen und der Stundung von Lohnzahlungen – mit ungewissem Ausgang. Für viele Arme blieb nur das Betteln oder das Durchsuchen von Mülleimern nach etwas Essbaren als letzte Rettung. Durch die Straßen von Buenos Aires zogen jede Nacht die *cartoneros*, Menschen, die die Müllsäcke nach Pappe durchsuchten, um sie zur Wiederverwertung weiterzuverkaufen. Die Porteños erkannten ihre Stadt, die in ihren Augen sich plötzlich »lateinamerikanisiert« hatte, nicht wieder.

Nach und nach gelang es Duhalde, die Situation unter Kontrolle zu bekommen und durch unorthodoxe Maßnahmen eine politische und wirtschaftliche Stabilisierung einzuleiten. Als Erstes verfügte die neue Regierung die monatliche Vergabe von 150 Pesos an die Haushalte, die über keinerlei Einkommen verfügten, wodurch die Plünderungen weitgehend unterbunden werden konnten. Die Tarife für Gas, Wasser, Telefon und Elektrizitätsversorgung wurden entgegen den Bestimmungen der Privatisierungsverträge eingefroren. Außerdem wurden die Dollar-Schulden zum alten Kurs von 1:1 in Pesos umgewandelt, während die Spareinlagen zum Kurs von 1:1,40 zwangsumgetauscht wurden. Ziel dieser Maßnahmen war es, die Überschuldung von Unternehmen und Haushalten durch den drohenden Anstieg des Dollarkurses zu verhindern. Schließlich folgte die Stabilisierung der argentinischen Währung auf deutlich niedrigem Niveau (1:3). Dies hatte zweierlei Auswirkungen auf die Mittelschichten. Für die Anleger, die sich während der 1:1-Parität daran gewöhnt hatten, ihre Ersparnisse in Pesos automatisch mit demselben Wert in Dollar gleichzusetzen, kam der neuen Wechselkurs einer erheblichen Verminderung ihres Vermögens gleich, während für diejenigen, die Kredite in Dollar aufgenommen hatten, er vielmehr eine Schuldenreduzierung bedeutete. Darüber hinaus wirkte sich der niedrige Wechselkurs, wie schon mehrmals in früheren Zeiten, positiv auf die Exporte aus und ließ langsam wieder Geld in die Staatskassen fließen. Die Reduzierung der Importe hatte zur Folge, dass einige arbeitsintensive Branchen, wie die Textil- und Metallindustrie, reaktiviert werden konnten. Angelockt durch die niedrigen lokalen Preise stieg bald auch der internationale Tourismus.

Trotz dieser Erfolge blieb die soziale Situation zunächst angespannt. Als zwei Demonstranten von der Polizei getötet wurden, sah sich Duhalde gezwungen, den Wahltermin vorzuziehen. Im ersten Wahlgang, der am 27. April 2003 durchgeführt wurde, bekam Carlos Menem die meisten Stimmen, gefolgt von Néstor Kircher, dem ehemaligen peronistischen Gouverneur der südlichen Provinz Santa Cruz. Da alle Umfragen eine Niederlage Menems im zweiten Wahlgang prognostizierten, zog dieser seine Kandidatur zurück, und Kirchner, der lediglich 22% der Stimmen erhalten hatte, wurde automatisch und unerwartet neuer Präsident.

Kirchner behielt den Wirtschaftsminister seines Vorgängers, Roberto Lavagna, in seinem Kabinett. 2005 gelang es, eine massive Schuldenreduktion in Höhe von ca. 70% gegenüber den internationalen privaten Gläubigern durchzusetzen. Andererseits legte Kirchner großen Wert darauf, sich in jeder Hinsicht von seinen Vorgängern zu distanzieren. Er führte eine grundlegende Militär- und Polizeireform durch, setze Veränderungen bei der Richterernennung durch und drängte die Menem-treuen Richter des Obersten Gerichtshofs zum Rücktritt. Besonders offensiv ging er mit der Frage der Menschenrechtsverletzungen um, indem er unter anderem die Aufhebung der Amnestiegesetze durch den Kongress vorantrieb.

Es gab jedoch auch Handlungen der neuen Regierung, die eher auf Kontinuität hinwiesen, wie fragwürdige Methoden zur Neubesetzung von Richterposten, die Nutzung der öffentlichen Ressourcen zum Ausbau klientelistischer Netzwerke sowie die Neigung, am Parlament vorbei durch Dekrete zu regieren. Durch diese Strategien und die schnelle Überwindung der auffälligsten Symptome der argentinischen Krise, die durch eine besonders günstige internationale Konjunktur befördert wurde, erreichte Kirchner eine hohe Popularität, die allerdings in Folge mehrerer Korruptionsskandale zunehmend brüchig wurde. Angesichts dieser Entwicklung und auch mit dem Blick auf die Chance einer späteren Wiederwahl, verzichtete er auf eine erneute Kandidatur für die Präsidentschaftswahlen 2007 zugunsten seiner Ehefrau Cristina Fernández de Kirchner. Diese hatte eine eigene politische Karriere vorzuweisen und war zuletzt Senatorin gewesen, galt als fähig und vertrauenswürdig und stand sowohl für Kontinuität als auch für neue politische Akzentsetzungen sowie die Integration anderer politischer Kräfte. In diesem Sinne bot sie dem UCR-Politiker Julio Cobos, der bis dahin die Politik der peronistischen Regierung unterstützt hatte, die Kandidatur als Vizepräsident an. Cristina Kirchner gewann die Wahlen mit 45 % der Stimmen; ihre peronistische Fraktion, der *Frente para la Victoria*, erhielt die Mehrheit in beiden Kammern.

Es wäre verfrüht, bereits zur Halbzeit der Regierung Cristina Kirchner eine Bilanz zu ziehen. Argentinien hat sich zwar relativ schnell von der Krise erholt, die strukturellen Defizite, die sie herbeigeführt haben, sind jedoch noch lange nicht beseitigt. Das überdurschnittliche Wachstum der letzten Jahre hat sich 2009 in einen Rückgang verwandelt, nicht zuletzt infolge der internationalen Finanzkrise. Es ist bekannt, dass die Regierung die Zahlen des Statistikamts manipuliert, so dass genaue Inflations- und Arbeitslosenraten schwer zu ermitteln sind. Unbestritten ist jedoch, dass die Inflation wieder steigt und die Löhne hinterherhinken, so dass immer mehr Beschäftigte von Armut bedroht sind.

Als es zu Konflikten kam, erwies sich Cristina Kirchner als weniger integrationsfähig als erwartet. Im März 2008 verfügte die Regierung, die die Lage der öffentlichen Kassen verbessern und die Preise für Grundnahrungsmittel im Lande niedrig halten wollte, eine sofortige Erhöhung der Exportsteuer für Agrarerzeugnisse, die je nach Entwicklung der internationalen Preise flexibel gestaltet werden sollte. In kürzester Zeit entwickelte sich eine Protestbewegung im ganzen Land, an deren Spitze sich die vier großen argentinischen Agrarverbände stellten, die bis dahin nur sehr selten einer Meinung gewesen waren. Tausende von Produzenten verschiedenster Größenordnung schlossen sich den Protesten an; die Bewohner der kleinen und mittleren Städte zeigten sich mit ihnen solidarisch. Es kam zu Verkaufsstopps und Straßenblockaden mit der Konsequenz, dass nach wenigen Tagen die Lebensmittelversorgung der Großstädte nicht mehr garantiert werden konnte. Trotz der eindeutigen Reaktion vieler Bürger beharrte die Regierung auf ihrer Position und konterte mit einem offensiven Diskurs, der dem Protest jede Legitimität absprach. Von der anderen Seite wurde das alte Bild der *hombres de campo* neu aufgelegt, auf deren Arbeit der Reichtum des Landes basiert, der wiederum – so der Vorwurf – von korrupten Politikern in den Städten abgeschöpft werde.

Es dauerte Monate, bis die Angelegenheit im Parlament behandelt wurde. Im Senat herrschte eine Pattsituation, die vom Vizepräsidenten Cobos entschieden werden musste. Er votierte zum Entsetzen der Präsidentin gegen die Annahme des Regierungsentwurfs. Der lange Streit, der im Endeffekt niemandem einen Gewinn gebracht hat, hatte einen Rückgang der Investitionen im Agrarbereich zur Folge, deren Wirkungen sich wahscheinlich erst 2010 voll zeigen werden.

Bei den Parlamentswahlen von 2009 musste die Regierung herbe Verluste hinnehmen und verlor die Mehrheit im Abgeordnetenhaus. Seitdem ist die Neigung der Präsidentin, per Dekret zu regieren, noch gestiegen, während die Unterstützung der Bevölkerung weiter sinkt. An eine dritte Präsidentschaft der Kirchners glaubt heute niemand mehr.

## *Die argentinische Kultur im Zeitalter der Globalisierung*

Mit der Demokratisierung setzte im Argentinien der 80er Jahre eine Wiederbelebung von Kunst und Kultur ein. Straßentheater, Konzerte und künstlerische Installationen belebten den öffentlichen Raum, und die Straßen füllten sich mit Bürgern, die die wiedergewonnenen Freiheiten genossen. In diesem Klima stieg die Zirkulation von Werken argentinischer Autoren zunächst rasant an. Endlich hatte das Publikum Zugang zu deren Titeln, die in den Jahren zuvor bereits im Ausland bekannt geworden waren. Dazu kam die allmähliche Publikation von Büchern, die unter der Diktatur nicht veröffentlicht werden konnten, und ein Boom von Darstellungen zur jüngeren Geschichte, die vor allem in Form von Essays und journalistischen Untersuchungen auf den Markt kamen.

Dieser kulturelle Frühling war allerdings von kurzer Dauer, denn die wirtschaftlichen Krisen und die sozialen Folgen der neoliberalen Reformen hinterließen ihre Spuren auch im kulturellen Bereich sowie im öffentlichen Leben. Stromausfälle, der Zusammenbruch des öffentlichen Transportwesens und gravierende Infrastrukturprobleme erschwerten das Alltagsleben zunehmend. Ein Gefühl der Unsicherheit machte sich breit, gefolgt von einem Rückzug ins Private. Gleichzeitig vollzog sich eine massive Umverteilung von Ressourcen vom öffentlichen hin zum privaten Sektor, während wirksame Interventionen zur Armutsbekämpfung ausblieben. Auf stille Weise und über mehrere Jahrzehnte – nicht erst mit der Krise von 2001 – war die Verarmung für einen bedeutenden Teil der argentinischen Mittelschichten zu einer alltäglichen Erfahrung geworden. Hohe Arbeitslosigkeit, prekäre Arbeitsverhältnisse und Kürzungen im Gesundheits- und Bildungsbereich trafen vor allem die Mittel- und Unterschichten. Das Ergebnis war eine Verschärfung der sozialen Unterschiede. Einerseits entstanden große Shoppingcenter und luxuriöse geschlossene Wohnsiedlungen, andererseits breiteten sich die Elendsviertel, insbesondere im Großraum Buenos Aires, immer mehr aus.

Die Vorherrschaft der Marktmechanismen veränderte nicht nur die sozialen Beziehungen, sondern auch die Formen der kulturellen Produktion. Vor allem die Verlage litten unter der allgemeinen wirtschaftlichen Entwicklung. Ihre zunehmende Orientierung am Binnenmarkt war weniger eine gewollte Entscheidung, als vielmehr eine Überlebensstrategie, die jedoch nicht lange trug, weil die Verarmung der Mittelschichten und die veränderten Konsummuster in Richtung eines stärkeren Interesses für visuelle Medien die Nachfrage für literarische Werke sinken ließ. Mit den Liberalisierungsmaßnahmen der 90er Jahre erhielt das ausländische Kapital Zugang zum Verlagswesen. Vor allem spanische Firmen und Verlage kauften sich in Argentinien ein; manche von ihnen waren jedoch schon Teil größerer internationaler Konzerne, wie etwa Bertelsmann oder Mondadori. Die starke Orientierung der großen Verlage an der Logik der Gewinnmaximierung fand ihren Niederschlag in der Veränderung der Verlagsprogramme. Von wenigen Titeln mit großen Auflagen ging man zur Produktion zahlreicher Titel mit sehr kleinen Auflagen über, die in kurzer Zeit ausverkauft werden sollten. Parallel wuchs die Produktion von Auftragswerken vor allem über und von Personen des öffentlichen Lebens, deren Bekanntheitsgrad große Verkaufszahlen erwarten ließen. Memoiren von Politikern, Sportlern oder sonstigen Stars, schnell geschriebene Kommentare zu aktuellen Anlässen, journalistische Abhandlungen über Korruptionsskandale und Ratgeber zu allen möglichen Lebenssituation füllten nun die Regale der Buchhandlungen, die zunehmend Schwierigkeiten hatten, ausreichende Ausstellungsfläche für das riesige Angebot zur Verfügung zu stellen. Dadurch änderte sich auch das Selbstverständnis der Buchhändler. Wo früher ein erfahrener Mensch über Inhalt und Qualität der Werke Auskunft geben konnte, steht nun ein PC, der lediglich zu beantworten hat, ob das gefragte Werk vorrätig ist.

Die Demokratisierung brachte auch Veränderungen für die Presse und das Nachrichtenwesen. Zwar hat es in den letzten drei Jahrzehnten immer wieder Versuche verschiedener Regierungen gegeben, unbequeme Journalisten zum Schweigen zu bringen, insgesamt ist jedoch die Pressefreiheit in Argentinien gewährleistet. Zu den altbekannten auflagenstarken Tageszeitungen *Clarín* und *La Nación* kam die 1987 gegründete *Página 12*. Diese Publikation, die sich den investigativen Journalismus auf die Fahne schrieb, zeichnete sich durch einen unverhüllten sowie humorvollen Stil aus. Sie nahm eine Mitte-Links-Position ein und deckte zahlreiche Korruptionsskandale der Regierung Menem auf, wodurch ihre Bedeutung in den 90er Jahren stark wuchs. Dennoch geriet sie in finanzielle Schwierigkeiten und wurde schließlich von der Clarín-Gruppe aufgekauft.

Dies war kein isoliertes Phänomen, denn die Entwicklung zu multimedialen Strukturen schritt in den letzten Jahren immer weiter fort. Die meisten bedeutenden Medien sind heutzutage Teil größerer Verbünde, die in der Regel Tages- und Wochenpresse, Hörfunk, Fernsehen, Internet und Verlage in sich vereinen. Mit den neoliberalen Maßnahmen wuchs auch die Präsenz von internationalen Konsortien im argentinischen Medien- und Kommunikationssektor. Vor allem die Privatisierung der Fernsehanstalten sowie die Einführung des Kabelfernsehens boten den neuen Mediengruppen große Gewinnmöglichkeiten durch Werbeeinnahmen, zumal dieses Medium über 98% der argentinischen Haushalte erreicht und – anders als früher – 24 Stunden am Tag sendet.

Die verschiedenen Medien wirken nicht nur direkt auf ihr jeweiliges Publikum, sondern auch durch ihr Miteinander auf die ganze Gesellschaft. Tonangebend sind meistens die Schlagzeilen der Tageszeitungen, die bereits in der Nacht die Themen für den nächsten Tag positionieren und wiederum in den Frühprogrammen der Radiosender kommentiert, erweitert und korrigiert werden. Im Laufe des Tages besorgen Radioreporter zusätzliche Informationen und Interviews, während das Fernsehen die Bilder dazu liefert. Schließlich erfolgt die ständige Aktualisierung durch die Internetangebote, inklusive der Seiten der großen Zeitungen.

Wie in vielen anderen Ländern hat all dies auch in Argentinien Konsequenzen für die Entwicklung der politischen Kultur. Eine Aussage vor der Kamera produziert einen viel stärkeren Widerhall als eine parlamentarische Debatte. Andererseits nutzen gewiefte Politiker die Chancen, sich durch bewusste Inszenierungen in den Medien zu profilieren bzw. die Aufmerksamkeit von bestimmten Themen abzulenken. Vor allem Carlos Menem war ein Politiker, der diese Kunst bestens beherrschte. Unter seiner Präsidentschaft waren sogar die Nachrichtensendungen und die seriösen Zeitungen voll von Berichten über seine Fußballauftritte, seine Playboy-Allüren und seine Schönheitsoperationen. Am trefflichsten wurde dieser Stil mit der Formel *Pizza mit Champagner* bezeichnet, so der Titel eines Bestsellers, der die Sitten im Umkreis des Präsidenten in allen Details beschrieb und damit große Gewinne erzielen konnte.

Für das Jahrzehnt unter der Regierung Menem lässt sich ein Zusammenhang zwischen der Konsumhaltung und der Ausbreitung einer Kultur des Vergessens ausmachen, eine Entwicklung, die jedoch nicht lange anhielt. Entgegen dem Kalkül der Militärdiktatur führte das systematische Verschwindenlassen von Personen nicht dazu, dass diese vergessen wurden. Vielmehr findet die Erinnerung an die Verschwundenen in den Medien, in der Literatur, in Theaterstücken und Filmen statt. Neue Symbole wurden geschaffen, wie die Kopftücher der Mütter der Plaza de Mayo, die Schattenrisse von Männern, Frauen und Kindern, die jeweils versehen mit den Namen von Verschwundenen an Wänden angebracht oder zu Demonstrationen getragen wurden. Auch die Präsenz zahlreicher Fotos der Opfer im Internet sind nur einige Beispiele von geglückten Versuchen, deren Abwesenheit sichtbar zu machen. Dabei ist es ein wichtiges Anliegen in der Erinnerungsarbeit, die Identität der verschwundenen Menschen wiederherzustellen, indem man ihr gesamtes Leben erzählt und sie nicht auf die Opferrolle reduziert.

Die argentinische Kulturlandschaft bietet auch andere Beispiele kreativer Versuche, dem Siegeszug der Gewinnmaximierung entgegenzuwirken. So haben die Erzählungen einer neuen Generation von Autoren nicht nur die Erinnerung an die Schrecken der Diktatur zum Gegenstand, sie machen vielmehr die Verbindungen zwischen Vergangenheit und Gegenwart sowie die Dekonstruktion der Meistererzählungen zum eigentlichen Thema. Auch die »Entdeckung« der verschärften sozialen Ungleichheit anlässlich der Krise von 2001 wurde zunehmend in literarischen Texten aufgegriffen. Als alternatives Konzept zu den großen Verlagsgruppen entstanden in verschiedenen Städten in den letzten Jahren mehrere kleine Verlage, die sich für ein spezialisiertes Angebot mit hoher inhaltlichen Qualität entschieden. Der durch günstige Wechselkurse stark angestiegene Tourismus trug zur Wiederbelebung und Aufwertung traditioneller, teilweise heruntergekommener Stadtteile bei, von der auch ihre Bewohner profitieren können.

Die Filmproduktion konnte sich nach den starken Einbußen, die mit dem Aufkommen der Videos und dem Rückzug ins Private Ende der 80er und Anfang der 90er Jahre einhergingen, erholen. Dank der wieder angelaufenen staatlichen Förderung sowie der internationalen Beteiligung in Form von Koproduktionen gelang es einer neuen Generation von Regisseuren und Regisseurinnen, das Interesse des argentinischen Publikums wiederzugewinnen und international Erfolg zu haben, wie die Verleihung des Oscars für den besten fremdsprachigen Film 2010 an *El secreto de sus ojos* von Juan José Campanella zeigt.

Ein weiterer Gegentrend zu den globalen Konzentrationstendenzen in den Medien kommt in der Verbreitung von Radiosendern zum Ausdruck, die von zivilgesellschaftlichen Organisationen unterhalten werden. Ziel dieser *radios comunitarias* ist es, die Kommunikation zu demokratisieren, indem sie verschiedene soziale Gruppen und Bewegungen zu Wort kommen lassen. Darüber hinaus wollen sie der sozialen Ungleichheit und Diskriminierung entgegenwirken und für solidarische Gesellschaftsentwürfe werben.

In der neuen fragmentierten Kulturwelt, die gleichzeitig ein wichtiger Markt ist, gibt es heutzutage kaum noch Platz für die intellektuellen Gestalten früherer Jahrzehnte, die sich als Stimme des Volkes oder geistige Anführer einer Klasse verstanden. Wenn sich heute jemand als Wegweiser der Gesellschaft zu profilieren versucht, dann sind es meist sogenannte »Experten«, vor allem Ökonomen und – etwas seltener – Sozialwissenschaftler. Dies ist nicht allein Folge der beschriebenen Entwicklung in den Medien, sondern vor allem der Veränderungen, die im akademischen Bereich stattgefunden haben. Im Einklang mit internationalen Tendenzen fand auch in Argentinien eine starke Professionalisierung und Diversifizierung der Studiengänge statt. Einerseits ist ein Anstieg der Studierenden zu konstatieren, andererseits sind viele neue Berufsfelder für Akademiker entstanden. In den 90er Jahre kam es zur Gründung mehrerer staatlicher und privater Universitäten, und die Zirkulation von Hochschullehrern innerhalb des Landes nahm zu. Die Exilerfahrungen, die jahrzehntelang zahlreiche Biographien argentinischer Intellektueller geprägt hatten, sind für die neuen Generationen Geschichte. Ihnen stehen vielmehr andere Formen der Mobilität zur Verfügung: Stipendien und Studienaufenthalte im Ausland, die eine bessere Ausbildung erlauben, sowie Arbeitsangebote in anderen Ländern, die mit der Hoffnung auf eine höhere Bezahlung verknüpft sind. So entwickeln sich grenzüberschreitende Lebenswege von immer mehr Personen, die an transnationalen Netzwerken und neuen kulturellen Ausdrucksformen beteiligt sind.

# Bibliographischer Essay

## *a) Gesamtdarstellungen*

Es gibt zahlreiche mehr- und einbändige Gesamtdarstellungen zur Geschichte Argentiniens, vor allem in spanischer Sprache. Aus der Reihe der mehrbändigen Werke seien hier nur die neuesten hervorgehoben, nämlich die von der Academia Nacional de la Historia herausgegebene *Nueva historia de la nación argentina* (Bde. 1-10. Buenos Aires: Ed. Planeta Argentina, 1999-2003) sowie die von der Editorial Sudamericana verlegte und von Federico Polotto und Juan Suriano herausgegebene *Nueva historia argentina* (Bde. I-X. Buenos Aires: Editorial Sudamericana, 2000-2005). Die Bände werden ergänzt durch einen »Atlas«, der neben den wichtigsten Daten und Fakten vor allem zahlreiche Visualisierungen der grundlegenden Entwicklungen in Form von Karten, Diagrammen, Statistiken und bildlichen Darstellungen bietet. Beide Gesamtdarstellungen ergänzen sich hinsichtlich ihrer thematischen Ausrichtung recht gut, denn die von der Akademie herausgegebene Geschichte stellt zwar die traditionellen Themen wie Politik und Wirtschaft in den Vordergrund, behandelt darüber hinaus aber auch das Bildungssystem, die kulturelle Entwicklung und die Wissenschaftsgeschichte. Diese Themen werden in der stärker sozialgeschichtlich und an neuere Forschungsthemen und -gebieten orientierten *Nueva historia argentina* nicht oder nur am Rande behandelt. Dort werden neben sozial- und kulturgeschichtlichen Aspekten vor allem neuere politikgeschichtliche Ansätze wie z. B. die Herausbildung von Öffentlichkeit aufgegriffen. Da sich bei diesen mehrbändigen Gesamtdarstellungen jeder Band aus mehreren thematisch unterschiedlichen Essays zusammensetzt, entstehen zwar keine neuen Meistererzählungen, wohl aber ein facettenreiches und anschauliches Bild, wobei Letzteres im Falle der exzellent bebilderten *Nueva Historia* durchaus wörtlich zu nehmen ist.

Gesamtdarstellungen aus einem Guss sind ebenfalls Legion, von den spanischsprachigen seien hier vor allem diejenigen des populären argentinischen Historikers Félix Luna hervorgehoben. Seine *Breve historia de los argentinos* (Buenos Aires: Editorial Planeta Argentina, 1996) ist eine knappe, aber sehr gut lesbare Darstellung, lesenswert sind auch sein Werk *Buenos Aires y el país* (Buenos Aires: Editorial Sudamericana, 1988) sowie zahlreiche epochen- oder themenspezifische Monografien desselben Autors. Neuerdings macht Felipe Pigna Luna Konkurrenz als populärer Historiker, indem er die traditionellen Meistererzählungen und Mythen kritisch hinterfragt. So vor allem in *Los mitos de la historia argentina. La construcción de un pasado como justificación del presente* (Buenos Aires: Grupo Editorial Norma, 2004). (Inzwischen gibt es etwa die 20. Auflage und nach dem Verkaufserfolg drei Folgebände, 2005, 2006 und 2008).

Hilfreich ist auch die (vorläufig) jüngste *Breve historia de la Argentina* (Madrid: Historia Alianza Editorial, 2006) von Jorge Saborido und Luciano de Privitellio. Die international am weitesten verbreitete spanischsprachige Gesamtdarstellung ist die *Breve Historia de la Argentina* von José Luis Romero (México D. F.: Fondo de Cultura Económica, urspr. 1965, mehrere Auflagen der 1997 von Luis Alberto Romero aktualisierten Version).

Unter den englischsprachigen Darstellungen bietet David Rock, *Argentina 1516-198. From Spanish Colonization to the Falkland War* (London: Tauris, 1986), einen guten Überblick. Rock analysiert vor allem die politischen und wirtschaftlichen Verhältnisse, kulturgeschichtliche Aspekte spielen eher eine untergeordnete Rolle. Noch immer lesenswert, wenn auch nicht mehr auf dem neuesten Stand der Forschung, ist die Darstellung von James R. Scobie, *Argentina: A City and a Nation* (New York: Oxford University Press, 1971).

Darüber hinaus sind die entsprechenden Kapitel aus Leslie Bethell (Hg.), *The Cambridge History of Latin America* (Cambridge u. a.: Cambridge University Press, 1984 ff.) in einem Buch zusammen gefasst worden, das ebenfalls eine gute Orientierung gibt: Leslie Bethell (Hg.), *Argentina since Independence* (Cambridge u. a.: Cambridge University Press, 1993).

In deutscher Sprache liegen an neueren kurzen Einführungen lediglich die Einführung von Michael Riekenberg, *Kleine Geschichte Argentiniens* (München: Beck, 2009) und die eher kultur- und landeskundlich ausgerichtete Darstellung von Ingo Malcher, *Tango argentino. Porträt eines Landes* (München: Beck, 2008) vor.

Bildliche Eindrücke, gekoppelt mit zentralen Texten zur Entwicklung der wichtigsten Regionen des Landes bietet die von Raúl Bulgheroni herausgegebene Reihe *Argentina. Imagen de un país* (Bde. 1-6. Buenos Aires: Bridas, 1986).

### *b) Übersichtsdarstellungen zu einzelnen Themen der argentinischen Geschichte*

Monografien, die einen Überblick über spezielle Themen geben, sind ebenfalls zahlreich, hier sollen vor allem die neuesten und gut zugänglichen Darstellungen zu zentralen Themen erwähnt werden.

Gute wirtschafts- und sozialgeschichtliche Einführungen stellen die *Historia económica de la Argentina* (Buenos Aires: Editorial Sudamericana, 2008) von Eduardo José Míguez sowie die *Historia social de la Argentina contemporánea* (Buenos Aires: Troquel, 1998) von Torcuato S. Di Tella dar. Mit gut eintausend Seiten erheblich umfangreicher ist die ebenso zu empfehlende Wirtschafts- und Sozialgeschichte von Mario Rapoport, *Historia económica, política y social de la Argentina (1880-2003)* (Buenos Aires: Emecé, 2008). Angesichts der Bedeutung der Landwirtschaft für die Entwicklung Argentiniens sei auch auf die vorzügliche Gesamtdarstellung von Osvaldo Barsky und Jorge Gelman, *Historia del agro argentino. Desde la conquista hasta comienzos del siglo XXI* (Buenos Aires: Editorial Sudamericana, 2009) hingewiesen.

Wichtig ist auch die neue Darstellung zur Rolle der Eliten von Leandro Losada, *Historia de las élites en la Argentina. Desde la conquista hasta el surgimiento del peronismo* (Buenos Aires: Editorial Sudamericana, 2009). Die Mittelschicht behandelt Ezequiel Adamovsky, *Historia de la clase media argentina. Apogeo y decadencia de una ilusión, 1919-2003* (Buenos Aires: Planeta, 2009), wobei sich diese Darstellung – entsprechend der sozioökonomischen Entwicklung des Landes – nur auf das 20. Jahrhundert bezieht. Sie geht vor allem der Frage nach, seit wann und warum Argentinien sich als ein Land der Mittelschichten versteht.

Zur Vertiefung der sozial- und kulturgeschichtlichen Themen werden die dreibändige *Historia de la vida privada en la Argentina* (Buenos Aires: Taurus, 1999), herausgegeben von Fernando Devoto und Marta Madero, und die zweibändige *Historia de la familia en la Argentina moderna, 1870-2000* (Buenos Aires: Ediciones de la Flor, 2003) von Susana Torrado sowie die von ihr herausgegebene *Una historia social del siglo XX* (Buenos Aires, Edhasa, 2007, 2 Bde.) empfohlen. Die zweibändige *Historia de la familia en el Río de la Plata* (Buenos Aires: Editorial Sudamericana, 2004) von José Luis Moreno sowie Lyman L. Johnson (Hg.), *The Problem of Order in Changing Societies. Essays on Crime and Policing in Argentina and Uruguay, 1750-1940* (Albuquerque: University of New Mexico Press, 1998) sind dazu ebenfalls empfehlenswert. Für das Verständnis der Auseinandersetzungen um die Sozialpolitik sind die Geschichte der Arbeiterbewegung von Julio Godio, *Historia del movimiento obrero argentino 1870-1910* (Buenos Aires: Corregidor, 2000, 2 Bde.) sowie der von Daniel Lvovich und Suriano Juan herausgegebene Band *Las políticas sociales en perspectiva histórica. Argentina 1870-1940* (Buenos Aires: Prometeo libros, 2006) besonders hilfreich. Eine deutschsprachige Analyse des politischen Verhaltens der argentinischen Unternehmer bietet Peter Birle, *Argentinien: Unternehmer, Staat und Demokratie* (Frankfurt am Main: Vervuert, 1995).

Zur Rolle der Kirche gibt es nur eine einzige, allerdings sehr lesenswerte Gesamtdarstellung von Roberto Di Stefano und Loris Zanatta, *Historia de la Iglesia Argentina. Desde la conquista hasta fines del siglo XX* (Buenos Aires: Editorial Sudamericana, 2009).

Zum Verständnis der Geschichte der Republik Argentinien trägt die von Tulio Halperín Donghi herausgegebene Dokumenten-Reihe *Biblioteca del pensamiento argentino* (VII Bde. Buenos Aires: Espasa Calpe/Ariel, 1995 ff./Emecé 2007 f.) erheblich bei, die die wichtigsten Texte des politisch-sozialen Denkens in Argentinien seit dem 19. Jahrhundert vereint (in der neuen Ausgabe auf einer CD-Rom), eingeleitet von einem zumeist sehr lesenswerten einführenden Essay zu der Epoche. Das klassische Werk von José Luis Romero, *Las ideas políticas en la Argentina* (letzte Auflage: Buenos Aires: Fondo de Cultura Económica, 2002) ist immer noch lesenswert. Unter den jüngeren Darstellungen sind vor allem Hugo Biagini und Arturo Andrés Roig, *El pensamiento alternativo en la Argentina del siglo XX* (Buenos Aires: Biblos, 2004) sowie Oscar Terán, *Historia de las ideas en la Argentina. Diez lecciones iniciales 1810-1980* (Buenos Aires: Siglo XXI Editores Argentina, 2008) zu erwähnen. Eine kompakte, sehr nützliche Darstellung über die Entwicklung der argentinischen Hochschulen bietet die *Historia de las universidades argentinas* von Pablo Buchbinder (Buenos Aires: Editorial Sudamericana, 2005).

## *c) Literatur zu den einzelnen Kapiteln*

### Kolonialzeit

Die besten allgemeinen Darstellungen zur frühen Kolonialzeit finden sich in den oben angeführten Gesamtdarstellungen. Die indigene Bevölkerung vor der Eroberung wird in den neueren Arbeiten ebenfalls angemessen berücksichtigt, eine ausführlichere Erörterung findet sich bei Isabel Hernández, *Los indios de Argentina* (Madrid: Ed. Mapfre, 1992), bei Rodolfo A. Raffino, *Poblaciones indígenas en Argentina. Urbanismo y proceso social precolombino* (Buenos Aires: Emecé, 2007), sowie bei Carlos Martínez Sarasola, *Los hijos de la tierra. Historia de los indígenas argentinos* (Buenos Aires, Emecé, 1998).

Die klassische Studie zur Errichtung des Vizekönigreiches und seinen Folgen ist noch immer Guillermo Céspedes del Castillo, *Lima y Buenos Aires. Repercusiones económicas y políticas de la creación del Virreinato del Río de la Plata* (Sevilla: Consejo Superior de Investigaciones Científicas, 1947), ein Standardwerk zur politischen Geschichte des Vizekönigreiches ist John Lynch, *Spanish*

*Colonial Administration, 1782-1810. The Intendant System in the Viceroyalty of the Río de la Plata*, London: University of London, The Athlon Press, 1958). Ebenfalls älter, aber informativ und gut lesbar ist Jonathan C. Brown, *A Socioeconomic History of Argentina, 1776-1860* (Cambridge u. a.: Cambridge University Press, 1979). Eine gute neuere Darstellung bietet Raúl O. Fradkin und Juan C. Garavaglia, *La Argentina colonial. El Río de la Plata entre los siglos XVI* y XIX (Buenos Aires: Siglo XXI Ed., 2009).

Zum Kulturleben in der Kolonialzeit siehe José Carlos Chiaramonte, *La Ilustración en el Río de la Plata. Cultura eclesiástica y cultura laica durante el Virreinato* (Buenos Aires: Editorial Sudamericana, 2007).

Zu den Jesuitenmissionen vgl. Peter C. Hartmann, *Der Jesuitenstaat in Südamerika 1609-1768. Eine christliche Alternative zu Kolonialismus und Marxismus* (Weissenhorn: Konrad, 1994), dessen Darstellung zwar stark im traditionellen Rahmen bleibt, durch den Quellenanhang aber einen guten und anschaulichen Einblick in das Leben in den Reduktionen gibt. Kritischer und stärker an neueren wissenschaftlichen Methoden und Themen orientiert ist Barbara A. Ganson, *The Guarani under Spanish Rule in the Río de la Plata* (Stanford: Stanford University Press, 2003).

## Unabhängigkeit, Staatszerfall und Staatsbildung (1806-1880)

Zur Unabhängigkeitsbewegung und den Problemen der Staatsgründung ist die Zahl der Publikationen ebenfalls enorm. Von den englischsprachigen Darstellungen sei David Bushnell, *Reform and Reaction in the Platine Provinces, 1810-1852* (Gainesville: University Press of Florida, 1983) empfohlen. Die neueren Forschungsansätze fließen ein bei Juan C. Caravaglia, *Construir el estado, inventar la nación. El Río de la Plata, siglos XVIII*-XIX (Buenos Aires: Prometeo libros, 2007) und José C. Chiaramonte, *Ciudades, Provincias, Estados. Orígenes de la Nación Argentina (1800-1846)* (Buenos Aires: Emecé, 2007, in der erwähnten Reihe *Historia del Pensamiento Argentino*). Noch immer sehr bedenkenswerte Interpretationen liefern die hervorragenden, aber nicht immer leicht zu lesenden Darstellungen von Halperín Donghi, vor allem *Politics, Economics and Society in Argentina in the Revolutionary Period* (Cambridge u. a.: Cambridge University Press, 1975) sowie *Revolución y guerra. Formación de una élite dirigente en la Argentina criolla* (México D. F. Siglo Veintiuno Ed., 1979). Halperíns Einleitung zu dem Band *Proyecto y construcción de una nación (1846-1880)* (in der Reihe *Historia del Pensamiento Argentino* Buenos Aires: Emecé, 2007, erstmals: Buenos Aires: Ariel, 1995) stellt eine hervorragende Analyse der Nationsvorstellungen von den 1830er Jahren bis 1880 dar. Eine Analyse der Nationsbildung anhand der Zeitungen bieten Michael Riekenberg, *Nationsbildung. Sozialer Wandel und Geschichtsbewusstsein am Río de la Plata (1810-1916)* (Frankfurt am Main: Vervuert, 1995) und Frank Ibold, *Staatsbildung in Argentinien. Die Provinzen Salta und Jujuy im Spannungsfeld von Wirtschaftsregion und »Nationalstaat« 1850-1885* (Köln u. a.: Böhlau, 1997).

Zu der Figur von Juan Manuel de Rosas und anderer Caudillos vergleiche John Lynch, *Argentine Dictator. Juan Manuel de Rosas, 1829-1852* (Oxford: Clarendon Press, 1981). Neuere Ansätze zum Caudillismo, die auch die Rolle der Gefolgschaft stärker berücksichtigen, fließen ein bei Noemí Goldman und Ricardo Salvatore, *Caudillismos Rioplatenses. Nuevas miradas a un viejo problema* (Buenos Aires: Eudeba, 2005) sowie John C. Chasteen, *Heroes on Horseback. A Life and Times of the last Gaucho Caudillos* (Albuquerque: Univ. of New Mexico Pr., 1995). Ariel de la Fuente, *Children of Facundo. Caudillo and Gaucho Insurgency during the Argentine State-formation Process (La Rioja, 1853-1870)* (Durham/London: Duke University Press, 2000) behandelt zwar die Spätzeit der Caudillos in Argentinien, ist aber im Hinblick auf die Frage des Charismas der Caudillos und die Rolle der Gefolgschaft aufschlussreich. Ein Sammelband bietet Einzelstudien auch über die weniger bekannten Caudillos: Jorge Lafforgue (Hg.), *Historias de Caudillos Argentinos* (Buenos Aires: Alfaguara, 1999, mit einer Einleitung von Tulio Halperín Donghi). Die zentrale Figur an der Nordgrenze, der Caudillo von Salta, Martín Güemes, wurde erstmals von Roger M. Haigh, *Martín Güemes: Tyrant or tool? A Study of the Sources of Power of an Argentine Caudillo* (Fort Worth: Texas Christian University Press, 1968) intensiver behandelt, inzwischen hat Sara E. Mata eine neue gut lesbare Studie über *Los gauchos de Güemes. Guerras de independencia y conflicto social* (Buenos Aires: Editorial Sudamericana, 2008) vorgelegt.

Zu General San Martín vgl. die »offizielle« Darstellung von Alfonso R. González, *El general San Martín. Su vida y su acción continental en relación con la historia de Bolívar* (Caracas: Ministerio de Educación, 1982). Neueren Datums ist Juan García del Río, *Biografía del General San Martín* (Buenos Aires: Nueva Mayoría Ed., 2007) und John Lynch, *San Martín: Argentine Soldier, American Hero* (New Haven, Yale University Press, 2009).

Die für das 19. Jahrhundert so zentralen Beziehungen zu Großbritannien sind gut aufgearbeitet in Henry S. Ferns, *Britain and Argentina in the Nineteenth Century* (Oxford: At the Clarendon Press, 1960).

Zur Indianerpolitik und der Conquista del Desierto vgl. Susanne von Karstedt, *Akteure, Ideologien, Instrumente. Grundzüge der US-amerikanischen und argentinischen Indianerpolitik (1853-1899)* (Berlin: Wissenschaftlicher Verlag Berlin, 2006), zum Paraguaykrieg Thomas L. Whigham, *The Paraguayan War* (Lincoln: University of Nebraska Press, 2002). Die afrorargentinische Bevölkerung behandelt George R. Andrews, *The Afro-Argentines of Buenos Aires, 1800-1900* (Madison/London: The University of Wisconsin Press, 1980), ebenfalls erschienen in spanischer Sprache *Los afroargentinos de Buenos Aires* (Buenos Aires: Ed. De la Flor, 1990), während Astrid Windus, *Afroargentinier und Nation. Konstruktionsweisen afroargentinischer Identität im Buenos Aires des 19. Jahrhunderts* (Leipzig: Leipziger Universitätsverlag, 2005) vor allem der Frage nachgeht, welche sozio-politische Rolle diese in der Gesellschaft des 19. Jahrhunderts spielten und wie es zu erklären ist, dass diese gegen Ende des Jahrhunderts aus dem kollektiven Gedächtnis der Argentinier »verschwanden«. Die Frage nach der Rolle der indigenen und afroargentinischen Bevölkerung in den Nationsvorstellungen der Argentinier thematisieren auch Mónica Quijada, Carmen Bernand und Arnd Schneider, *Homogeneidad y nación. Con un estudio de caso. Argentina, siglos XIX* y XX (Madrid: Consejo Superior de Investigaciones Científicas, 2000).

## Auf dem Weg zum modernen Argentinien

Klassische Darstellung zur sozio-ökonomischen Modernisierung in englischer Sprache ist noch immer James R. Scobie, *Revolution on the Pampas. A Social History of Argentine Wheat, 1860-1910* (Austin: University of Texas Press for the Inst. of Latin American Studies, 1964), im Spanischen Roberto Cortés Conde, *El progreso argentino, 1880-1914* (Buenos Aires: Editorial Sudamericana, 1979), Roberto Cortés Conde und Ezequiel Gallo, *La formación de la Argentina moderna* (Buenos Aires: Editorial Paidós, 1967) sowie Ezequiel Gallo, *La pampa gringa. La colonización agrícola en Santa Fe, 1870-1895* (Buenos Aires: Edhasa, 2004). Vgl. auch Hilda Sábato, *Agrarian Capitalism and the World Market. Buenos Aires in the Pastoral Age, 1840-1890* (Albuquerque: University of New Mexico Press, 1990).

Zur Einwanderung vgl. die Schriften von Fernando J. Devoto, vor allem seine umfassende Gesamtdarstellung: *Historia de la inmigración en la Argentina* (Buenos Aires: Editorial Sudamericana, 2003), zur Frage der Integration und des Zusammenhanges zwischen Einwanderung und Nationsbildung bzw. gesellschaftlicher Modernisierung siehe Carl E. Solberg, *Immigration and Nationalism. Argentina and Chile, 1890-1914* (Austin: Universtiy of Texas Press, 1970) sowie Gino Germani, *Politica y sociedad en una epoca de transición. De la sociedad tradicional a la sociedad de masas* (4. Auflage Buenos Aires: Paidos, 1971), dessen Thesen inzwischen jedoch als überholt gelten.

Einen interessanten vergleichenden Ansatz bietet die Studie über die italienischen Einwanderer in Buenos Aires und New York von Samuel L. Baily, *Immigrants in the Lands of Promise. Italians in Buenos Aires and New York City, 1870-1914* (Ithaca NY: Cornell University Press, 1999), der hier nur für zahlreiche Studien zu unterschiedlichen Einwanderergruppen hervorgehoben werden soll.

Eine umfassende Darstellung der deutschen Einwanderung legte Anne Saint Sauver-Henn mit *Un siecle d' emigration allemande vers l'Argentine 1853-1945* (Köln u. a.: Böhlau Verlag, 1995) und *Zweimal verjagt. Die deutschsprachige Emigration und der Fluchtweg Frankreich-Lateinamerika, 1933-1945* (Berlin: Metropol-Verlag, 1998) vor, sowie Ronald C. Newton, *German Buenos Aires 1900-1933. Social Change and Cultural Crisis* (Austin/London: University of Texas Press, 1977).

Die städtische Entwicklung von Buenos Aires ist gut dargestellt in dem anlässlich der Vierhundertjahrfeier der Gründung herausgegebenen zweibändigen Werk von Mario Rapoport und Maria Seoane, *Buenos Aires. Historia de una ciudad* (Buenos Aires: Ed. Planeta, 2007). Vgl. auch Jose Luis Romero; Luis Alberto Romero, *Buenos Aires. Historia de cuatro siglos* (Bde. I-II, Buenos Aires: Abril, 1983). Einen bildlichen Eindruck der architektonischen und städtebaulichen Veränderungen der argentinischen Städte, unter ihnen Buenos Aires, findet sich in den Fotobänden der Fundación Antorchas, so z. B. Luis Priamo (Hg.), *Imágenes de Buenos Aires, 1915-1940. Fotografías del archivo de la dirección municipal de paseos y de otras colecciones* (Buenos Aires: Fundación Antorchas, 1997) und Luis Priamo (Hg.), *Un país en transición. Fotografías de Buenos Aires, Cuyo y el Noroeste Christiano Junior, 1867/1883* (Buenos Aires: Fundación Antorchas, 2002).

Die Entstehung einer Frauenbewegung behandelt Dora Barrancos, *Mujeres en la sociedad argentina. Una historia de cinco siglos* (Buenos Aires: Editorial Sudamericana, 2007) und *Las mujeres y sus luchas en la historia argentina* (Buenos Aires: Ministerio, 2006), die Debatten um Frauenarbeit, Sozialhygiene und Prostitution Donna J. Guy, *Sex & Danger in Buenos Aires. Prostitution, Family, and Nation in Argentina* (Lincoln/London: University of Nebraska Press, 1991) sowie Mirta Z. Lobato, *Historia de las trabajadoras en la Argentina (1869- 1960)* (Buenos Aires: Edhasa, 2007). Sehr materialreich für beide Aspekte ist auch Asunción Lavrin, *Women, Feminism, and Social Change in Argentina, Chile, and Uruguay, 1890-1940* (Lincoln/London: University of Nebraska Press, 1995).

Die Situation der Arbeiter wurde erstmals behandelt von José Panettieri, *Los trabajadores* (Buenos Aires: Jorge Alvarez, 1968) und *Los trabajadores en tiempos de la inmigración masiva en Argentina, 1870-1910* (La Plata: Universidad Nacional de la Plata, 1966). Arbeitskämpfe und sozialer Protest sind die Themen mehrerer Arbeiten von Juan Suriano zusammen mit Mirta Z. Lobato wie *La protesta social en la Argentina* (Buenos Aires: Fondo de Cultura Económica, 2003). Suriano hat sich ebenfalls intensiv mit der anarchistischen Bewegung auseinandergesetzt, *Auge y caída del anarquismo. Argentina, 1880-1930* (Buenos Aires: Capital Intelectual, 2005) und *Anarquistas. Cultura y política libertaria en Buenos Aires, 1890-1910* (Buenos Aires: Ed. Manantial, 2001). Zu dem Verein und der Zeitung »Vorwärts« vgl. Sandra Carreras, Horacio Tarcus und Jessica Zeller (Hg.), *Die deutschen Sozialisten und die Anfänge der argentinischen Arbeiterbewegung. Anthologie des* Vorwärts (*Buenos Aires: 1886-1901*) (zweisprachige Ausgabe. Buenos Aires: Buenos Libros, 2008).

## Die »konservative Ordnung« (1880-1910)

Die politische Entwicklung zur Zeit der »konservativen Ordnung« wird ebenfalls in den allgemeinen Darstellungen gut aufgearbeitet, zur Vertiefung seien die Arbeiten von Ezequiel Gallo und Roberto Cortés Conde, *La república conservadora* (Buenos Aires: Hyspamérica Ed. Argentina, 1986) sowie David Rock, *State Building and Political Movements in Argentina, 1860-1916* (Stanford: Stanford University Press, 2002), spanische Ausgabe: *La construcción del estado y los movimientos políticos en la Argentina, 1860-1916* (Buenos Aires: Prometeo Libros, 2006) empfohlen.

Zu Bartolomé Mitre vgl. aus der Reihe *Grandes protagonistas de la historia argentina* die Biografie von Félix Luna und Gisela Aguirre, *Bartolomé Mitre* (Buenos Aires: Ed. Planeta, 2005).

Die traditionellen Darstellung der »oligarchischen Republik« mit ihren klientelaren Strukturen wurde in den letzten Jahren vor allem durch die Arbeiten von Hilda Sábato und Paula Alonso zur Bedeutung der (manipulierten) Wahlen und der Entstehung von Öffentlichkeit in Argentinien modifiziert. Vgl. hierzu vor allem Hilda Sábato, *The Many and the Few. Political Participation in Republican Buenos Aires* (Stanford: Stanford University Press, 2001) und *La política en las calles. Entre el voto y la movilización. Buenos Aires, 1862-1880* (Bemal: Universidad Nacional de Quilmes, 2004) sowie Paula Alonso, *Between Revolution and the Ballot box. The Origins of the Argentine Radical Party in the 1890s* (Cambridge: Cambridge University Press, 2000), erschienen auch in spanischer Sprache unter dem Titel *Entre la revolución y las urnas. Los orígenes de la Unión Cívica Radical y la política argentina en los años noventa* (Buenos Aires: Editorial Sudamericana, 2000).

Die Problematik der Nationsbildung in der Zeit der Masseneinwanderung sowie der Suche nach geeigneten nationalen Symbolen und Identifikationsfiguren wird in den meisten Darstellungen zu Argentinien zwischen 1880 und 1914 angesprochen. Eine detaillierte Untersuchung auf der Basis neuerer Ansätze erfolgte durch Nicolas Shumway, *The Invention of Argentina* (Berkeley u. a.: University of California Press, 1991), der jedoch über eine ideengeschichtliche Darstellung nicht herauskommt. Neuere sozial- und politikgeschichtliche Ergebnisse fließen ein in die hervorragende Studie von Lilia Ana Bertoni, *Patriotas, cosmopolitas y nacionalistas. La construcción de la nacionalidad argentina a fines del siglo XIX* (Buenos Aires: Fondo de Cultura Económica, 2001).

Die literarische und wissenschaftlich-essayistische Debatte um die nationale Identität sowie die Entwicklung der »lesenden Öffentlichkeit« in Argentinien hat Adolfo Prieto in *El discurso criollista en la formación de la Argentina moderna* (Buenos Aires: Editorial Sudamericana, 1988) behandelt. Siehe auch Ángel Rama, *La ciudad letrada* (Santiago de Chile: Tajamar, 2004) sowie die von Michael Rössner herausgegebene *Lateinamerikanische Literaturgeschichte* (Stuttgart/Weimar: Metzler, 2002).

Eine sozial- und kulturgeschichtliche Analyse zentraler argentinischer Freizeitvergnügen, die für die nationale Identität und die Geschlechterrollen eine zentrale Rolle spielen, hat Eduardo Archetti in seiner Abhandlung *Masculinities. Football, Polo and the Tango in Argentina* (Oxford/New York: Global Issues, 1999), spanische Ausgabe: *Masculinidades. Fútbol, tango y polo en la Argentina* (Buenos Aires: Antropofagia, 2003) vorgelegt. Schließlich bietet Raimund Allebrand, *Tango. Das kurze Lied zum langen Abschied* (Bad Honnef: Horlemann, 2003) einen Einblick in die Welt des argentinischen Tangos mit einer Musik-CD und zahlreichen Tango-Texten.

## Zwischen Öffnung und Reaktion (1910-1943)

Die Entwicklung der UCR von der Oppositions- zur Regierungspartei ist Gegenstand mehrerer empfehlenswerter Untersuchungen. Die Pionierarbeit von David Rock, *Politics in Argentina, 1890-1930. The Rise and Fall of Radicalism* (London/New York: Cambridge University Press, 1975), spanische Ausgabe: *El radicalismo argentino, 1890-1930* (Buenos Aires: Amorrortu, 1977) schildert auf sehr anschauliche Weise die Wechselbeziehungen zwischen Politik und sozialer Struktur vom Ende der konservativen Ordnung bis zum Staatsstreich von 1930. Neuere weiterführende Einblicke in die Thematik bieten Ana Virginia Persello, *El Partido Radical. Gobierno y oposición,1916-1943* (Buenos Aires: Siglo XXI Editores Argentina, 2004) und Joel Horowitz, *Argentina's Radical Party and Popular Mobilization, 1916-1930* (University Park, Pa: Pennsylvania State University Press, 2008).

Personenzentriert aber durchaus informativ sind die Werke von Félix Luna, *Yrigoyen* (Buenos Aires: Editorial Belgrano, 1981) und *Alvear* (Buenos Aires: Editorial Sudamericana, 1999) sowie die Abhandlung über die drei radikalen Regierungen von Fernando Sabsay und Roberto Etchepareborda: *Yrigoyen – Alvear – Yrigoyen* (Buenos Aires: Ciudad Argentina, 1998).

Zu den Gegenspielern der Radikalen während dieser Zeit, den Konservativen und Nationalisten, gibt es ebenfalls mehrere grundlegende Werke. Zu nennen sind vor allem von Emilio Hardoy die *Historia de las fuerzas políticas conservadoras* (Buenos Aires: Fundación Argentina, 1993) und die überwiegend ideengeschichtliche Untersuchung von Fernando Devoto, *Nacionalismo, fascismo y tradicionalismo en la Argentina moderna. Una historia* (Buenos Aires: Siglo XXI de Argentina Editores, 2002). Unter der englischsprachigen Literatur sind besonders zu empfehlen Sandra McGee Deutsch, *Counterrevolution in Argentina, 1900-1932: The Argentine Patriotic League* (Lincoln: University of Nebraska Press, 1986) sowie David Rock, *Authoritarian Argentina: The Nationalist Movement. Its History and its Impact* (Berkeley u. a.: University of California Press, 1993), spanische Ausgabe: *La Argentina autoritaria. Los nacionalistas, su historia y su influencia en la vida pública* (Buenos Aires: Ariel, 1993).

Zu der Universitätsreform von 1918 und ihren Nachwirkungen in Argentinien und Lateinamerika bieten sich die Darstellungen von Hugo Biagini, *La Reforma Universitaria. Antecedentes y consecuentes* (Buenos Aires: Leviatán, 2000), von Alberto Ciria und Horacio Sanguinetti: *La Reforma Universitaria (1918-2006)* (Santa Fe: Universidad Nacional del Litoral, 2006) und von Emir Sader, Hugot Aboites und Pablo Gentili (Hg.), *La Reforma Universitaria. Desafíos y perspectivas noventa años después* (Buenos Aires: CLACSO, 2008) an.

Einen guten Überblick über die Entwicklung des argentinischen Militärs sowie die Hintergründe ihrer Einmischungen in das politische Geschehen bieten das Stardardwerk von Robert Potash, *The Army and Politics in Argentina. 1928-1945: Yrigoyen to Perón* (Stanford, Ca: Stanford University Press, 1969), spanische Ausgabe: *El ejército y la política en la Argentina, 1928-1945: De Yrigoyen a Perón* (Buenos Aires: Editorial Sudamericana, 1971) und die Abhandlung von Alain Rouquié: *Pouvoir militäire et societé en Republique Argentine* (Paris: Presses de la Fondation Nationale des Sciences Politiques, 1977), spanische Ausgabe: *Poder militar y sociedad política en Argentina* (Buenos Aires: Emecé, 1981).

Über die politischen Verhältnisse nach dem Putsch von 1930 informiert Alberto Ciria, *Partidos y poder en la Argentina moderna (1930-1946)* (Buenos Aires: Ediciones de la Flor 1975). Die ökonomische und wirtschaftspolitische Entwicklung der 40er Jahre ist Gegenstand der detaillierten Untersuchung von Gisela Cramer, *Argentinien im Schatten des Zweiten Weltkrieges: Probleme der Wirtschaftspolitik und der Übergang zur Ära Perón* (Stuttgart: Steiner, 1999).

## Der Peronismus (1943-1955)

An Darstellungen über die Ära Perón mangelt es nicht. Den besten Einstieg bietet *Los años peronistas (1943-1955)*, der von Juan Carlos Torre herausgegebene achte Band der Reihe *Nueva Historia Argentina* (Buenos Aries: Sudamericana, 2002). Auf Deutsch liegt die Pionierarbeit von Peter Waldmann, *Der Peronismus (1943-1955)* (Hamburg: Hoffmann &Campe, 1974) vor.

In den letzten Jahren sind vermehrt solide Untersuchungen zu einzelnen Aspekten der peronistischen Jahre erschienen, die frei von den Polemiken vergangener Jahrzehnte ein differenziertes Bild dieser Epoche zeichnen. Dazu gehören zum Beispiel die Arbeiten von Alberto Ciria, *Política y cultura popular: la Argentina peronista 1946-1955* (Buenos Aires: Ediciones de la Flor, 1983), von Lilia M. Caimari, *Perón y la Iglesia Católica. Religión, Estado y sociedad en la Argentina (1943-1955)* (Buenos Aires: Sudamericana, 1994), von Mariano Plotkin, *Mañana es San Perón. Propaganda, rituales políticos y educación en el régimen peronista (1946-1955)* (Buenos Aires: Ed. Espasa Calpe, 1994), von Raanan Rein, *Peronismo, populismo y política. Argentina 1943-1955* (Buenos Aires: Editorial Belgrano, 1998), von Noemí Girbal-Blacha, *Mitos, paradojas y realidades de la Argentina peronista (1946-1955). Una interpretación histórica de sus decisiones político-económicas* (Bernal: Universidad Nacional de Quilmes, 2003), von Louise M. Doyon, *Perón y los trabajadores. Los orígenes del sindicalismo peronista, 1943-1955* (Buenos Aires: Siglo Veintiuno Iberoamericana, 2006), von Marcela García Sebastiani (Hg.),

*Fascismo y antifascismo. Peronismo y antiperonismo. Conflictos políticos e ideológicos en la Argentina (1930-1955)* (Frankfurt am Main: Vervuert/Madrid: Iberoamericana, 2006), von Mariano Plotkin, *El día que se inventó el peronismo: la construcción del 17 de octubre* (Buenos Aires: Sudamericana, 2007) und von Carolina Biernat, *¿Buenos o útiles? La política inmigratoria del peronismo* (Buenos Aires: Biblos, 2007).

Was die Biographie der Führungsfiguren des Peronismus angeht, liegen zwei Darstellungen von Félix Luna vor: *Juan Domingo Perón* (Buenos Aires: Planeta, 2004) und *Eva Duarte de Perón* (Buenos Aires: Planeta, 1999). Die besten biographischen Abhandlungen stammen jedoch von den ausländischen Autoren Joseph A. Page, *Perón, a Biography* (New York: Random House, 1983) und Marysa Navarro, *Evita* (Buenos Aires: Corregidor, 1981), beide mit verschiedenen Auflagen.

Die verschiedenen Facetten der Beziehungen zwischen Argentinien und Deutschland während der nationalsozialistischen Herrschaft sind vor allem in der deutschsprachigen Literatur thematisiert worden. Besonders zu nennen sind hier die Monographie von Matthias Schönwald, *Deutschland und Argentinien nach dem Zweiten Weltkrieg. Politische und wirtschaftliche Beziehungen und deutsche Auswanderung 1945-1955* (Paderborn u. a.: Schöningh, 1998), der Band von Holger Meding (Hg.) *Nationalsozialismus und Argentinien: Beziehungen, Einflüsse und Nachwirkungen* (Frankfurt am Main u. a.: Lang, 1995) sowie *Argentinien und das Dritte Reich. Mediale und reale Präsenz, Ideologietransfer, Folgewirkung* (Berlin: Wissenschaftlicher Verlag Berlin, 2008), von Holger Meding und Georg Ismar herausgegeben. Nicht minder interessant sind die Beiträge in Ignacio Klich und Cristian Buchrucker (Hg.), *Argentina y la Europa del Nazismo. Sus Secuelas* (Buenos Aires: Siglo XXI, 2009). Die politische Haltung der deutschsprachigen Presse in Argentinien ist Gegenstand der Arbeit von Sebastian Schoepp, *Das »Argentinische Tageblatt« 1933 bis 1945. Ein Forum der antinationalsozialistischen Emigration.* (Berlin: Wissenschaftlicher Verlag Berlin, 1996) sowie der Ausführungen von Olaf Gaudig und Peter

Veit Peter, *Der Widerschein des Nazismus. Das Bild des Nationalsozialismus in der deutschsprachigen Presse Argentiniens, Brasiliens und Chiles 1932-1945* (Berlin: Wissenschaftlicher Verlag Berlin, 1997) und von Georg Ismar, *Der Pressekrieg. Argentinisches Tageblatt und Deutsche La Plata Zeitung 1933-1945* (Berlin: Wissenschaftlicher Verlag Berlin, 2006). Mit Fragen der Auswanderung deutscher Nationalsozialisten nach Argentinien beschäftigt sich Holger Meding: *Flucht vor Nürnberg? Deutsche und Österreichische Einwanderung in Argentinien 1945-1955.* Köln u. a.: Böhlau (1992), während die Monographie von Ruth Stanley, *Rüstungsmodernisierung durch Wissensschaftsmigration? Deutsche Rüstungsfachleute in Argentinien und Brasilien 1947-1963* (Frankfurt am Main: Vervuert, 1999) sich auf den *brain drain* von Deutschland nach Argentinien konzentriert.

## Instabilität und Gewalt (1955-1983)

Gute Überblicksdarstellungen für die Jahre des »unmöglichen Spiels« sind Félix Luna, *Argentina de Perón a Lanusse: 1943-1973* (Buenos Aires: Planeta, 1972 mit mehreren Wiederauflagen), die zwei Bände von Robert Potash, *The Army and Politics in Argentina.1945-1962: Perón to Frondizi* sowie *1962-1973: From Frondizi's Fall to the Peronist Restauration* (Stanford, Ca: Stanford University Press, 1980 und 1996, spanische Auflage vorhanden). Besonders erwähnenswerte Erklärungsversuche über die Gesamtentwicklung dieser Zeit sind zwei Essays von Tulio Halperín Donghi, *Argentina en el callejón* (neueste überarbeitete Auflage: Buenos Aires: Ed. Espasa Calpe, 1995) und *La larga agonía de la Argentina peronista* (Buenos Aires: Espasa Calpe, 1994).

Die Regierungszeit Frondizis ist Thema der Abhandlungen von Catalina Smulovitz, *Gobierno y oposición en los tiempos de Frondizi* (Buenos Aires: Centro Editor de América Latina, 1988) und Nicolás Babini, *Arturo Frondizi y la Argentina moderna. La forja de una ilusión* (Buenos Aires: Gedisa, 2006).

Eine interessante Analyse des Protestausbruchs in Córdoba 1969 findet man in James Brennan und Mónica Gordillo, *Córdoba rebelde. El cordobazo, el clasismo y la movilización social* (La Plata: De la Campana, 2008). Den Zeitgeist der 60er Jahren untersucht Oscar Terán, *Nuestros años sesenta. La formación de la nueva izquierda intelectual argentina, 1956-1966* (Buenos Aires: Imago Mundi, 1993), während Richard Gillespie die Entstehungsgeschichte, die Ideologie und die Praxis der peronistischen Guerilla in *Soldiers of Perón. Argentina's Montoneros* (Oxford: Clarendon Press, 1982), letzte spanische Ausgabe: *Soldados de Perón. Historia crítica de los Montoneros* (Buenos Aires: Sudamericana, 2008) beschreibt. Eine detaillierte Darstellung über die revolutionären Gruppen und Organisationen bieten Eduardo Anguita und Martín Caparrós in ihrem fünfbändigen Werk *La Voluntad. Una historia de la militancia revolucionaria en la Argentina* (Buenos Aires: Booket, 2006).

In *El presidente que no fue. Los archivos secretos del peronismo* (Buenos Aires: Planeta 1997) beschäftigt sich Miguel Bonasso mit der kurzen Präsidentschaft von Héctor Cámpora. Die allgemeine Entwicklung zwischen Peróns Rückehr nach Argentinien und dem Militärputsch von 1983 ist Thema der lesenswerten Abhandlungen von Liliana De Riz, *Retorno y derrumbe. El último gobierno peronista* (Buenos Aires: Hyspamérica, 1987), Guido Di Tella, *Argentina under Perón 1973-1976. The Nation's Experience with a Labor-based Government* (New York: St Martin's Press, 1983), spanische Ausgabe mit dem Titel *Perón-Perón* (Buenos Aires: Sudamericana, 1983) und Juan Carlos Torre, *El gigante invertebrado. Los sindicatos en el gobierno. Argentina, 1973-1976* (Buenos Aires, Siglo XXI de Argentina Editores, 2004)

Die umfangreichsten Darstellungen zu der letzten Militärdiktatur bieten Hugo Quiroga, *El tiempo del »Proceso«: conflictos y coincidencias entre políticos y militares 1976-1983* (Argentina: Editorial Fundación Ross, Homo Sapiens Ediciones, 2004) sowie Marcos Novaro und Vicente Palermo, *La dictadura militar 1976-1983: del golpe de Estado a la restauración democrática* (Buenos

Aires: Editorial Paidós, 2003). Den Zusammenhang zwischen Wirtschaftspolitik und Terror behandelt David Pion-Berlin, *The Ideology of State Terror: Economic Doctrine and Political Repression in Argentina and Peru* (United States of America: Lynne Rienner Publishers Inc., 1989).

Über die Methoden des »Verschwindenlassens« und das Ausmaß der Repression gibt ausführliche Auskunft der Bericht der CONADEP, *Nunca Más: Informe de la Comisión Nacional sobre la Desaparición de Personas* (Buenos Aires: Eudeba, 6. ed., 1985). Die deutsche Übersetzung erschien als *Nie wieder! Ein Bericht über Entführung, Folter und Mord durch die Militärdiktatur in Argentinien* (Weinheim/Basel: Beltz, 1987). Eine Zusammenfassung findet man als *Menschenrechte in Argentinien unter der Militärdiktatur 1976-1983. Eine Bearbeitung des Berichts »Nunca Más« der CONADEP* (Tübingen: Amnesty International, 1986). Ein weiteres Zeugnis des Staatsterrors ist das Eingeständnis von Adolfo Scilingo über die Todesflüge in der Veröffentlichung von Horacio Verbitsky, *El vuelo* (Buenos Aires: Sudamericana, 1995), englische Ausgabe: *The Flight: Confessions of an Argentinian Dirty Warrior* (New York: New Press, 1996). In *Menschenrechte und Außenpolitik: Bundesrepublik Deutschland-Argentinien 1976-1983* (Bad Honnef: Horlemann, 2006) schildert Tino Thun die Haltung der deutschen Regierung gegenüber den Menschenrechtsverletzungen der argentinischen Diktatur.

Zum Verständnis der historischen und juristischen Hintergründe des Konflikts mit Großbritannien tragen die Werke von Carlos Mack, *Der Falkland (Malvinas)-Konflikt. Eine Konstellationsanalyse des britisch-argentinischen Konfliktes unter besonderer Berücksichtigung der argentinischen Entscheidung zur Invasion* (Frankfurt am Main u.a.: Peter Lang, 1992) und Roberto C. Laver, *The Falklands Malvinas Case. Breaking the Deadlock in the Anglo-Argentine Sovereignty Dispute* (The Hague u.a.: Nijhoff, 2001) bei. Aufschlussreiche Berichte über den Krieg sind enthalten in Rosana Guber, *De »chicos« a »veteranos«: memorias argentinas de la guerra de Malvinas* (Buenos Aires: Ed. Antropofagia, 2004) und Horacio Garetto (Hg.): *Guerra de Malvi-*

*nas. El informe Rattenbach. Comisión de análisis y evaluación de las responsabilidades en el conflicto del Atlántico Sur* (Buenos Aires: Autor, 2008). Die Bedeutung der Inseln und des Krieges für die argentinische Kultur thematisieren Vicente Palermo, *Sal en las heridas. Las Malvinas en la cultura argentina contemporánea* (Buenos Aires: Sudamericana, 2007) und die Anthologie von Jorge Warley (Hg.), *La Guerra de Malvinas (Argentina, 1982)* (Buenos Aires: Biblos, 2007).

### Von der Demokratisierung bis heute (1983-2010)

Je näher der behandelte Zeitraum an die Gegenwart rückt, desto schwieriger wird es, reine geschichtswissenschaftliche Darstellungen dazu zu finden. Die meisten Werke, die die letzten Jahrzehnte analysieren, stammen vielmehr aus der Feder von Politologen, Sozialwissenschaftlern oder Journalisten. Zusammen genommen bilden die verschiedenen Beiträge in Marco Novaro y Vicente Palermo (Hg.), *La historia reciente: Argentina en democracia* (Buenos Aires: EDHASA, 2004) einen Überblick über die letzten Jahrzehnte. Auf Deutsch liegen ebenfalls mehrere Sammelwerke mit Beiträgen von deutschen und argentinischen Spezialisten verschiedener Fächer vor, wie Detlef Nolte und Nikolaus Werz (Hg.), *Argentinien. Politik, Wirtschaft, Kultur und Außenbeziehungen* (Frankfurt am Main: Vervuert, 1996), Rafael Sevilla und Ruth Zimmerling (Hg.), *Argentinien – Land der Peripherie?* (Bad Honnef: Horlemann, 1997) und Klaus Bodemer, Andrea Pagni und Peter Waldmann (Hg.), *Argentinien heute. Politik – Wirtschaft – Kultur* (Frankfurt am Main: Vervuert, 2002; 2., überarbeitete Auflage erscheint voraussichtlich 2010).

Die politische und wirtschaftliche Entwicklung unter der Regierung Alfonsín beschreiben Andrew McAdam, Viktor Sukup und Claudio Oscar Katiz, *Raúl Alfonsín. La democracia a pesar de todo* (Buenos Aires: Corregidor, 1999), Sandra Carreras, *Die Rolle der Opposition im Demokratisierungsprozess Argentiniens. Der Peronismus 1983-1989* (Frankfurt am Main: Vervuert, 1999) sowie Alfredo Pucciarelli (Hg.), *Los años de Alfonsín. ¿El poder de la democracia o la democracia del poder?* (Buenos Aires; Siglo XXI Editores, 2006).

Gute Beiträge zum Verständnis der Ära Menem bieten Marco Novaro und Vicente Palermo, *Política y poder en el gobierno de Menem* (Buenos Aires: Norma, 1996), Peter Birle und Sandra Carreras (Hg.), *Argentinien nach zehn Jahren Menem – Wandel und Kontinuität* (Frankfurt am Main: Vervuert, 2002) und Steven Levitsky, *Tansforming Labor-Based Parties in Latin America. Argentine Peronism in Comparative Perspective* (Cambridge u.a: Cambridge University Press, 2003), spanische Ausgabe: *La transformación del justicialismo. Del partido sindical al partido clientelista, 1983-1999* (Buenos Aires: Siglo XXI Editora Iberoamericana, 2005). Wichtigste journalistische Abhandlungen über korrupte Praktiken dieser Zeit sind Horacio Verbitsky, *Robo para la corona. Los frutos prohibidos del árbol de la corrupción* (Buenos Aires: Planeta, 1992) und SylvinaWalgner, *Pizza con champán. Crónica de la fiesta menemista* (Buenos Aires: Espasa, 1994).

Die soziale Entwicklung hin zur Verarmung der Mittelschichten und zur Verschärfung der sozialen Unterschiede ist Gegenstand der Darstellungen von Alberto Minujin und Gabriel Kessler, *La nueva pobreza en la Argentina* (Buenos Aires: Ed. Temas de hoy, 1995) und Maristella Svampa, *La sociedad excluyente. La Argentina bajo el signo del neoliberalismo* (Buenos Aires: Taurus 2005). Die Beiträge in Flavia Fiorucci und Markus Klein (Hg.), *The Argentine Crisis at the Turn of the Millennium. Causes, Consequences and Explanations* (Amsterdam: aksant, 2004) schildern die Krisis von 2001 in historischer Perspektive, wobei sie sowohl Brüche als auch Kontinuitäten aufdecken. Die Monographie von Jonas Wolff, *Turbulente Stabilität. Die Demokratie in Südamerika diesseits ferner Ideale* (Baden Baden: Nomos, 2008) untersucht den Zusammenhang zwischen politischer und sozialer Stabilität und behandelt diese Frage insbesondere im Zusammenhang mit der Krise von 2001.

Vorläufige Bilanzen der Regierungsperiode der Kirchners findet man bei Paula Biglieri und Gloria Perelló (Hg.), *En el nombre del pueblo. La emergencia del populismo kirchnerista* (San Martín: UNSAM, 2007) und Joaquín Morales Solá, *Los Kirchner: la política de la desmesura (2003-2008)* (Buenos Aires: Sudamericana, 2008). Eine fundierte Darstellung der Hintergründe und Ablauf des Konfliktes zwischen Regierung und Agrarproduzenten bieten Osvaldo Barsky und Mabel Dávila, *La rebelión del campo. Historia del conflicto agrario argentino* (Buenos Aires: Sudamericana, 2008).

Einen Einblick in das breite Spektrum des argentinischen Kulturlebens der letzten Zeit gewinnt man durch Hugo Hortiguera und Carolina Rocha, *Argentinean Cultural Production During the Neoliberal Years (1989-2001)* (Lewiston, NY: The Edwin Mellen Press, 2007), Beatriz Sarlo, *Escritos sobre literatura argentina* (Buenos Aires: Siglo XXI Editores, 2007) und Octavio Getino, *El capital de la cultura. Las industrias culturales en la Argentina* (Buenos Aires: Fundación Centro Integral Comunicación, Cultura y Sociedad – CICCUS, 2008).

Schließlich sind zwei deutschsprachige Werke zu empfehlen, die sich mit der immer aktuellen Frage der Erinnerung beschäftigen: die politikwissenschaftliche Analyse von Ruth Fuchs, *Umkämpfte Geschichte: Vergangenheitspolitik in Argentinien und Uruguay* (Berlin u. a.: Lit Verlag, 2010), und die von Peter Birle, Elke Gryglewski und Estela Schindel herausgegebene vergleichende Gegenüberstellung *Urbane Erinnerungskulturen im Dialog: Berlin und Buenos Aires* (Berlin: Metropol Verlag, 2009).

# Inhaltsverzeichnis